普通高等教育"十二五"系列教材

U0658102

电气接线原理及运行
（第二版）

王辑祥　　王庆华　　梁志坚　编

杭乃善　主审

中国电力出版社
CHINA ELECTRIC POWER PRESS

内 容 提 要

　　本书全面介绍了发电厂变电站电气接线的主要内容，紧密联系电气工程实际，注重实用性，除阐述各种电气接线的原理之外，还着重对电气接线在运行中的问题进行论证分析，以提高读者分析和解决工程实践问题的能力。本书大部分章后附有针对性和实用性较强的习题及思考题，可以使读者加深对相关内容的理解、提高分析能力。

　　本书可作为高等院校电气类相关专业的本、专科教材或参考资料，也可作为电气工程设计、安装及运行维护人员的培训教材和参考书。

图书在版编目(CIP)数据

电气接线原理及运行/王辑祥．王庆华，梁志坚编．—2版．北京：中国电力出版社，2012.8（2022.11重印）
普通高等教育"十二五"规划教材
ISBN 978-7-5123-3012-2

Ⅰ．①电…　Ⅱ．①王…　②王…　③梁…　Ⅲ．①电气回路-高等学校-教材　Ⅳ．①TM645

中国版本图书馆 CIP 数据核字(2012)第 092572 号

中国电力出版社出版、发行
（北京市东城区北京站西街 19 号　100005　http://www.cepp.sgcc.com.cn）
北京雁林吉兆印刷有限公司印刷
各地新华书店经售
*
2005 年 2 月第一版
2012 年 8 月第二版　　2022 年 11 月北京第十六次印刷
787 毫米×1092 毫米　16 开本　14.75 印张　358 千字
定价 **36.00** 元

前　言

本书自 2005 年出版以来，由于教学实践经验的积累和电气接线技术的发展，有必要对本书第一版作增删修订。第二版教材继承了第一版的体系和特点，全面介绍了发电厂变电站电气接线的主要内容，紧密联系电气工程实际，注重实用性，除了阐述各种电气接线的原理之外，还着重对电气接线在运行中的问题进行论证分析，以提高读者分析和解决工程实践问题的能力。

第二版教材除了对第一版内容在文字上进行一些修改外，主要增加了以下内容：

（1）增加综合自动化系统断路器控制回路接线和故障分析，电压互感器的铁磁谐振及其防止措施，微机继电保护逻辑原理接线和保护实例分析，小接地电流系统断线分析及接地选线定位技术，电能表远程集中抄表系统，同期回路接线的检查分析等。

（2）大部分章后增加了习题及思考题。这些习题及思考题大多为运行实践中提出的，有很强的针对性和实用性，可以激发学生积极思考和学习兴趣，加深其对相关内容的理解和提高分析能力。

（3）增加了第十二章实验部分，对实验装置、实验内容和实验接线作了介绍，可以将课堂教学和实践训练同步进行，使学生接受从方案设计、设备选型、安装接线、试验调整、运行操作、事故分析等全过程的工程实践训练，培养运用理论知识分析和解决工程实践问题的能力。

本书由王辑祥、王庆华、梁志坚合编，由王辑祥统稿，由杭乃善教授担任主审。在编写过程中，参考了书末所列的文献资料，在此向这些参考文献的作者致以深切的谢意。

由于编者水平有限，书中难免存在错误和不当之处，敬请读者批评指正。

编　者

2012 年 6 月

第一版前言

当前，高等学校正在深化教育改革，加强学生实践能力的培养。一些学校建立了校内实习基地或模拟电厂，对学生从方案设计、设备选型、安装接线、试验调整、运行操作、事故分析等方面，进行全过程的工程实践训练，并与校外实习有机地结合在一起。本书可以作为电气工程相关专业进行电气实习的配套或参考教材。为了充实和扩大学生在电气接线方面的实践知识，并保持内容的整体性和完整性，书中对发电厂变电站电气接线的主要内容都作了全面的介绍。由于学时缩减等原因，现有专业课教材一般都不涉及实际的电气接线，本书弥补了这一不足。本书内容紧密联系电气工程实际，注重实用性，除了阐述各种电气接线的原理之外，还着重对电气接线在运行中的问题进行论证分析，以提高读者分析和解决工程实践问题的能力。本书全部采用了新的国家标准符号，考虑到发电厂变电站现有的资料和图纸尚有采用旧标准符号的情况，因而书中给出了新旧标准符号的对比。

近年来，计算机技术已在发电厂和变电站得到不断推广应用，电气接线有了相应的改变。但是接线原理方面仍有不少相同之处。并且掌握常规电气接线的原理和技术是进一步掌握计算机监控技术在电气接线方面的基础。同时也还有相当多的发电厂变电站特别是大量的中小型水电厂仍然采用常规的监控保护接线，这种情况还会存在相当的时间。

本书在编写过程中，参考了书末所列的文献资料，在此向这些参考文献的作者致以深切的谢意。

本书由广西大学王辑祥、梁志坚合编，由王辑祥统稿。广西大学电气工程学院杭乃善教授审阅了全书，并提出了许多宝贵意见，本书得到了广西大学的资助，在此表示衷心的感谢。

由于编者水平有限，书中难免存在错误和不当之处，敬请读者批评指正。

编　者
2004 年 12 月

目　　录

第一章　图形符号　文字符号　连接线

　　实际工程的电气接线是靠电气图纸来表征的，电气图纸是电气工程的共同语言，它对于电气工程设计、安装、制造、试验、运行维护和生产管理都是不可缺少的。为了表达、传递和沟通信息，电气图纸必须按照统一的标准和规定绘制，而图形符号、文字符号和连接线则是电气图纸的三个要素。

第一节　概　　述

一、电气图符号标准的发展

　　1964 年，我国颁布了一整套电气图形符号和文字符号国家标准，其中文字符号主要由汉语拼音字母表示。由于当时电力工业的规模还比较小以及当时所处的具体环境，标准的贯彻、执行是比较顺利的，很快就深入人心。为了适应改革开放的新形势，我国于 1984 年后陆续颁布了新的电气图形符号和文字符号国家标准，取代 BG 312—1964 旧标准图形符号和 BG 315—1964 旧标准文字符号，它是根据国际电工委员会（IEC）相关出版物制定的，它的发布和实施使我国在电气制图领域的工程语言及规则得到统一，并与国际上通用的语言及规则协调一致，促进了国内各专业之间的技术交流，加强了国际间的交流和合作。20 世纪 90 年代以来，电气制图和电气图形符号的国际标准陆续修订，我国也跟踪进行修订。步入 21 世纪后，相应国家标准也根据国际标准再一次进行了全面修订。

　　发电厂和变电站相关的电气图形符号和文字符号标准见表 1-1。

表 1-1　　　　　　　　　　　　电气图形符号和文字符号标准

标　准　代　号	标　准　名　称
GB/T 4728.1～4728.13—2005～2008	电气简图用图形符号
GB/T 5465.1—2009	电气设备用图形符号　第 1 部分：概述与分类
GB/T 5465.2—2008	电气设备用图形符号　第 2 部分：图形符号
GB/T 6988.1—2008	电气技术用文件的编制　第 1 部分：规则
GB/T 6988.5—2006	电气技术用文件的编制　第 5 部分：索引
GB/T 5094—2003～2005	工业系统、装置与设备以及工业产品结构原则和参照代号
GB/T 20939—2007	技术产品及技术产品文件结构原则　字母代码　按项目用途和任务划分的主类和子类
GB/T 18135—2008	电气工程 CAD 制图规则

二、积极推广应用标准

电气图形符号和文字符号新标准跟踪国际标准不断修订并发布实施,使电气系统、装置、设备的设计人员按国际通用的规则和语言绘图,使生产管理、维修人员能更方便、更快捷地了解一个系统、装置、设备的总体功能和结构层次,识别文件中每个项目的信息,对消除专业间的技术交流障碍,提高信息交流的速度,缩短工作周期,提高我国电气专业的整体设计水平及产品走向世界起了重要的作用,同时为强化对产品整体质量的监督检查提供了依据。但时至今日,仍有一些厂家产品和现场图纸还在使用旧符号,或者混用新旧符号(如英文和拼音字母混用;文字符号用新标准而图形符号用旧标准,或反之;一个厂站新设备用新标准,旧设备用旧标准,等等)。这与改革开放、与国际接轨、与经济全球化的新形势是极不相称的,也易造成运行维护、生产管理的混乱,必须改变这种状况。

第二节　文　字　符　号

文字符号用字母或字母组合构成,字母采用拉丁字母大写正体字。文字符号可分为基本文字符号和辅助文字符号两类。

一、基本文字符号

基本文字符号可采用单字母符号或双字母符号。只有当用单字母符号不能满足要求,需要将大类进一步划分时,才采用双字母符号,以便较详细和更具体地表述电气设备、装置和元器件。单字母符号是将各种电气设备、装置和元器件划分为若干个大类,每一大类用一个专用拉丁字母表示。由于拉丁字母"I"和"O"易同阿拉伯数字"1"和"0"混淆,因此不作为单独的文字符号使用。

双字母符号是由一个表示种类的单字母与另一个字母组成,其组合形式是以单字母符号在前,另一字母在后的次序列出。双字母符号的第二个字母可根据其功能、状态和特性等选定。例如"K"为继电器类的单字母符号,而"KT"表示时间继电器。

基本文字符号不应超过两个字母。电气设备常用基本文字符号见表 1-2。

表 1-2　　　　　　　　　　　　　电气设备常用基本文字符号

设备、装置和元器件种类	举　例	基本文字符号		旧符号
	中文名称	单字母	双字母	(GB 315)
组件部件	分离元件放大器调节器	A		FD
	本表其他地方未提及的组件、部件			T
	电桥		AB	DQ
	晶体管放大器		AD	BF
	集成电路放大器		AJ	
	磁放大器		AM	CF
	电子管放大器		AV	GF
	印制电路板		AP	
	抽屉柜		AT	

设备、装置和元器件种类	举　例		基本文字符号		旧符号 (GB 315)
	中 文 名 称		单字母	双字母	
非电量到电量变换器或电量到非电量变换器	热电传感器		B		
	热 电 池				
	光 电 池				
	测 功 计				
	晶体换能器				
	送 话 器				
	拾 音 器				S
	扬 声 器				SS
	耳 机				Y
	自 整 角 机				EJ
	旋转变压器				ZZJ
	模拟和多级数字变换器或传感器（用作指示和测量）				ZB
	压力变换器			BP	YB
	位置变换器			BQ	WZB
	旋转变换器			BR	(CSF)
	温度变换器			BT	WDB
	速度变换器			BV	SB，SDB
电容器	电容器		C		C
二进制元件延迟器件存储器件	数字集成电路和器件		D		
	延 迟 线				
	双稳态元件				
	单稳态元件				
	磁芯存储器				
	寄 存 器				
	磁带记录机				
	盒式记录机				
	计 算 机				
	数字集成电路和元件、插件				
其他元器件	本表其他地方未规定的器件		E		
	发 热 器 件			EH	
	发 光 器 件			EL	ZD
	空 气 调 节 器			EV	
	热 元 件				
	照 明 灯				

设备、装置和元器件种类	举例	基本文字符号		旧符号 (GB 315)
	中文名称	单字母	双字母	
保护器件	过电压放电器件、避雷器	F		BL
	具有瞬时动作的限流保护器件		FA	
	具有延时动作的限流保护器件		FR	
	具有延时和瞬时动作的限流保护器件		FS	
	熔断器		FU	RD
	限压保护器件		FV	
发生器 发电机 电源	旋转发电机、振荡器	G		F
	发生器		GS	E
	同步发电机			
	异步发电机		GA	YF
	蓄电池		GB	XDC
	旋转式或固定式变频机		GF	BP
信号器件	声响指示器	H	HA	FM, JL, LB
	光指示器		HL	GP
	指示灯		HL	SD
接触器	接触器		KM	
继电器	瞬时接触继电器		KA	
	瞬时有或无继电器		KA	LJ
	交流继电器		KA	
	闭锁接触继电器（机械闭锁或永磁铁式有或无继电器）	K	KL	
	双稳态继电器		KL	C
	极化继电器		KP	YLJ
	簧片继电器		KR	
	时间继电器		KT	SJ
	逆流继电器		KR	NLJ
	控制继电器		KC	ZJ
	热继电器		KR	
	接地继电器		KE	
	双稳态继电器		KL	
电感器 电抗器	感应线圈 线路阻波器 电抗器	L		GQ DK
电机	电动机	M		D
	同步电动机		MS	TD
	可作发电机或电动机用的电机		MG	
	力矩电动机			

续表

设备、装置和元器件种类	举　例	基本文字符号		旧符号
	中 文 名 称	单字母	双字母	(GB 315)
模拟元件	运算放大器、混合模拟/数字件	N		
测量设备 试验设备	指示器件	P		GB
	记录器件			
	积算测量器件			
	信号发生器			
	电 流 表		PA	A
	（脉冲）计数器		PC	JS
	电能表（电度表）		PJ	
	记 录 仪 器		PS	
	时间操作时间表		PT	
	电 压 表		PV	V
开关电器	断 路 器	Q	QF	DL，ZK
	电动机保护开关		QM	
	隔 离 开 关		QS	GK
电阻器	电 阻 器	R		R
	变 阻 器			R
	电 位 器		RP	W
	测量分路表		RS	FL
	热敏电阻器		RT	
	压敏电阻器		RV	
控制、记忆、信 号电路的开关器件 选择器	控 制 开 关	S	SA	
	选 择 开 关		SA	AN
	按 钮 开 关		SB	
	机电式传感器（单级数字传感器）			
	液体标高传感器		SL	
	压力传感器		SP	
	位置传感器（包括接近传感器）		SQ	ZDK，ZK
	转数传感器		SR	
	温度传感器		ST	
变压器	电流互感器	T	TA	LH
	控制电路电源用变压器		TC	KB
	电力变压器		TM	LB
	磁稳压器		TS	WY
	电压互感器		TV	YH

续表

设备、装置和元器件种类	举例		基本文字符号		旧符号(GB 315)
	中 文 名 称		单字母	双字母	
调制器 变换器	鉴　频　器 解　调　器 变　频　器 编　码　器 变　流　器 逆　变　器 整　流　器 电板译码器		U		BP BL NB ZL
晶体管	气体放电管		V		BG
	二　极　管				
	晶　体　管				
	晶　闸　管				
	控制电路用电源的整流器			VC	
传输通道 波导 天线	导　　线		W		DX
	电　　缆				DL
	母　　线			WB	
	波　　导				
	波导定向耦合器				M
	偶极天线				
	抛物天线				
端子 插头 插座	连接插头和插座		X		JX
	接　线　柱				
	电缆封端和接头				
	焊接端子板				
	连　接　片			XB	LP
	测 试 插 孔			XJ	CK
	插　　头			XP	CT
	插　　座			XS	CZ
	端　子　板			XT	
电气操作的机械器件	气　　阀		Y		
	电　磁　铁			YA	DT
	电磁制动器			YA	ZDT
	电磁离合器			YB	CLH
	电磁吸盘			YH	DX
	电　动　阀			YM	
	电　磁　阀			YV	DCF
终端设备 混合变压器 滤波器 均衡器 限幅器	电缆平衡网络		Z		LB
	压缩扩展器				
	晶体滤波器				
	网　　络				

二、辅助文字符号

辅助文字符号是用以表示电气设备、装置和元器件以及线路性能、状态和特征的,如"AC"表示交流,"P"表示保护或压力。辅助文字符号也可以放在表示种类的单字母符号后组成双字母符号,如"KA"表示电流继电器。辅助文字符号还可以单独使用,如"OFF"表示断开,"PE"表示保护接地等。

常用辅助文字符号见表1-3。

表 1-3　　　　　　　　　　　　　　　　　常用辅助文字符号

序号	文字符号	名　称	旧符号	序号	文字符号	名　称	旧符号
1	A	电　流	L	37	M	主	Z
2	A	模　拟		38	M	中	Z
3	AC	交　流	JL	39	M	中间线	
4	A,AUT	自　动	Z	40	M MAN	手　动	S
5	ACC	加　速					
6	ADD	附　加	F	41	N	中性线	
7	ADJ	可　调		42	OFF	断　开	DK
8	AUX	辅　助	F	43	OUT	输　出	SC
9	ASY	异　步	Y	44	P	压　力	
10	B,BRK	制　动		45	P	保　护	
11	BK	黑		46	PE	保护接地	
12	BL	蓝	A	47	PEN	保护接地与中性线公用	
13	BW	向　后		48	PU	不接地保护	
14	C	控　制	K				
15	CW	顺时针		49	R	记　录	
16	CCW	逆时针		50	R	右	
17	D	延　时		51	R	反	F
18	D	差　动		52	R	红	H
19	D	数　字		53	R,RST	复　位	
20	D	降	J	54	RES	备　用	BY
21	DC	直　流	ZL	55	PUN	运　转	
22	DEC	减		56	S	信　号	X
23	E	接　地		57	ST	启　动	Q
24	EM	紧　急		58	S SET	置位,定位	
25	F	快　速	A				
26	FB	反　馈		59	SAT	饱　和	
27	FW	正,向前		60	STE	步　进	
28	G	绿		61	STP	停　止	T
29	H	高		62	SYN	同　步	T
30	IN	输　入	SR	63	T	温　度	
31	INC	增		64	T	时　间	
32	IND	感　应		65	TE	无噪声(防干扰)接地	
33	L	左		66	V	速　度	
34	L	限　制		67	V	电　压	Y
35	L	低	D	68	WH	白	B
36	LA	闭　锁	LS	69	YE	黄	U

三、发电厂和变电站常用的文字符号

现在将发电厂和变电站电气接线图常用的文字符号列出，以便于查阅。

1. 电气一次设备常用的文字符号

电气一次设备常用的基本文字符号见表 1-4，常用辅助文字符号见表 1-5。

表 1-4　　　　　　　　　　　　　电气一次设备常用基本文字符号

名　　称	新　符　号		名　　称	新　符　号		名　　称	新　符　号	
	单字母	双字母		单字母	双字母		单字母	双字母
直流发电机	G	GD	电容器	C		母线	W	WB
交流发电机	G	GA	转子绕组	W	WR	避雷器	F	
同步发电机	G	GS	励磁绕组	W	WE	照明灯	E	EL
异步发电机	G	GA	控制绕组	W	WC	变流器	U	
水轮发电机	G	GH	电力变压器	T	TM	逆变器	U	
励磁机	G	GE	控制变压器	T	TC	变频器	U	
直流电动机	M	MD	升压变压器	T	TU	断路器	Q	QF
交流电动机	M	MA	降压变压器	T	TD	隔离开关	Q	QS
同步电动机	M	MS	自耦变压器	T	TA	自动开关	Q	QA
异步电动机	M	MA	整流变压器	T	TR	转换开关	Q	QC
笼型电动机	M	MC	稳压器	T	TS	刀开关	Q	QK
电枢绕组	W	WA	电流互感器	T	TA	熔断器	F	FU
定子绕组	W	WS	电压互感器	T	TV	蓄电池	G	GB
接触器	K	KM	整流器	U		调节器	A	
制动电磁铁	Y	YB	电感器	L		压力变换器	B	BP
电阻器	R		电抗器	L		位置变换器	B	BQ
启动电阻器	R	RS	感应线圈	L		温度变换器	B	BT
制动电阻器	R	RB	电线	W		速度变换器	B	BV
频敏电阻器	R	RF	电缆	W		测速发电机	B	BR

表 1-5　　　　　　　　　　　　　电气一次设备常用辅助文字符号

名称	新符号	旧符号	名称	新符号	旧符号	名称	新符号	旧符号	名称	新符号	旧符号
高	H	G	反	R	F	电流	A	L	自动	AUT	Z
低	L	D	红	R	H	时间	T	S	手动	MAN	S
升	U	S	绿	G	L	闭合	ON	BH	启动	ST	Q
降	D	J	黄	YE	U	断开	OFF	DK	停止	STP	T
主	M	Z	直流	DC	ZL	附加	ADD	F	控制	C	K
辅	AUX	F	交流	AC	JL	异步	ASY	Y	信号	S	X
正	FW	Z	电压	V	Y	同步	ASN	T			

2. 电气二次设备常用的文字符号

电气二次设备常用的文字符号见表 1-6（继电器和小母线另列）。

表 1-6　　　　　　　　　　　　　电气二次设备常用的文字符号

名　　称	新	旧	名　　称	新	旧
附加电阻器	Ra，RAU	Rfj，Rf	电源变压器	TC	YB
灭磁电阻器	Rfd	Rm	电抗变压器	TCL	DKB

续表

名　称	新	旧	名　称	新	旧
电流变换器	TCA	LB	选择（切换）开关	SAH	ZK
电压变换器	TCV	YB	测量切换开关	SAM	CK
零序电流互感器	TA0；TAZ	LLH	信号切换开关	SACS	XK
脉冲变压器	Timp	MB	同期开关	SAS	TK
转角变压器	TR	ZB	闭锁开关	SAL	BK
速饱和变流器	TQS	SLB；BLH	行程开关	SP	SK，SWK
分流器	RW	Rfl	限位开关	SL	ZK
连接片	XB	LP	终点开关	SE	ZDK
切换片	XBC	QP	试灯开关	SAT	XZK
试验盒	TB	SH	同期表切换开关	SASC	QK
自动重合闸装置	ARE，AAR	ZCH	小刀开关	SKN	K
自动励磁调节装置	VAR，AAVR	ZTR	波段开关	BS	BK
	AAER		风机开关	SAF	FK
备用电源自动投入装置	AATS，RSAD	BZT	按钮	SB	AN
自动准同期装置	ASA	ZZQ	复归按钮	SBR，SB$_{RE}$	FA
低周减载装置	AFL	ZPJH	跳闸按钮	SBT	TA
信号灯具	HL	XD	音响解除按钮	SB$_{AR}$	YJA
红色信号灯	HR	HD	紧急停机按钮	SB$_{ES}$	JTA
绿色信号灯	HG	LD	停止按钮	SB$_{SS}$	TA
白色信号灯	HW	BD	启动按钮	SB$_{ST}$	QA，QAN
合闸线圈	Yon，LCL	HQ	试验按钮	SB$_{TE}$	SA，SAN
跳闸线圈	Yoff，LTR	TQ	接地检查按钮	SB$_{RY}$	
合闸接触器	KMC	HC	电磁锁	YET，YEL	DS
光字牌	HL	GP	位置指示器	PP	
蜂鸣器	HAL	FM	制动器	WTA	
电铃	HAB	JL	失压脱扣器	TD	TD
电位器	RP	RW	快速熔断器	FU$_{hs}$	RDS
端子排	XT		击穿保险器	FD	JB
测试端子	XE		报警熔断器	FUA	
灭磁开关	Qfd	MK	电钟	PT	
控制开关	SAC，SA	KK	插座	XS	

3. 继电器的文字符号

继电器的文字符号及其新旧对照列于表 1-7 中。

表 1-7　　　　　　　　　　　　　　继电器的文字符号

继电器名称	新符号	旧符号	继电器名称	新符号	旧符号
继电器	K	J	跳闸位置继电器	KTP	TWJ
电流继电器	KA	LJ	机组开机继电器	KST	JQJ
过电流继电器	KAO	LJ	机组停机继电器	KSP	TQJ
欠电流继电器	KAU	LJ	同步检查继电器	KSY	TJJ
电压继电器	KV	YJ	跳跃闭锁继电器	KJL	TBJ
过电压继电器	KVO	YJ	闭锁继电器	KLA	BSJ
欠电压继电器	KVU	YJ	加速继电器	KAC	JSJ
时间继电器	KT	SJ	电压中间继电器	KRE	YZJ
差动继电器	KD	CJ	事故信号中间继电器	KCA	SXJ
功率继电器	KP	GJ	预告信号中间继电器	KCS	YXJ
负序功率继电器	KPH		差动断线监视继电器	KDL	CJJ
零序功率继电器	KPZ		转子接地继电器	KLZ	ZLJ

继电器名称	新符号	旧符号	继电器名称	新符号	旧符号
逆功率继电器	KPP		信号继电器	KS	XJ
逆电流继电器	KAH	NLJ	冲击继电器	KAI	XMJ
频率继电器	KF	PJ	保护出口继电器	KOU	BCJ
差频继电器	KFD	CPJ	闪光继电器	KVL	SGJ
低频率继电器	KFU		隔离开关位置继电器	QSKP	GWJ
过频率继电器	KFO		切换继电器	KCW	QJ
零序电流继电器	KAZ	LLJ	电压切换继电器	KCWV	YQJ
零序电压继电器	KVP	ZYJ	绝缘监视继电器	KVI	
零序功率方向继电器	KZP	LGJ	手动合闸继电器	KCRM	SHJ
负序电压继电器	KVN	FYJ	手动跳闸继电器	KTPM	STJ
负序电流继电器	KAN	FLJ	闭锁继电器	KCB	BSJ
过励磁继电器	KEO		复归继电器	KPE	FJ
欠励磁继电器	KEU		电压监视继电器	KVS	JJ
母线差动继电器	KDB		重合闸后加速继电器	KCP	JSJ
阻抗继电器	KI	ZKJ	极化继电器	KPZ	
防跳继电器	KJL	TBJ	气体继电器	KG	WST
合闸继电器	KON	HJ	温度继电器	KTP	WJ
合闸位置继电器	KCP	HWJ	压力监视继电器	KVP	YJJ
跳闸继电器	KTR	TJ	热继电器	KR	RJ

第三节　图　形　符　号

图形符号是指用于图样或其他文件以表达一个设备或概念的图形、标记或字符。

一、图形符号的构成

电气图用图形符号由符号要素、限定符号、一般符号、方框符号和组合符号构成。

1. 符号要素

符号要素是一种具有确定意义的简单图形，不能单独使用。符号要素必须同其他图形组合后才能构成一个设备或概念的完整符号。例如继电器的线圈及其各触点等符号要素可共同组成继电器的符号。符号要素组合使用时，其布置可以同符号所表示的设备的实际结构不一致。

2. 限定符号

限定符号是一种加在其他符号上用以提供附加信息的符号。它通常不能单独使用。有时一般符号也可用作限定符号。例如电容器的一般符号加到传声器符号上，即构成电容式传声器符号。

3. 一般符号

一般符号是一种用以表示一类产品和此类产品特征的很简单的符号。

4. 方框符号

方框符号是一种用简单图形表示元件、设备等的组合及其功能的符号。它既不给出元件、设备的细节，也不考虑所有连接。方框符号通常使用在单线表示法的图中，也可用在示出全部输入和输出接线的图中。

5. 组合符号

组合符号是指通过以上已规定的符号进行适当组合派生出来的，表示某些特定装置或概念的符号。

我国规定的电气图形符号由 13 个部分组成，符号的形式、内容、数量等全部与 IEC 标准相同，可以参看相关标准。本书只列出发电厂和变电站常用的图形符号。

二、图形符号的使用规则

电气制图在选用图形符号时，应遵守以下使用规则：

（1）图形符号的大小和方位可根据图面布置确定，但不应改变其含义，而且符号中的文字和指示方向应符合读图要求。采用计算机辅助绘图时，应按特定的模数 $M=2.5mm$ 的网格设计。这可使符号的构成、尺寸一目了然，方便人们正确掌握符号各部分的比例。

（2）在绝大多数情况下，符号的含义由其形式决定，而符号大小和图线的宽度一般不影响符号的含义。有时为了强调某些方面，或者为了便于补充信息，允许采用不同大小的符号，改变彼此有关的符号的尺寸，但符号间及符号本身的比例应保持不变。

（3）在满足需要的前提下，尽量采用最简单的形式；对于电路图，必须使用完整形式的图形符号来详细表示。

（4）在同一张电气图样中只能选用一种图形形式，图形符号的大小和线条的粗细也应基本一致。

（5）符号方位不是强制的。在不改变符号含义的前提下，符号可根据图面布置的需要旋转或成镜像放置，但文字和指示方向不得倒置。

（6）图形符号中一般没有端子符号。如果端子符号是符号的一部分，则端子符号必须画出。

（7）导线符号可以用不同宽度的线条表示，以突出或区分某些电路、连接线等。

（8）图形符号一般都画有引线。在不改变其符号含义的原则下，引线可取不同方向。在某些情况下，引线符号的位置不加限制；当引线符号的位置影响符号的含义时，必须按规定绘制。

（9）图形符号均是按无电压、无外力作用的正常状态表示的。

（10）图形符号中的文字符号、物理量符号，应视为图形符号的组成部分。当这些符号不能满足时，可再按有关标准加以充实。

三、发电厂和变电站常用图形符号

发电厂和变电站一次回路常用图形符号及其新旧对照见表 1-8。

发电厂和变电站二次回路常用图形符号及其新旧对照见表 1-9。表中，将新旧文字符号也一并标上，以便于对照。

表 1-10 为常用继电器的图形符号及其新旧对照，一般用于集中式原理图，并将新旧文字符号也一并标上。

表 1-11 为常用继电器线圈的图形符号，一般用于展开式原理图，继电器线圈的图形符号新标准与旧标准基本上是相同的。

表 1-12 为常用继电器触点的图形符号及其新旧对照表。

顺便指出，二次设备屏柜的屏后接线图中，也需要画出设备的图形符号，应要标出设备的内部接线及接线柱号，标准对这种图形没有作出规定。设计屏后接线图时，可参考有关手册或产品目录。

表 1-8　　　　　　　　　发电厂和变电站一次回路常用图形符号

类别	新符号		符号说明	旧　符　号	
电机	G〇 M〇 G〇 M〇		直流发电机 直流电动机 交流发电机 交流电动机	F〇 F〇	
变压器 电抗器 互感器	形式1	形式2	双绕组变压器（电压互感器）	形　式　1	形　式　2
			三绕组变压器		
			自耦变压器		
			电抗器、扼流线圈		
			电流互感器		
开关装置			断路器		
			隔离开关		
			负荷开关		
			接触器		

续表

类别	新符号	符号说明	旧　符　号
熔断器 避雷器		熔断器	
		跌落式熔断器	
		熔断器式开关	
		避雷器	

表 1-9　　　　发电厂和变电站二次回路常用图形符号和文字符号新旧对照表

名　称		新　标　准		旧　标　准	
		图形符号	文字符号	图形符号	文字符号
控制器或操作开关		与右边符号相同	SA		ZK
限位开关	动合触头		SL		XWK
	动断触头		SL		XWK
	复合触头		SL		XWK
按钮	启动按钮		SB_{ST}		QA
	停止按钮		SB_{SS}		TA
	复合按钮		SB		A；AN

名　　称		新　标　准		旧　标　准	
		图形符号	文字符号	图形符号	文字符号
接触器	线　圈		KM		C
	动合触头		KM		C
	动断触头		KM		C
	带灭弧装置的动合触头		KM		C
	带灭弧装置的动断触头		KM		C
继　电　器		另见表 1-10 到表 1-12			
热继电器	热继电器		KR		RJ
	热元件		KR	或	RJ
	动断触点		KR		RJ
电　磁　铁			YA		CT
接插器（插头，插座）			XP，XS		CZ
熔　断　器			FU		TD；RM
信号（指示）灯			HL（PL）		ZSD
单相电压互感器		或	TA	或	YH

名　称	新　标　准		旧　标　准	
	图形符号	文字符号	图形符号	文字符号
电流互感器		TA		LH
避 雷 器		F		RL
电 容 器		C		C
带铁心的电感器 铁心有间隙的电感器 电感器（线圈）		L		L
电 阻 器		R		R
滑线变阻器		R		R
滑动触头电位器		RP		RW，W
母线（汇流排）		W，WB		M
接地一般符号		E		
开关一般符号		S		K
晶体二极管		V，VD		D
晶体三极管（PNP 型） 晶体三极管（NPN 型）		V，VT		BG

续表

名　称	新　标　准		旧　标　准	
	图形符号	文字符号	图形符号	文字符号
晶闸管（可控硅）		V，VTH		SCR，K2L KGZ
稳　压　管		V，VS		DW
单结晶体管		V，VSJ		OJT
桥式整流器		U		ZL
蓄　电　池		GB		XDC
蓄电池组				
指示仪表（举例） 电压表		PV		V
功率表		PW		W
记录式功率表		PW		
积算仪表，电能表		PJ		
光字牌（单或双）		HL		GP
电铃（警铃）		HAB (EB，PB)		DL，JL

续表

名 称	新 标 准		旧 标 准	
	图形符号	文字符号	图形符号	文字符号
蜂鸣器		HAB (PBU)	 或 	FM
电喇叭（电笛）	 或 	HAL (EW)	 或 	DD
手车式、抽屉式插口	 —《 》—			

表 1-10   **常用继电器的表示符号**

继电器名称	图形符号		文字符号	
	新	旧	新	旧
继电器一般表示	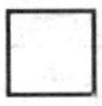		K	J
电流继电器	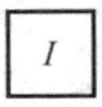 I	 I	KA	LJ
过电流继电器	 $I<$	 $I<$	KAO	GLJ
电压继电器	 U	 U	KV	YJ
欠电压继电器	 $U<$	 $U<$	KVU	DYJ
过电压继电器	 $U>$	 $U>$	KVO	GYJ
时间继电器（定时限）		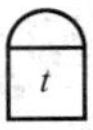 t	KT	SJ
中间继电器 出口继电器			KC KOU	ZJ BCJ
信号继电器			KS	XJ
气体继电器 （瓦斯继电器）			KG	WST
差动继电器	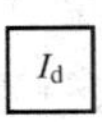 I_d	 $I{-}I$	KD	CJ

表 1-11   继电器线圈的表示符号

序　号	说　　　明	图　形　符　号
1	继电器线圈的一般符号	
2	当需要指出继电器为双线圈时	
3	继电器有 n 个线圈时	
4	有 n 个线圈的继电器的电流线圈	
5	继电器的交流线圈	
6	继电器的电流线圈	
7	继电器的电压线圈	
8	缓慢释放（缓放）线圈	
9	缓慢吸合（缓吸）线圈	
10	缓吸和缓放的线圈	
11	快速继电器（快吸和快放）的线圈	

续表

序　号	说　　　明	图　形　符　号
12	机械（或电气）保持继电器的线圈	
13	极化继电器的线圈（圆点表示通过极化继电器的电流方向和动触点的运动之间的关系：当标有极点的线圈端子相对与另一线圈端子是正级时，动触点朝着标有圆点的位置运动）	
14	热继电器的驱动器件	

表 1-12　　　　　　　　　　　　　　**常用继电器触点的表示符号**

序　号	名　　称	图　形　符　号	
		新　符　号	旧　符　号
1	动合触点（常开触点）		或
2	动断触点（常闭触点）		
3	先断后合的转换触点		
4	中间断开的双向触点		
5	延时闭合的动合（常开）触点		或
6	延时闭合的动断（常闭）触点		或
7	延时断开的动合（常开）触点		或

续表

序号	名　称	图　形　符　号	
		新　符　号	旧　符　号
8	延时断开的动断（常闭）触点		 或 
9	具有手动复归的机械（或电器）保持的动合（常开）触点	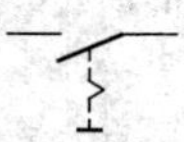 或 	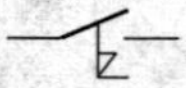

第四节　连接线的标号

　　实际的电气接线是通过导线、电缆、母线等连接线将电气设备连接起来的，形成特定功能和要求的系统。在电气二次接线图中，要对各连接线回路进行标号（编号），以便于了解回路的性质、功能和用途，并根据回路标号进行正确的接线。IEC标准中只提到推荐使用回路标号的方法，但对回路标号未作具体规定。下面介绍国内统一应用的回路标号。

一、交流二次回路数字标号

　　交流二次回路数字标号见表1-13。

表 1-13　　　　　　　　　　　　　　交流二次回路数字标号

回路名称		文字符号或电压等级	二　次　回　路　标　号				
			A(U、L1)相	B(V、L2)相	C(W、L3)相	中性线 N	零线 L(Z)
电流回路	保护及表计	TA	A401～A409	B401～B409	C401～C409	N401～N409	L401～L409
		1TA	A411～A419	B411～B419	C411～C419	N411～N419	L411～L419
		2TA	A421～A429	B421～B429	C421～C429	N421～N429	L421～L429
		…	…	…	…	…	…
		9TA	A491～A499	B491～B499	C491～C499	N491～N499	L491～L499
		10TA	A501～A509	B501～B509	C501～C509	N501～N509	L501～L509
		…	…	…	…	…	…
		19TA	A591～A599	B591～B599	C591～C599	N591～N599	L591～L599
	母线保护	500kV	A350	B350	C350	N350	
		220kV	A320	B320	C320	N320	
		110kV	A310	B310	C310	N310	
		35kV	A330	B330	C330	N330	
		6～10kV	A360	B360	C360	N360	

续表

回路名称		文字符号或电压等级	二 次 回 路 标 号				
			A(U、L1)相	B(V、L2)相	C(W、L3)相	中性线 N	零线 L(Z)
电压回路	保护及表计	TV	A601～A609	B601～B609	C601～C609	N601～N609	L601～L609
		1TV	A611～A619	B611～B619	C611～C619	N611～N619	L611～L619
		2TV	A621～A629	B621～B629	C621～C629	N621～N629	L621～L629
		…	…	…	…	…	…
	隔离开关辅助触点后	500kV	A(B、C、N、L)750～759				
		220kV	A(B、C、N、L)720～729				
		110kV	A(B、C、N、L)710～719				
		35kV	A(B、C、N、L)730～739				
		6～10kV	A(B、C、N、L)760～769				
	绝缘监视电压		A700、B700、C700、N700				

交流回路的编号，是在数字（一般为三位数）前加上表示相别的文字符号。目前，相别的文字符号还不统一，有些标 A、B、C、N、L，有些标 U、V、W、N、Z，有些标 L1、L2、L3、N、L，等等。鉴于大多数的设计资料和有关电气工程方面的教科书还是采用 A、B、C、N、L 的文字标号，并且人们已经长期习惯使用，因此，本书也采用这一相别标号。

二、直流二次回路数字标号

直流二次回路数字标号见表 1-14。

表 1-14　　　　　　　　　　　直流二次回路数字标号

回 路 名 称	二 次 回 路 标 号			
	一	二	三	四
正电源回路	1	101	201	301
负电源回路	2	102	202	302
合闸回路	3～31	103～131	203～231	303～331
红灯或合闸回路监视继电器回路	5	105	205	305
跳闸回路	33～49	133～149	233～249	333～349
绿灯或跳闸回路监视继电器回路	35	135	235	335
备用电源自动合闸回路	50～69	150～169	250～269	350～369
开关设备的位置信号回路	70～89	170～189	270～289	370～389
事故跳闸音响信号回路	90～99	190～199	290～299	390～399
保护回路	01～099			
机组自动控制回路	401～599			
发电机励磁回路	601～699			
信号及其他回路	701～999			
信号回路"＋"电源小母线＋WS	701、703、705			
信号回路"－"电源小母线－WS	702、704、706			
事故跳闸信号小母线 WFA	707、708			
预告信号小母线 WAS	709、710、711、712			
掉牌未复归小母线 WSR	716			

三、小母线的文字符号和标号

二次回路装设小母线，可以使回路接线方便且清晰，并提高运行的可靠性。小母线的文字符号和标号见表 1-15。

表 1-15　　　　　　　　　　　　小母线的文字符号和标号

小 母 线 名 称		文 字 符 号		数字标号
		新 符 号	旧 符 号	
直流控制和信号的电源及辅助小母线				
控制回路电源小母线		+WC −WC	+KM −KM	101,201,301 102,202,302
信号回路电源小母线		+WS,−WS	+XM,−XM	701,702
事故音响信号小母线		WFA	SYM	708
预告音响信号小母线	瞬时动作信号	1WAS,2WAS	1YBM,2YBM	709,710
	延时动作信号	3WAS,4WAS	3YBM,4YBM	711,712
准同期合闸脉冲闭锁小母线		1WSC,2WSC 3WSC	1THM,2THM 3THM	721,722 723
合闸小母线		+Won,−Won	+HM,−HM	
闪光小母线		(+)WFL	(+)SM	100
灯光小母线		+WLS,−WLS	+DM,−DM	725,726
信号未复归小母线		(+)YMS,WSR	FM PM	703 716
隔离开关操作闭锁小母线		WQSL	GBM	880
旁路闭锁小母线		WPB	PHM	881
配电装置信号小母线		WAS	XPM	701
厂用电源辅助小母线		WAUX	+CFM,−CFM	
指挥信号小母线		WCS	ZYM	715
自动调频小母线		1WADJ,2WADJ	1TZM,2TZM	717,718
自动调压小母线		3WADJ,4WADJ	1TYM,2TYM	1717,1718
交流电压、同期和电压小母线				
同期小母线	待并系统	WST,WVC	TQMa,TQMc	A610,C610
	运行系统	WOS,WOC	TQMa,TQMc	A620,C620
第一组同期母线的电压小母线		1WVBa,1WVBb 1WVBc,1WVBL	1YMa,1YMb, 1YMc,1YML	A630,B630(B600) C630,L630
第二组同期母线的电压小母线		2WVBa,2WVBb 2WVBc,2WVBL	2YMa,2YMb 2Ymc,1YML	A640,B640(B600) C640,L640
转角变压器辅助小母线		WTAa,WTAb WTAc	ZYMa,ZYMb ZYMc	A790,B790(B600) C790

四、控制电缆的标号

屏柜之间二次设备的连接，以及屏柜二次设备（通过端子排）和屏柜外电气设备的连接，都要通过控制电缆连成一个系统，所以一个发电厂或变电站控制电缆的数量是很多的。

为了了解控制电缆的类型、走向及用途，需要对各条控制电缆进行标号，这也为编制电缆清册提供了方便。

控制电缆标号的组成格式如下：

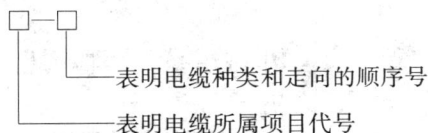

　　　　□—□
　　　　│　└── 表明电缆种类和走向的顺序号
　　　　└──── 表明电缆所属项目代号

控制电缆种类和走向的顺序号见表 1-16。

表 1-16　　　　　　　　　　　　控制电缆种类和走向的顺序号

电　缆　走　向	顺序号	电　缆　走　向	顺序号
控制室范围内（包括保护及自动装置室）	101～119	变电站—公用部分	391～399
控制室—发电机电压配电装置	121～129	机旁屏范围内	401～449
控制室—变电站	131～139	机旁屏—机组范围	451～459
控制室—机旁屏	141～149	机旁屏—励磁设备	461～469
控制室—机组范围内	151～159	机旁屏—厂用设备	471～479
控制室—励磁设备	161～169	机旁屏—直流设备室	481～489
控制室—厂用设备	171～179	机旁屏—公用部分	491～499
控制室—直流设备室	181～189	机组范围内	501～559
控制室—其他	191～199	机组—励磁设备	561～569
发电机电压配电装置—变电站	201～229	机组—厂用设备	571～579
发电机电压配电装置范围内	231～239	机组—直流设备室	581～589
发电机电压配电装置—机旁屏	241～249	机组—公用部分	591～599
发电机电压配电装置—机组范围	251～259	励磁室范围内	601～669
发电机电压配电装置—励磁设备	261～269	励磁室—厂用设备	671～679
发电机电压配电装置—厂用设备	271～279	励磁室—直流设备室	681～689
发电机电压配电装置—直流设备室	281～289	励磁室—其他	691～699
发电机电压配电装置—其他	291～299	厂用设备范围内	701～779
变电站范围内（包括变电站的保护盘室）	301～339	厂用设备室—直流设备	781～789
变电站—机旁屏	341～349	厂用设备室—其他	791～799
变电站—机组范围内	351～359	直流设备室范围内	801～889
变电站—励磁设备	361～369	直流设备室—公用部分	891～899
变电站—厂用设备	371～379	其他	901～999
变电站—直流设备室	381～389		

第二章 电气一次接线

第一节 电力系统概述

为了提高供电的可靠性和经济性，需要将许多发电厂用电网连接起来并列运行，组成统一的电力系统，本节介绍电力系统的一些基本知识。

一、电力系统的概念

目前，电力主要来自水电、火电和核电。由于用电的分散性和受地理条件的限制，负荷中心和动力资源往往相隔很远，必须将电能经变压器升高电压后，由输电线路输送到用户处，因此有必要在发电厂和用户之间建立升压和降压变电站。为了提高供电的可靠性和经济性，还需将各发电厂连接起来并列运行。

由发电厂的发电机及配电装置、升压及降压变电站、电力线路及电能用户的电气设备所组成的统一整体，称为电力系统。在电力系统中，变电站和电力线路所组成的部分称为电网。电力系统加上水电厂的水力部分以及火电厂的热力部分和热能用户，称为动力系统。动力系统、电力系统、电网三者的相互关系如图 2-1 所示。

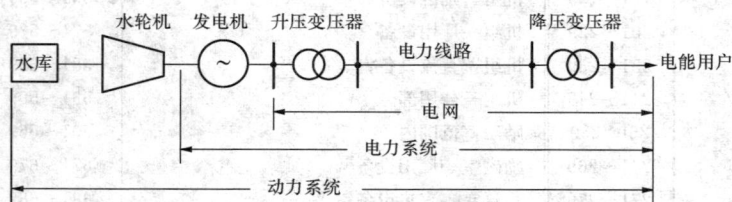

图 2-1 动力系统示意图

在电力系统中，发电、供电、用电是一个统一的整体。建立电力系统在技术上和经济上有着显著的优越性，主要表现在：

（1）提高供电的可靠性和电能质量。当系统中任一发电厂事故停电时，系统中的其他发电厂可以继续供电，使对用户供电的可靠性大大提高，电能质量也得到保证。

（2）提高系统运行的经济性。建立统一的电力系统后，可以充分利用动力资源和发挥各类电厂的作用。例如，在丰水期，让水电厂多发电，火电厂少发电，以节省燃料；在枯水期，让水电厂少发电，担任高峰负荷，让火电厂担任基本负荷。这样可以使水电和火电互相配合、互相调剂，充分发挥各类电厂的作用，有利于电网安全、经济、稳定运行。

（3）节省投资及减少备用容量。为了代替出故障或被检修的机组，必须装有备用机组，以保证对用户不间断的供电。建立电力系统以后，就不必在每个电厂都装设备用机组了，只要在系统中有总的备用发电容量即可。这样，从整个系统来看，便减少了投资。

二、电气设备的分类

为保证电能不间断地生产和输送，在电力系统中要装设各种各样的电气设备，它们可以分为两大类：

（1）一次设备。在电力系统中，担任发电、变电和配电任务的设备，称为一次设备。一次设备包括发电机、变压器、断路器、隔离开关、负荷开关、自动空气开关、接触器、闸刀开关、母线、电力电缆、电抗器、熔断器、避雷器、电力电容器、电压互感器和电流互感器等。表示一次设备连接的电气接线图，称为一次接线图或主接线图。

（2）二次设备。对一次设备进行监视、测量、控制、保护和调节的辅助设备，称为二次设备。二次设备包括继电器、仪表、控制开关、信号设备、自动装置和控制电缆等。表示二次设备连接的电气接线图，称为二次接线图。

第二节　电气主接线的基本形式

将电气一次设备按一定顺序连接起来，用以表示产生、汇集和分配电能的电路图，称为主接线图。

对电气主接线的基本要求是：

（1）根据系统和用户的要求，保证供电的可靠性和电能质量；

（2）接线力求简单、清晰、操作方便；

（3）保证进行一切倒闸操作的工作人员及设备的安全，并能保证维护和检修工作的安全进行；

（4）在满足技术要求的前提下，应使接线的投资和运行的费用最经济；

（5）具有扩建的可能性。

一、不分段的单母线接线

图 2-2 为不分段的单母线接线图。图中有 2 个电源、4 路出线，母线起着汇集和分配电能的作用，由电源来的电流汇集到母线后再分配到各条出线上去。

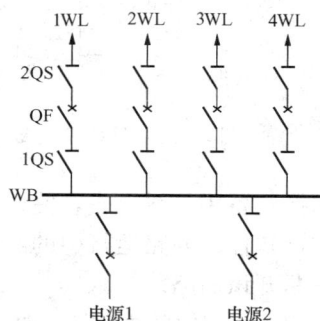

图 2-2　不分段单母线接线图

单母线接线的主要优点是：接线简单清晰，操作方便；所用电气设备少，投资和运行费用低；隔离开关仅在检修时作隔离电压之用，并与断路器之间易作成可靠的连锁，避免发生误操作。

不分段单母线接线存在以下缺点：

（1）当母线发生故障或需要清扫、检修时，就要全部停电；

（2）任一台母线隔离开关检修时，在整个检修时间内，要全部停电；

（3）任一台断路器检修时，断路器所在的电路要停电。

这种接线用于回路少、容量小的发电厂和变电站中。

二、单母线分段接线

为了提高单母线接线的供电可靠性和灵活性，可采用单母线分段接线，如图 2-3 所示。由分段断路器 QFB 及隔离开关 1QS、2QS 将母线分成两段，当其中一段

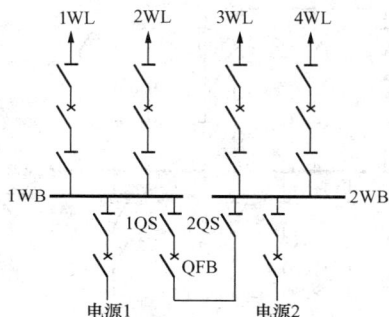

图 2-3　单母线分段接线图

母线或母线隔离开关需要清扫、检修时，可以拉开分段断路器 QFB 及两侧的隔离开关 1QS、2QS，则另一段母线仍能照常工作。如果有一段母线发生故障，继电保护装置可迅速跳开分段断路器 QFB 和故障母线上的电源，而没有故障的一段母线仍能继续工作。若为双回路供电的重要用户，两回路分别接到两段母线上，供电的可靠性很高。

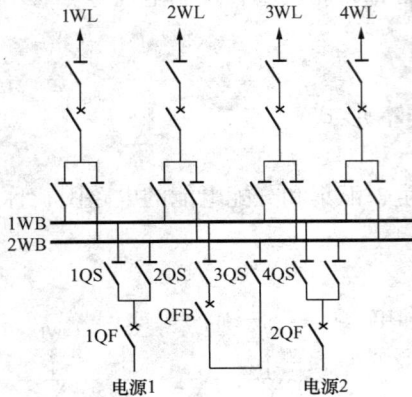

图 2-4 双母线接线图

三、双母线接线

单母线分段接线在一个分段母线发生故障或检修时，该段上的用户必须停电。为了提高供电的可靠性，可以采用双母线接线，如图 2-4 所示。每一电源和每条线路都通过一台断路器和两组隔离开关接到两组母线上。1WB 是工作母线，2WB 是备用母线，两组母线之间由母线联络断路器（母联断路器）QFB 和隔离开关 3QS、4QS 连接。

双母线接线的优点是：

（1）轮流检修母线时，不中断对用户的供电；

（2）检修任一回路的隔离开关时，只需断开该回路；

（3）工作母线发生故障时，可以把电源和出线都切换到备用母线上去，使线路全部恢复正常供电；

（4）任一回路运行中的断路器，如果拒绝动作或因故不允许操作时，可利用母联开关代替来断开该回路。

双母线接线的主要缺点是：接线和操作比较复杂；在倒闸操作时，用隔离断路器切换有负荷电流的线路，增加了发生误操作的可能性；隔离开关多，配电装置结构复杂，经济性差。

四、带旁路母线的接线

上面几种接线方式，在任一断路器检修时，该回路都要停止供电。为此，可以装设旁路母线。图 2-5 为带旁路母线的单母线分段接线图。图中 1WB、2WB 为工作母线，3WB 为旁路母线，2QF 为旁路断路器，4QS 和 5QS 为旁路隔离开关，3QS 为出线 1WL 的旁路隔离开关。

如需检修出线断路器 1QF，则应先按顺序合上 4QS、5QS、2QF、3QS，然后按顺序断开 1QF、2QS、1QS，则电流从工作母线 1WB 经 4QS→2QF→5QS→3QS 到出线 1WL，这样就用旁路断路器和隔离开关代替了出线断路器 1QF 和隔离开关 1QS、2QS。双母线接线也同样可以采用带旁路母线的接线形式。

这种接线的缺点是增加了设备和投资，配电装置的布置较困难。

五、桥式接线

当只有两台变压器和两条线路时，可以采用桥式接线。桥式接线按照连接桥的位置可分为内桥接线和外桥接线，如图 2-6 所示。内桥接线的连接桥

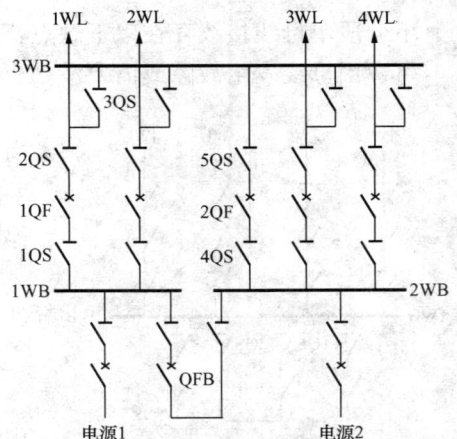

图 2-5 带旁路母线的单母线分段接线图

设置在变压器侧，外桥接线的连接桥设置在线路侧。连接桥上也装设断路器，正常运行时此断路器是接通的。这种接线中，四条回路只用了三台断路器，所用的断路器数量是较少的。

1. 内桥接线

内桥接线如图 2-6（a）所示。其特点是：两台断路器 1QF 和 2QF 接在引出线上，因此引出线的切除和投入是比较方便的。当线路发生短路故障时，仅故障线路的断路器断开，其他三条回路仍可继续工作。但是当变压器 1T 故障时，与变压器 1T 连接的两台断路器 1QF 和 3QF 都将断开，从而影响了非故障线路 1WL 的工作。此外，这种接线当切除和投入变压器时，操作也比较复杂。例如切除变压器 1T 时，必须首先断开断路器 1QF、3QF 和变压器低压侧的断路器［图 2-6（a）中未画出］，再断开隔离开关 1QS，然后接通 1QF 和 3QF，使出线 1WL 恢复工作。所以内桥接线一般适用于故障较多的长线路和变压器不需要经常切除的场合。

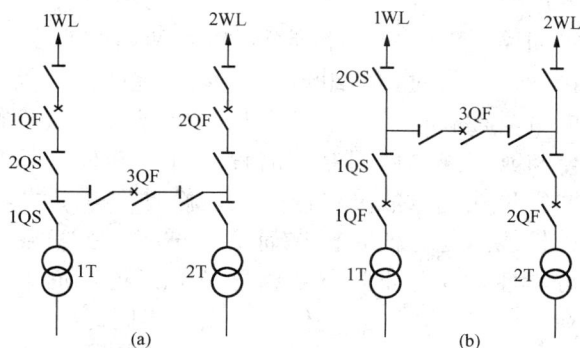

图 2-6 桥式接线图

(a) 内桥接线；(b) 外桥接线

2. 外桥接线

外桥接线如图 2-6（b）所示，其特点与内桥接线相反。当变压器发生故障或运行中需要切换时，只要断开本回路即可，不影响其他回路的工作。但是，当出线 1WL 发生故障时，断路器 1QF 和 3QF 都将断开，因而变压器 1T 也将被切除。为了恢复 1T 的正常运行，必须在断开 2QS 后，再接通 1QF 和 3QF。因此，外桥接线适用于线路较短和变压器按经济运行需要经常切换的情况。此外，当电力系统有穿越性功率经过发电厂和变电站时，也应采用外桥接线，这时穿越功率仅经过连接桥上的断路器。若采用内桥接线，穿越功率要经过 3 台断路器，其中任一台断路器发生故障或检修时，将影响穿越功率的传送。如两条引出线接入环形电网时，也应采用外桥接线，使环形电网断开的机会减少。

桥式接线具有工作可靠、灵活、使用电器少、装置简单清晰、建造费用低和易于发展成单母线分段接线等优点。

六、单元接线

电气接线中将某些元件串联连接，其间没有任何横向联系的接线，称为单元接线。单元接线有发电机—变压器单元接线和变压器—线路单元接线。这里只对前者加以说明。

发电机—变压器单元接线如图 2-7 所示。图 2-7（a）为 1 台发电机与 1 台双绕组变压器连接成一个单元，电能通过高压断路器送入 35kV 及以上电压等级电网。这种接线中，发电机和变压器不单独工作，故变压器和发电机容量基本相同，且两者之间不装设断路器，为了便于对发电机单独进行试验，可装一组隔离开关。

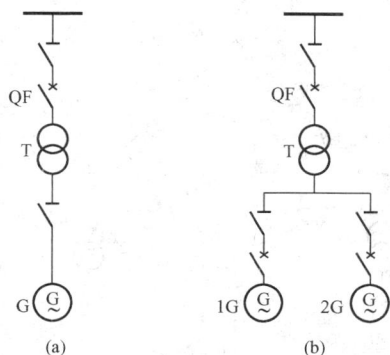

图 2-7 发电机—变压器单元接线

(a) 一般单元接线；(b) 扩大单元接线

　　为了减少变压器的台数和高压侧断路器数量，可将 2 台发电机和 1 台变压器相连接，称为扩大单元接线，如图 2-7（b）所示。当机组台数较多时，可采用这种接线，对减少占地面积和配电装置的布置较有利，但在运行上的灵活性较差，在检修变压器时，需停 2 台发电机，产生的影响较大。

七、一个半断路器接线

　　每两个回路用三台断路器接在两组母线上组成一个半断路器接线，如图 2-8 所示。每一回路经 1 台断路器接至母线，两回路间设 1 台联络断路器，形成一串，又称二分之三接线。运行时，两组母线和全部断路器都投入工作，形成多环状供电，具有较高的供电可靠性和运行灵活性。任一母线故障或检修时，均不致停电；除联络断路器故障时，与其相连的两回路短时停电外，其他任何断路器故障或检修都不会中断供电；甚至两组母线同时故障（或一组检修时另一组故障）的极端情况下，功率仍能继续输送。此种接线运行方便，操作简单，隔离开关只在检修时作为隔离电器。为进一步提高接线可靠性，并防止联络断路器故障可能同时切除两组电源线路，可尽量把同名元件布置在不同串上，同名元件分别接入不同母线上，如图 2-8 中右边一串，即将变压器和出线同串交叉配置，此时，将增加配电装置间隔。

　　一个半断路器接线，特别适宜于 220kV 以上的超高压、大容量系统中；但使用设备较多（特别是断路器和电流互感器），投资较大，二次控制接线和继电保护都比较复杂。

八、角形接线

　　当母线闭合成环形，并按回路数利用断路器分段，即构成角形接线，如图 2-9 所示。角形接线中，断路器数等于回路数，且每个回路都与 2 台断路器相连接，检修任意一台断路器都不致中断供电，隔离开关只用于检修，从而具有较高的可靠性和灵活性，运行操作方便。但在检修断路器（如 1QF）时，将开环运行。此时，如恰好发生断路器（如 2QF）事故跳闸，则造成系统解列或分成两半运行，甚至会造成停电事故。注意：角形接线中应将电源和馈线回路相互交替错开布置或按对角原则连接，将会提高供电可靠性。

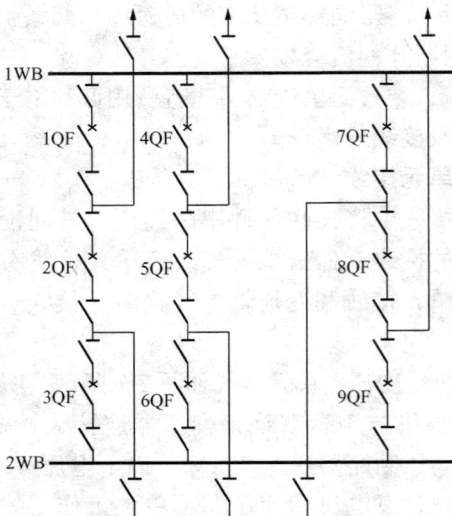

图 2-8　一个半断路器接线图　　　　　　　图 2-9　角形接线图

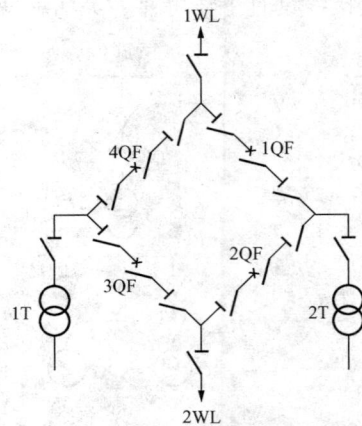

角形接线在开环和闭环两种运行状态时，所通过的电流差别很大，可能使设备选择造成困

难，并使继电保护复杂化。此外，角形接线也不便于扩建。这种接线多用于最终规模较明确的 110kV 及以上的配电装置中，且以不超过六角形为宜。

九、电气主接线图例

以上介绍了电气主接线的各种基本形式，一个发电厂或变电站的电气主接线，一般都由这些基本形式组成一个整体。进行电气设计时，要根据发电厂和变电站的类型、容量、在系统中的地位和作用、出线回路数和用户距离等各种因素，进行综合的技术经济分析和比较，确定合理可行的电气主接线形式。

电气主接线图的绘制应遵循以下原则：

（1）采用标准规定的电气设备的图形符号和文字符号；

（2）三相交流系统采用单线图表示，但电流互感器应表示三相；

（3）断路器、隔离开关、跌落式熔断器等开关电器以断开状态表示；

（4）在图上要标出电气设备的型号及技术参数。

图 2-10 示出了一个小型水电厂电气主接线图。图中，相同元件的型号不再重复标出。

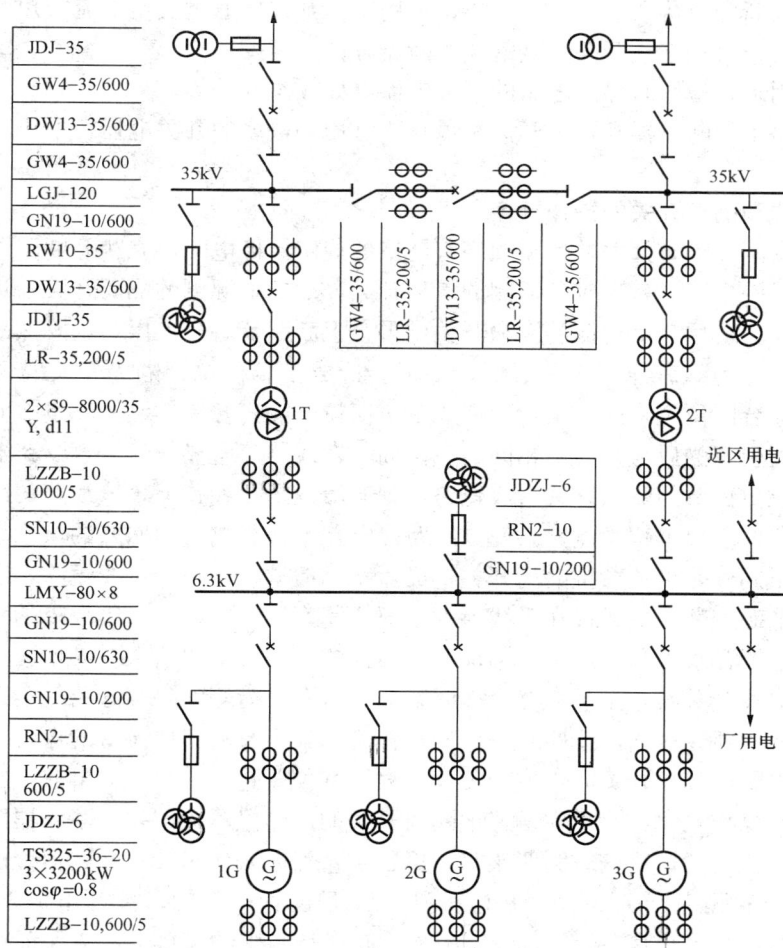

图 2-10　水电厂的电气主接线图

第三节　开关电器的运行

一、开关电器的作用和分类

在电力系统中，开关电器是一次设备的重要组成部分。由于检修、改变运行方式或发生故障时，须用开关电器将发电机、变压器和线路等元件接入或退出，因而要进行一些操作。例如，开关电器在正常情况下要能可靠地接通和开断电路；在改变运行方式时，要能灵活地进行切换操作；在电路发生故障情况下，能迅速切断故障电流，保证未发生故障部分的继续运行；在检修设备时，隔离带电部分，保证工作人员的安全，等等。为了完成上述这些操作，在电力系统中，必须装设各种类型的开关电器。

根据开关电器在电路中担负的任务，可将开关电器分成下列几类：

(1) 仅用来在正常工作情况下，断开或接通正常工作电流的开关电器，如高压负荷开关、低压闸刀开关、接触器等；

(2) 仅用来断开故障情况下的过负荷电流或短路电流的开关电器，如熔断器；

(3) 既用来断开或接通正常工作电流，也用来断开或接通过负荷电流或短路电流的开关电器，如断路器、自动空气开关、跌落式熔断器等；

(4) 主要用来在检修时隔离电压的开关电器，如隔离开关等。

在高压电路中，断路器和隔离开关是最重要且用得最多的开关电器，本节对它们的运行加以介绍。

二、断路器和隔离开关的操作顺序

断路器及其两侧隔离开关的操作顺序有严格的规定。停电时，先跳开断路器，在检查确认断路器已断开的情况下，先拉负荷侧的隔离开关，后拉电源侧的隔离开关；送电时，先合电源侧的隔离开关，后合负荷侧的隔离开关，再合上断路器。有人以为，既然断路器已经断开，先操作哪一侧的隔离开关无关紧要，都不会造成带负荷拉合隔离开关的情况。问题在于，当断路器在合闸位置未被查出，而造成带负荷拉合隔离开关的误操作事故时，先拉合哪一侧的隔离开关引起的后果是大不相同的。例如，在线路停电操作时，若断路器在合闸位置未被查出，先拉负荷侧的隔离开关造成短路，则故障发生在线路上，该线路的继电保护动作跳开线路断路器，隔离了故障点，只使该线路停电，不致影响其他回路的供电；若先拉电源侧隔离开关，虽同样是带负荷拉隔离开关造成短路，但故障相当于母线短路，继电保护将使母线上所有的电源切断，造成接在母线上的全部负荷都要停电，扩大了故障的范围，甚至引起全所停电、电网瓦解等严重后果。同理，在线路送电时，若断路器在合闸位置未被查出，先合电源侧的隔离开关时，是不会有什么问题的，再合负荷侧的隔离开关就会造成带负荷合隔离开关，如产生弧光短路，线路继电保护动作跳闸，不影响其他设备的运行；如果操作顺序相反，在合电源侧隔离开关时造成带负荷合隔离开关短路，就会扩大事故。

有人在填写操作票时，为了省事，把隔离开关的操作只写成"拉开断路器两侧的隔离开关"一个步骤是不妥的，应该分为两步写。例如线路停电操作时，在断路器确已断开后，第一，拉开负荷侧的隔离开关 2QS，并检查其在断开位置；第二，拉开电源侧的隔离开关 1QS（见图 2-2），并检查其在断开位置。另外，在操作步骤的安排上，应保证在操作隔离开关时，该回路的保护仍有操作电源，以便在产生上述误操作时能动作跳开断路器。有些资料上列出的典型操作票，在线路停电时，把拿下断路器回路操作熔断器放在隔离开关拉开之前，在线路送电时，把给上断路器的操作熔断器放在隔离开关合闸之后，这样做会导致带负荷拉合隔离开关造成短路时，继电保护不能动作跳闸的后果，是不合适的。

三、断路器的运行

断路器在电力系统中有两方面的作用：在正常运行时，根据运行需要，接通或断开负荷电流，起控制作用；在发生故障时，和继电保护装置相配合，自动切断故障电流，起保护作用。

断路器采用的灭弧介质不同，就构成了各种类型的断路器，如油断路器、六氟化硫断路器、真空断路器、空气断路器等。

断路器的运行要点如下：

（1）正常运行时，断路器的工作电流不得超过额定值；在事故情况下，断路器的过负荷不得超过 10%，时间不超过 4h，断路器的断流容量必须满足要求。

（2）明确断路器允许切断故障电流的次数，当断路器开断故障电流的次数小于规定值时，应将其自动重合闸退出；当开断故障电流次数达到规定值后，应将断路器退出运行，进行检修。

（3）严禁将拒绝分闸或有严重缺油、漏油、漏气等缺陷的断路器投入运行。

（4）均应在断路器轴上装设分、合闸机械指示器，以便运行人员在操作或检查时用于校对断路器断开或合闸的实际位置。

（5）断路器在事故跳闸后，应进行全面、详细地检查其是否有损坏的部件。

（6）新投入或检修后的断路器，投入运行前，应作全面检查并进行继电保护和自动装置的整组传动试验，以保证分、合良好，信号正确。

（7）多油断路器的外壳应有可靠的接地。

（8）有些断路器的外壳是带电的，值班人员不得任意打开正在运行的断路器室的门或网状遮栏。

四、隔离开关的运行

隔离开关没有专门的灭弧装置，所以不能用来接通和切断负载电流及短路电流。隔离开关的作用是：

（1）隔离电源。隔离开关造成可以看得见的空气绝缘间隙，即与带电部分造成明显的断开点，以便在检修设备和线路停电时隔离电源，保证运行安全。这是隔离开关的主要用途。

（2）倒母线操作。在双母线的接线中，利用隔离开关将电气设备或供电线路从一组母线切换到另一组母线上去，也即进行倒闸操作。

（3）用以接通和切断小电流的电路。具体见有关规定。

隔离开关运行要点如下：

（1）正常运行时，隔离开关的工作电流不得超过额定值，温度不超过允许值70℃。在运行中隔离开关的触头不应有过热现象，可采用示温片或变色漆进行监视。如有过热，应立即设法减少隔离开关的负荷，并尽可能将其停电，若由于需要不允许停电时，则应采取降温措施（如吹风冷却），并加强监视。

（2）隔离开关的绝缘应完整无裂纹、无电晕和放电现象。

（3）操作连杆及机械部分，应无损伤、无锈蚀，各机件应紧固，位置应正确，无歪斜、松动、脱落等不正常现象。

（4）闭锁装置应良好，在隔离开关拉开后，应检查电磁闭锁或机械闭锁的销子确已锁牢，隔离开关的辅助触点位置应正确。

（5）刀片和刀嘴应无脏污、无烧伤痕迹，弹簧片、弹簧及铜瓣子应无断股、折断现象。

（6）接地线应良好。

第四节　中性点接地方式

电力系统中性点接地方式可以认为是一次接线的内容，它是一个涉及许多因素的综合技术问题。中性点的接地方式分为中性点不接地、中性点经消弧线圈接地和中性点直接接地三种。其中，中性点不接地和经消弧线圈接地的电力系统称为小接地电流系统，中性点直接接地的电力系统称为大接地电流系统。

我国电力系统中性点的接地方式是这样选择的：

（1）110kV 及以上的电力系统，变压器的中性点采用直接接地的方式。

（2）6～60kV 的电力系统（主要是 10kV 和 35kV），当对地电容电流小于 10A 时，变压器的中性点采用不接地方式；当对地电容电流大于 10A 时，变压器的中性点采用经消弧线圈接地方式。

（3）380/220V 三相四线制低压配电系统，大多采用中性点直接接地方式。

（4）在城市电网的发展中，由于广泛采用电缆线路代替架空线路，使单相接地电容电流大增，有的城市的 10kV 系统中性点采用经小电阻接地方式。

一、中性点不接地系统

任意两个导体之间隔以绝缘介质就形成了电容，所以电网三根导线对地或导线之间都存在着分布电容，这些电容将引起附加电流。一般可以把各相对地的分布电容用一个集中电容来代替，若不考虑相间电容并认为各相对地电容相等，可以画出如图 2-11（a）所示的电路图。下面对中性点不接地系统的各种运行情况进行分析。

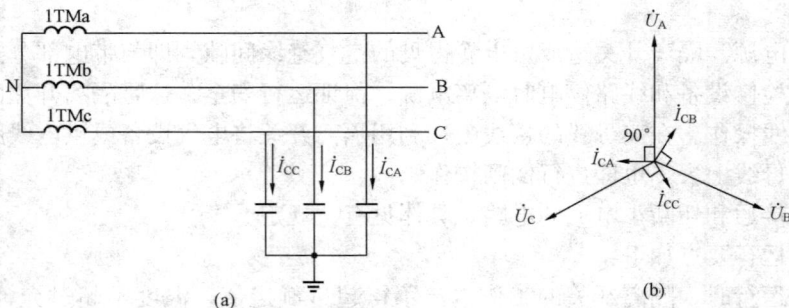

图 2-11　中性点不接地系统正常运行状态

(a) 电路图；(b) 相量图

1. 系统正常运行

中性点不接地系统在正常运行时，由于三相电压 $\dot{U}_A$、$\dot{U}_B$、$\dot{U}_C$ 是对称的，三相对地电容又相等，则各相对地电压等于其相电压，各相对地的电容电流 $\dot{I}_{CA}$、$\dot{I}_{CB}$、$\dot{I}_{CC}$ 也是对称的（即大小相等，相位差互为 120°），即

$$\dot{I}_{CA} + \dot{I}_{CB} + \dot{I}_{CC} = 0$$

图 2-11（b）为三相电容电流的相量图，它们分别比相应的相电压超前 90°。由于三相电容电流的相量和为零，故地中没有电流流过，中性点的电位为零（大地为零电位）。

2. 单相完全接地

中性点不接地的三相系统，任何一相（如 C 相）绝缘受到破坏而产生单相完全接地（接地过渡电阻为零）时的电路图，如图 2-12（a）所示。

C 相完全接地时有以下一些特点：

（1）C 相对地电压为零，即 $\dot{U}_{Cd} = 0$。

（2）中性点对地电压等于负的 C 相电压，即 $\dot{U}_{Nd} = -\dot{U}_C$。

（3）不接地相对地电压 $\dot{U}_{Ad}$、$\dot{U}_{Bd}$ 分别等于其相电压 $\dot{U}_A$、$\dot{U}_B$ 和中性点对地电压 $\dot{U}_{Nd}$ 的相量和，即

$$\dot{U}_{Ad} = \dot{U}_A + \dot{U}_{Nd} = \dot{U}_A - \dot{U}_C = \dot{U}_{AC}$$

$$\dot{U}_{Bd} = \dot{U}_B + \dot{U}_{Nd} = \dot{U}_B - \dot{U}_C = \dot{U}_{BC}$$

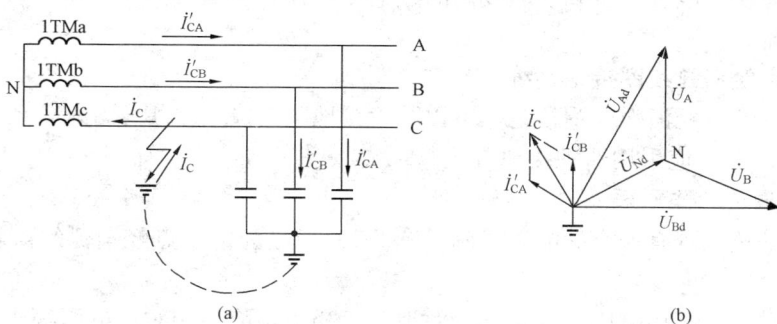

图 2-12 C 相完全接地的情况
(a) 电路图；(b) 相量图

由此可见，当 C 相发生完全接地时，不接地相的对地电压值由正常运行时的相电压升高为线电压，即升高了 $\sqrt{3}$ 倍。同时，由图 2-12（b）的相量图可以看出，两相对地电压相量 $\dot{U}_{Ad}$、$\dot{U}_{Bd}$ 的夹角为 60°。

（4）三个线电压 $\dot{U}_{AB}$、$\dot{U}_{BC}$、$\dot{U}_{CA}$ 的大小和相位并不因单相接地而改变，仍然是对称系统，即

$$\dot{U}_{AB} + \dot{U}_{BC} + \dot{U}_{CA} = 0$$

（5）接地点有接地电流 $\dot{I}_C$ 流过，它等于不接地相对地的电容电流 $\dot{I}'_{CA}$、$\dot{I}'_{CB}$ 的相量和，即

$$\dot{I}_C = \dot{I}'_{CA} + \dot{I}'_{CB}$$

由图 2-12（b）的相量图可见，A、B 相对地电容电流 $\dot{I}'_{CA}$、$\dot{I}'_{CB}$ 分别超前 A、B 的对地电

压 $\dot{U}_{Ad}$、$\dot{U}_{Bd}$ 的角度为 90°，接地电流 $\dot{I}_C$ 超前中性点对地电压 $\dot{U}_{Nd}$ 的角度也为 90°。

设正常运行时一相对地电容电流的数值为 I_{C0}，则 C 相完全接地后，不接地相对地电容电流的数值为

$$I'_{CA} = I'_{CB} = \sqrt{3} I_{C0}$$

由相量图可见

$$I_C = \sqrt{3} I'_{CA}$$

故

$$I_C = 3 I_{C0}$$

由此可知，单相接地电流为正常时一相对地电容电流的 3 倍。

应该指出，接地点的电流除电容电流外，还流过电压互感器一次绕组接地电流，由于二者相位相反，接地电流略小于电容电流，由于电压互感器电流很小，上述分析加以忽略。

从上述分析可见，中性点不接地系统发生单相接地时，网络线电压的大小和相位差仍然维持不变。因此，三相用电设备的工作不会受到破坏，可以继续运行，这是这种接地方式最大的优点。但系统不允许长时间带单相接地运行，因为长期运行可能引起非接地相绝缘薄弱的地方损坏而造成相间短路，还可能引发铁磁谐振过电压损坏设备。

发生单相接地时，接地电流在故障点形成电弧，当接地电流较小时，电弧往往能够自行熄灭；但是，当接地电流较大时，单相接地故障的电弧就难于自行熄灭，而形成稳定电弧或间歇电弧，可能烧坏电气设备和引起较高的过电压，并容易发展为相间短路，所以要采取措施减少接地电流。

二、中性点经消弧线圈接地系统

电力系统中性点经消弧线圈接地，可以减少接地电流。对于 10、35kV 系统，当对地电容电流大于 10A 时，应采用这种接地方式。

1. 消弧线圈的工作原理

消弧线圈是一个具有铁心的电感线圈，图 2-13（a）为中性点经消弧线圈接地的三相系统电路图。

正常运行时，设三相电压对称，三相对地电容相等，故各相对地电压等于相电压，中性点对地电位为零，消弧线圈没有电流流过。当 C 相发生完全接地时，接地相对地电压为零，非接地的 A、B 相对地电压升高为线电压，产生接地电容电流 $\dot{I}_C$ 超前中性点对地电压 $\dot{U}_{Nd}$ 为

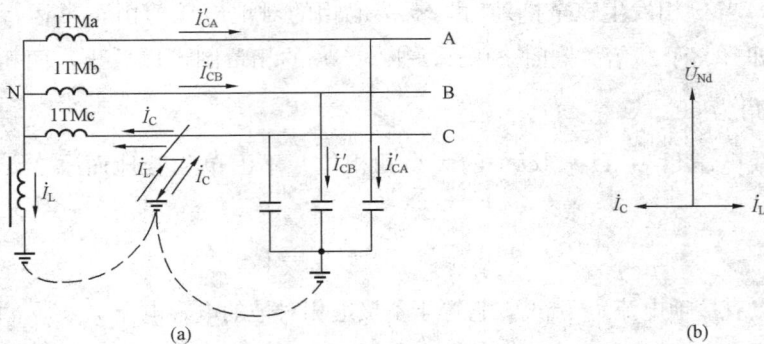

图 2-13 中性点经消弧线圈接地的三相系统

(a) 电路图；(b) 相量图

90°。同时，消弧线圈上加上了中性点对地电压 $\dot{U}_{Nd}$，产生电感电流 $\dot{I}_L$ 流过消弧线圈和接地点，当忽略消弧线圈的电阻时，$\dot{I}_L$ 落后 $\dot{U}_{Nd}$ 为 90°。由于电感电流 $\dot{I}_L$ 和电容电流 $\dot{I}_C$ 相位差为 180°，所以在接地点两者是互相抵消的（或称补偿），如图 2-13（b）的相量图所示。适当选择消弧线圈的电感（匝数），可使接地电流变得很小，单相接地时产生的电弧就能自行熄灭。

根据消弧线圈的电感电流对接地电容电流的补偿程度，可分为以下三种补偿方式。

（1）全补偿。使 $\dot{I}_L = \dot{I}_C$（即令 $\frac{1}{\omega L} = 3\omega C$），接地点处的电流为零，称为全补偿。从消弧的观点来看，全补偿的效果最佳。但是，由于电网三相的对地电容并不完全相等，在正常运行时，中性点对地会存在一定的电压，称为位移电压，如果为全补偿，位移电压将引起串联谐振过电压，危及电网的绝缘。因此，实际应用时不能采用这种补偿方式。

（2）欠补偿。使 $\dot{I}_L < \dot{I}_C$（即令 $\frac{1}{\omega L} < 3\omega C$），这时接地点电流为容性，称为欠补偿。在这种补偿情况下，当运行方式改变时，有可能使系统接近或达到全补偿，故较少采用。

（3）过补偿。使 $\dot{I}_L > \dot{I}_C$（即令 $\frac{1}{\omega L} > 3\omega C$），这时接地点电流为感性，称为过补偿。过补偿方式可以避免产生串联谐振过电压，应用最广泛。但是，在过补偿运行方式下，接地处将流过一定数值的感性电流，这一电流值不能超过规定值；否则，接地故障点的电弧将不能自行熄灭。

2. 自动跟踪消弧线圈装置

上述的普通消弧线圈都是手动调整匝数的，必须使消弧线圈退出运行后才能调分接头，加之往往没有实测系统电容电流的手段，故在实际运行中很少根据电网电容电流的变动及时调分接头，因此仍有可能产生不能自行熄弧和过电压的问题。

自动跟踪消弧线圈装置采用微机自动跟踪控制器，在线测量计算系统电容电流等有关参数，根据补偿度等定值自动调整消弧线圈分接头，使消弧线圈电感调在最佳位置。一般普通消弧线圈的补偿有效率大约为 0.6，即 60% 的单相接地故障不发展为相间短路，而采用自动跟踪消弧线圈装置可以提高到 90%。在需更换消弧线圈时，应尽可能选择自动跟踪消弧线圈装置。

三、中性点直接接地系统

中性点不接地系统的缺点主要是间歇电弧产生危险的过电压，并且长期工作电压高，电网的绝缘相对要加强。中性点经消弧线圈接地虽然可以解决前一个问题，但要增加附加设备，而电网绝缘水平要求高的问题仍然没有解决，这对于电压级较高的电网会大大增加投资。因此，110kV 及以上的系统，采用中性点直接接地的方式。

在这种系统中发生单相接地时，故障相便直接经过大地形成单相短路，由于单相短路电流很大，因而继电保护装置可立即动作，将接地短路的线路切除，使系统的其他部分恢复正常运行。由此可见，中性点直接接地的系统在发生单相接地时，不会产生间歇电弧。同时，因中性点电位为接地体所固定，在发生单相接地时，非故障相对地的电压不升高，因而各相对地的绝缘水平只需按相电压考虑，这就使电网的造价大大降低。电网的电压等级越高，其经济效益越显著。因为高压电器的绝缘问题是影响其设计和制造的关键问题，绝缘要求降低，就降低了高压电器的造价，同时也改善了高压电器的性能。

中性点直接接地系统的缺点是:

(1) 单相接地时,短路电流数值很大,甚至有时超过三相短路电流,这样,就要选择容量较大的开关设备。同时,由于单相短路电流较大,引起电压降低,以致影响电力系统的稳定。另外,由于强大的短路电流在导体周围形成较强的单相磁场,使邻近的通信线路受到干扰。为了减小单相短路电流,可只将系统中一部分变压器的中性点直接接地。

(2) 在发生单相接地时,由于必须断开故障线路,因而将导致用户供电中断。为了克服这一缺点,提高供电的可靠性,可在线路上装设自动重合闸装置。当发生单相接地故障时,在继电保护的作用下断路器自动断开,经一定时间后再自动重合,若故障为暂时性的,则线路接通后,用户的供电即得到恢复;如果故障为永久性的,则继电保护再次将断路器跳闸。

习 题 及 思 考 题

1. 图 2-3 中,分段断路器 QFB 合上运行和断开运行各有什么优缺点?

2. 图 2-5 中,线路 1WL 和 2WL 的断路器同时检修,由旁路断路器 2QF 同时带这两条线路运行,可行吗?

3. 图 2-5 中,检修出线断路器 1QF 的步骤改为顺序合上 3QS、4QS、5QS、2QF,然后按顺序断开 1QF、2QS、1QS,可行吗?

4. 图 2-6 (a) 接线中,写出运行中的变压器 1T 退出检修的操作步骤。

5. 图 2-6 (b) 接线中,写出运行中的线路 1WL 退出检修的操作步骤。

6. 设图 2-2 是一个变电站接线,1WL 是一条 50km 的 110kV 线路。该线路需进行检修,调度人员令该线路对侧的断路器和隔离开关断开后,又令变电站侧断开该线路的断路器QF,但 QF 拒动跳不开,调度人员认为线路已无负荷,即令拉开隔离开关 2QS,分析这样操作可行吗?

7. 图 2-10 中,升压变压器 1T (或 2T) 退出及投入运行时,两侧断路器的操作顺序应该怎样?

8. 图 2-12 (a) 所示 35kV 系统,正常运行线电压都是 38kV,问:

(1) 正常运行时,U_{AN}、U_{BN}、U_{CN}、U_{Ad}、U_{Bd}、U_{Cd}、U_{Nd} 是多少千伏?

(2) A 相单相直接接地时,U_{AN}、U_{BN}、U_{CN}、U_{Ad}、U_{Bd}、U_{Cd}、U_{Nd} 是多少千伏?

9. 在一个 10kV 电网中,直接接有高压电动机负载,通过降压变压器后又接有低压电动机负载。当 10kV 电网 A 相直接地时,高、低压电动机的运转情况有什么变化吗?

10. 图 2-12 (a) 所示电路中,设 C 相接地电流为 10A,如果将变压器中性点 N 直接接地,C 相接地电流有什么变化吗?

11. 同长度电缆线路的电容电流为什么比架空线路大得多?

12. 一个接消弧线圈的补偿网络,单相接地时电容电流为 15A,消弧线圈(忽略电阻)的电流分别为 10、20、15A 时,接地电流是多少安?是什么补偿方式?

第三章 二次接线图

表示二次设备连接的电气接线图，称为二次接线图。二次接线图分为集中式原理图、展开式原理图和安装接线图三类。

第一节 集中式原理图

一、集中式原理图的特点

集中式原理图有两个特点：

（1）二次设备（仪表、继电器、控制开关等）以整体的形式画出；

（2）二次接线的交流电流回路、交流电压回路、直流回路和一次回路的有关部分画在一起。

图 3-1 表示了 10kV 线路保护和测量的集中式原理图。电流互感器有两组二次绕组 1TA 和 2TA，分别供电给保护继电器和测量仪表。过电流保护由电流继电器 1KA 和 2KA、时间继电器 KT、信号继电器 KS 及连接片 XB 组成。

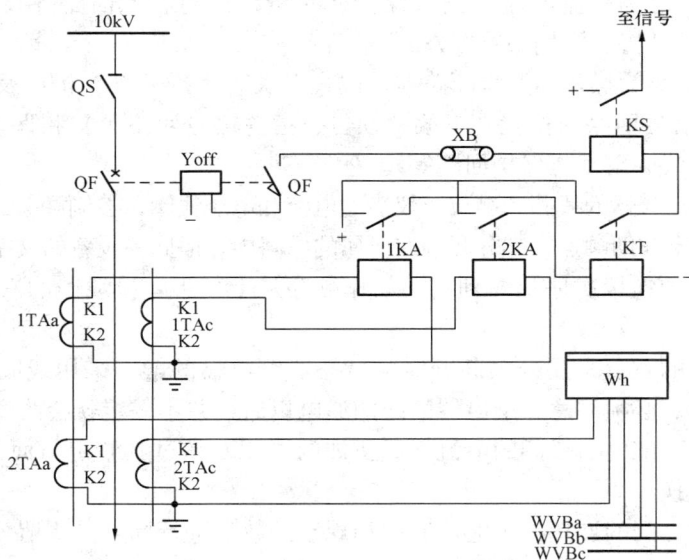

图 3-1 10kV 线路保护和测量的集中式原理图

当线路上发生相间短路时，短路电流流过 1TAa 或 1TAc，使过电流保护启动：

电源"＋"→1KA（或 2KA）动合触点→KT 线圈→电源"－"；

电源"＋"→KT 延时闭合的动合触点→KS 线圈→XB→QF 辅助触点→Yoff 线圈→电源"－"，使断路器 QF 跳闸。

二、集中式原理图的优缺点

集中式原理图的优点是整体观念清楚明确，表示和叙述电气联系和动作原理方便，常用于继电保护和自动装置的原理分析以及二次回路的初步设计。

集中式原理图的缺点是元件和连线较多时，线条相互交叉，显得凌乱；同时，标记不全，有些细节在图上没有表示出来。因而集中式原理图不能用于施工、安装和运行。

第二节　展　开　式　原　理　图

展开式原理图是设计、施工和运行中应用最为广泛的二次接线图，电气人员必须掌握它。

一、展开式原理图的规则和特点

展开式原理图的绘制有一定的规则和特点，只有了解这些规则和特点，才能很好掌握展开式原理图。

（1）二次设备按统一规定的图形符号和文字符号画出。常用设备的图形符号及文字符号见表 1-2 至表 1-12。

（2）按供给二次设备的各个独立电源划分回路，各回路在图上分开表示。交流回路以电流互感器或电压互感器的一个二次绕组作为独立电源；直流电路以每组熔断器后引出作为独立电源。各回路说明如下：

1）交流回路，分为交流电流回路（保护、测量、自动装置回路等）和交流电压回路（保护、测量、自动装置、同期回路等）；

2）直流电路，分为操作回路（断路器、隔离开关、灭磁开关、机组及其辅助设备、闸门操作回路等）、信号回路（位置、事故、预告、指挥信号回路等）和保护回路（发电机、变压器、线路、母线、电动机保护回路等）。

（3）继电器和接触器的线圈和触点，仪表的电流和电压线圈，控制开关的各对触点，断路器和隔离开关的各个辅助触点，都分开画在所属的回路中，但同一设备的文字符号必须相同。

（4）二次设备的连接次序从左到右，动作顺序从上到下，接线图的右侧有相应的文字说明。

（5）开关电器的触点采用开关断开时的状态，继电器的触点采用线圈不通电时的状态（即不带电表示法）。必须注意，继电器的线圈通电以后，并不一定就会改变线圈不通电时触点的状态，只有通过继电器线圈的电流（或所加的电压）超过其整定值而使继电器动作时，触点的状态才会转换。

（6）二次设备之间的连接按等电位原则和规定的数字进行标号。所谓等电位原则就是连接于同一等电位点的导线只编一个号。

（7）继电器的线圈和触点不在同一张图上时，要注明引来或引出处。

二、展开图回路标号

在展开图中，为了便于了解该回路的用途和性质，根据编号进行正确的连接，以及为便于安装、施工、运行和检修，对各个回路要进行标号。

1. 直流回路标号

直流正极回路的线段按奇数顺序标号，负极回路按偶数顺序标号，回路经过主要的压降元件（如线圈、电阻元件、电容元件等）后，即改变其电压的极性，回路的标号亦随之改变。直流回路的数字标号见表 1-14。

为了便于安装和运行，对某些主要回路，常给予固定的数字标号。例如，断路器的跳闸回路用 33、133、233，合闸回路用 3、103、203 等。

2. 交流回路标号

交流回路的数字标号见表 1-13。标号除了数字以外，在数字前面还加有表示相别的文字 A、B、C、N（中性线）、L（零线）等。交流电流回路使用的数字范围是 400～599，交流电压回路使用的数字范围是 600～799，它们都以十位数字为一组。回路使用的标号组应与互感器文字符号的数字序号相对应。例如，2TA 电流互感器 A 相回路标号应为 A421～A429，3TV 电压互感器 A 相回路标号应为 A631～A639。

3. 小母线的标号

为了使二次回路清晰和便于接线，提高回路的可靠性，设置了各种小母线，它们一般敷设在二次屏顶部。小母线分为直流小母线和交流小母线两类，每一类按用途又分为多种。小母线的标号见表 1-15。

三、展开式原理图举例

为了理解上述展开图的规则和特点，现以图 3-2 所示 10kV 线路保护和测量的展开式原理图为例进行说明。其集中式原理图如图 3-1 所示。图 3-2 中，WC 为操作小母线，WS 为信号小母线，Won 为合闸小母线，WFA 为事故信号小母线，WVB 为交流电压小母线。

现以 10kV 线路保护接线为例加以说明。

首先要了解设备在正常运行时的状态：断路器 QF 合闸，其辅助触点 QF2 通，QF1 断，红灯 HR 亮，绿灯 HG 灭，各继电器（电流继电器、时间继电器、信号继电器）都不动作。当线路产生短路后，要按照设备状态改变的因果关系顺序阅图，以了解保护的动作过程。

线路短路→1KA、2KA 线圈反应短路电流而动作→1KA、2KA 触点闭合→KT 线圈通

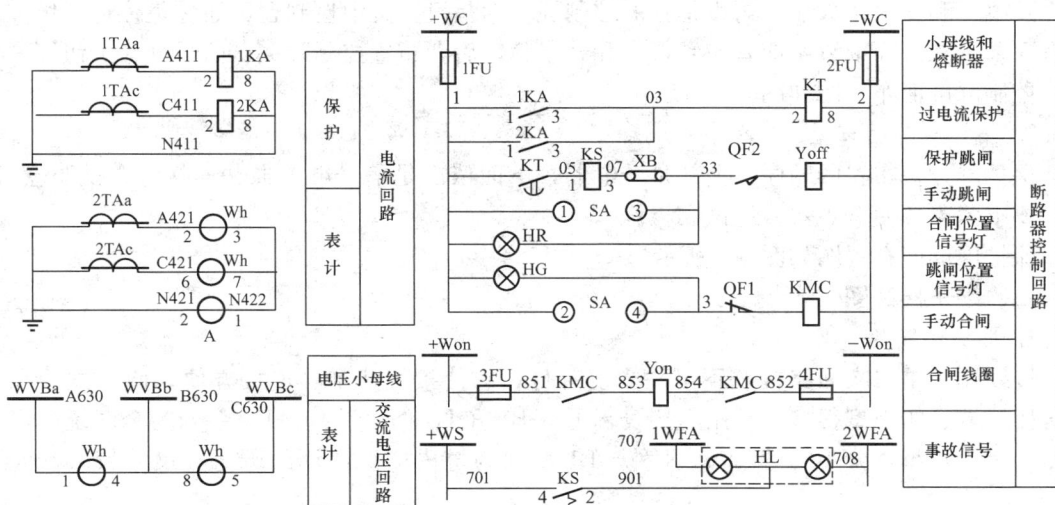

图 3-2 10kV 线路保护和测量的展开式原理图

电而动作→KT 触点延时闭合→（1）、（2）：

　　（1）KS 线圈通电而动作→KS 掉牌，触点闭合→光字牌 HL 亮→1WFA、2WFA 带电→发事故音响（通过中央信号装置）；

　　（2）Yoff 线圈通电→QF 跳闸→$\begin{cases}①QF2\ 断、QF1\ 通→红灯灭，绿灯亮；\\②短路切除→继电器\ 1KA、2KA、KT\ 返回。\end{cases}$

第三节　安 装 接 线 图

　　安装接线图是二次接线的主要施工图，也是提供给厂家制造二次屏的图纸。施工图经过施工和试运行检验并加以修正后，就成为对二次回路进行维护、试验和检修的基本图纸。

　　安装接线图包括屏面布置图、端子接线图、屏后接线图和二次设备现场安装接线图。在作出展开式原理图后，根据选用的设备，作出屏内设备的屏面布置图，然后再按屏作出端子接线图，厂家根据展开式原理图、屏面布置图和端子接线图作出屏后接线图，即可制作屏柜。

一、屏面布置图

　　屏面布置图用来表明屏上二次设备的排列位置和相互间的距离尺寸，并表明制作此屏有关的图纸和设备，是制作屏的总图。一块屏可以布置一个或多个安装单位的设备，每个安装单位一般按纵向分开，屏上元件应注明其所属安装单位和设备的顺序号。所谓安装单位，即是根据所属一次回路来划分，或者根据不同用途的二次回路来划分。不同安装单位的设备装在一块屏上，应该用罗马数字Ⅰ，Ⅱ，Ⅲ…区别开。二次屏有多种型式可供选用。

　　1. 控制屏屏面布置

　　控制屏安装的设备从上至下排列为仪表、光字牌、控制开关和信号灯等，屏后布置有熔断器、电阻器和个别继电器等。屏面设备布置要求清晰、整齐和便于操作监视和检修。目前，发电厂和变电站大多不再设单独的控制屏，而是设置集中控制台，简称集控台。集控台分直立部分和平面部分。前者布置仪表和光字牌，后者布置控制开关、信号灯、按钮等。

　　控制屏屏面布置图如图 3-3 所示。

　　2. 保护屏屏面布置

　　保护屏设备布置的顺序：上部是继电器，下面依次是信号继电器、连接片、试验盒等。布置要求紧凑并便于观察、调试和检修。

　　保护屏屏面布置图如图 3-4 所示。

二、端子接线图

　　1. 接线端子的类型

　　接线端子是二次回路接线不可缺少的部件，它使接线清晰、连接方便，便于试验和检修。接线端子的类型很多，常用的接线端子有 B1 和 D1 两个系列。D1 系列为全国统一设计产品，尺寸较小，分 10A 和 20A 两种。B1 系列为过去广泛使用的端子，尺寸较大，便于接线。

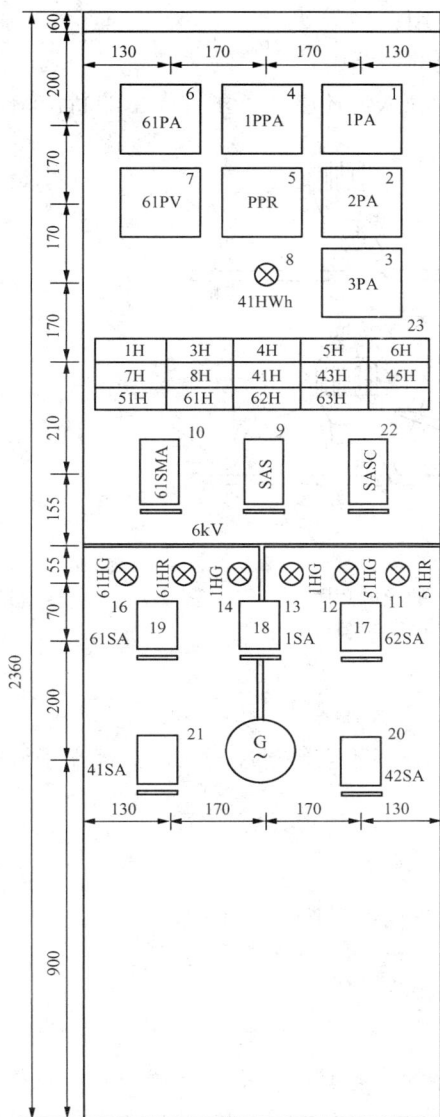

图 3-3　控制屏屏面布置图　　　　　图 3-4　保护屏屏面布置图

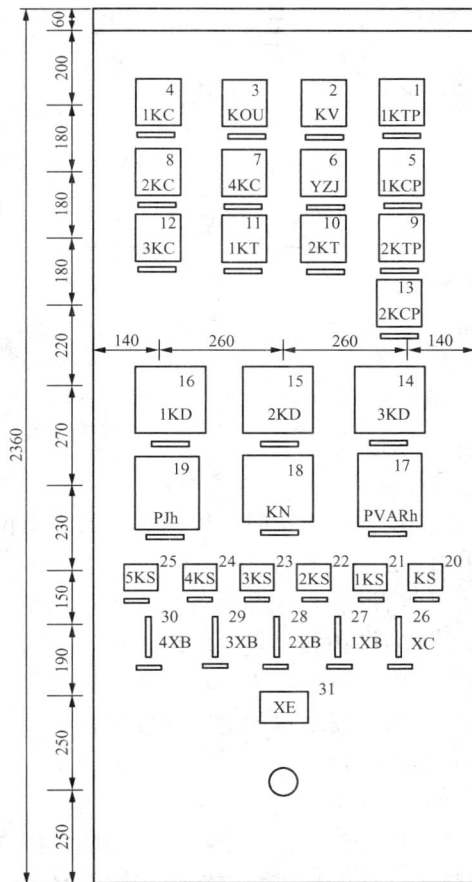

接线端子按用途可以分为以下类型：

（1）一般端子（B1-1 型或 D1-10 型），供一个回路两端导线连接之用；

（2）连接端子（B1-4 型或 D1-10SL 型），供端子间连接之用，绝缘隔板中有缺口，可以放置连接片；

（3）试验端子（B1-2 型或 D1-10S 型），用于需要接入试验仪器的电流回路中，它能在不断开回路的情况下，对仪表或继电器进行试验；

（4）连接型试验端子（B1-3 型或 D1-10SL 型），同时具备试验端子和连接端子的作用，用于彼此连接的电流试验回路中；

（5）终端端子（B1-5 型或 D1-B 型），用于固定或分隔不同安装单位的端子排；

（6）标准端子（B1-6 型），直接连接屏内外导线用；

（7）特殊端子（B1-7 型），用于开断需要很方便的回路中。

图 3-5 给出了几种不同类型端子的导电片图。现在人们还生产了多种类型的新型端子。

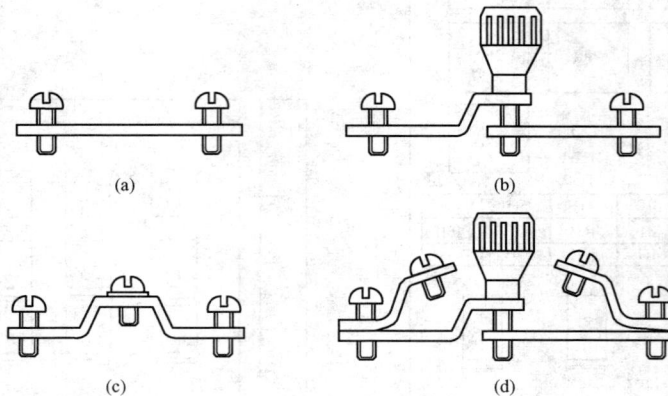

图 3-5　几种不同类型端子的导电片图

(a) B1-6 型接线端子；(b) B1-1、B1-4 型接线端子；

(c) B1-7 型接线端子；(d) B1-2、B1-3 型接线端子

2. 需经端子排连接的回路

在进行设备的连接时，屏内同一安装单位设备的连线不需经过端子排，需经端子排进行连接的回路是：

（1）屏内设备和屏外设备的连接；

（2）屏内设备和小母线的连接；

（3）屏内设备和接于小母线的设备（电阻器、熔断器、刀开关）的连接；

（4）屏内各安装单位之间的连接；

（5）转接回路。

3. 端子排的表示方法

在端子接线图中，端子排可采用四格或三格表示法，除其中一格写入端子的序号及表示其类型外，其余的格需要表明设备的符号及回路编号。图 3-6 为控制屏右侧端子排的四格表示法，如将左起第三格和第四格的内容合写在一格中，即为三格表示法。

4. 端子排排列的原则

为了便于运行、检修和调试，端子排一般应按下列原则排列：

（1）当同一块屏上有几个安装单位时，每一安装单位应有独立的端子排。它们的排列应与屏面布置相配合，最后留 2～5 个端子作备用，在端子排的两端应装终端端子。

（2）端子型式的选用，要根据具体情况决定。一般来说，交流电流回路应经试验端子；运行中需要很方便断开的回路，应经特殊端子或试验端子。

（3）正、负电源之间，合闸和跳闸回路之间的端子排不应紧挨，需用一个空端子隔开。

（4）一个端子的每一个接线螺钉，一般只接一根导线，特殊情况下，最多可接两根导线。接于端子的导线截面，不应超过 6mm² 。

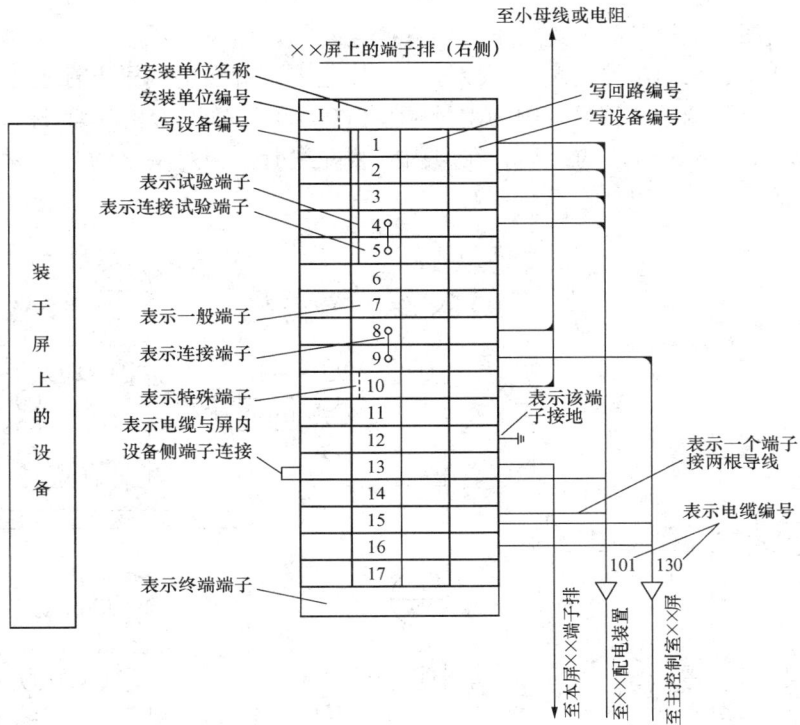

图 3-6 端子排的四格表示法

（5）端子排的排列顺序应考虑屏面布置的实际情况，一般按下列顺序自上而下排列。

1）交流电流回路：按每组电流互感器标号数字大小排列，再按相别 A、B、C、N 排列。例如 A411、B411、C411、N411，A421、B421、C421、N421。

2）交流电压回路：按每组电压互感器标号数字大小排列，再按相别 A、B、C、N、L 排列。

3）信号回路：按位置、事故、预告及指挥信号分组，每组按数字大小排列。

4）控制回路：按每组熔断器分组。其中每组先按正极性回路（编号为奇数）由小到大排列，然后再按负极性回路（编号为偶数）由大到小排列。例如 101、103、133、142、140、102，201、203、233、242、240、202。

5）其他回路。

6）转接回路。

三、屏后接线图

二次屏的设备大多装在屏的正面，设备的接线柱在屏后，接线是在屏后进行的，故称为屏后接线图，它是屏的背视图。屏后接线图上设备的相对位置应与屏面布置图一致。

1. 二次设备的表示方法

在屏后接线图上，要把二次设备的图形画出，在图形上应表示出设备的内部接线和接线柱号，图形左上方有设备的各种标号，它应和展开图、屏面图的标号一致，如图 3-7 所示。

2. 二次设备连接的表示方法——相对编号法

在安装接线图上，设备间的连接不画出直接连线图，而是广泛采用"相对编号法"。这一方法就是：如甲、乙两个接线端子要用导线连接起来，就在甲端子上标上乙端子的编号，而在乙端子上标上甲端子的编号，因为编号是互相对应的，故称为相对编号法。

图 3-8 表示了相对编号法的应用。在屏内安装配线时，相对编号的数字写于（或打印）套在导线端部的套箍上，以便于运行检修时进行查找。

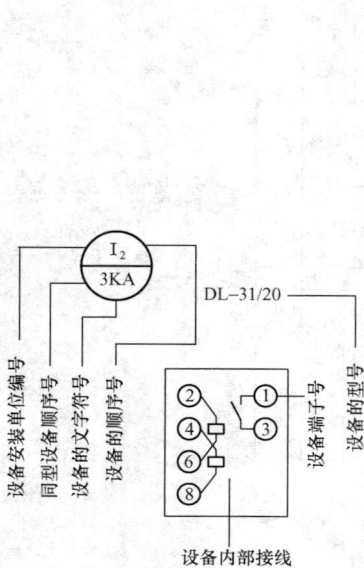

图 3-7　二次设备在屏后接线图上的表示方法

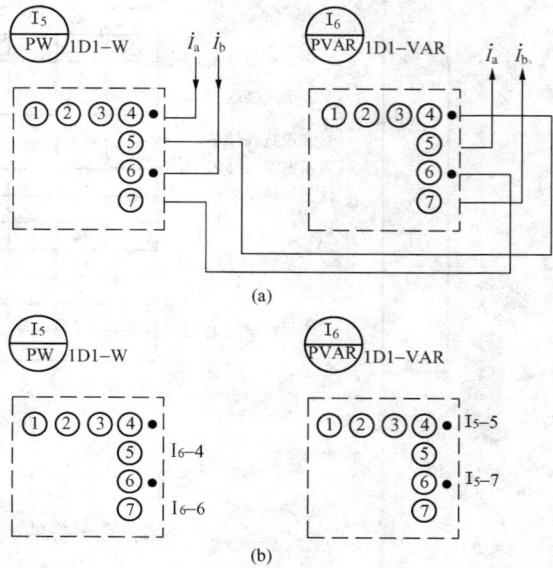

图 3-8　用相对编号法表示设备的连接
(a) 实际连线图；(b) 相对编号法连接图

3. 安装接线图举例

现以图 3-9（a）的 10kV 线路定时限过电流保护展开图为例，说明端子接线图和屏后接线图的表示方法，如图 3-9（b）、（c）所示。引至端子排的控制电缆应该进行编号，控制电缆的数字标号见表 1-16。

在图 3-9 中，从 10kV 配电装置的电流互感器 1TA 处经 111 号电缆引来三根芯线（回路编号为 A411、C411、N411），通过 1～3 号试验端子，分别与屏上的 1KA、2KA 的接线柱号②、⑧连接。例如，端子排 1 号端子与 1KA 的②号接线柱相连，用相对编号法在 1 号端子上标上 I_1-2（或 1KA-2），表示接到 1KA 的②号接线柱上；而在 1KA 的②号接线柱上标上 I-1，表示接到安装单位 I 的 1 号端子。正、负控制电源，从屏顶小母线±WC 的熔断器 1FU 和 2FU 引到 5、7 号端子（回路编号 101、102），这两个端子分别与屏上 1KA 的接线柱①、KT 的接线柱⑧连接。信号回路从屏顶小母线＋WMS 和 WSR 引至 11、12 号端子（回路编号是 703、716），这两个端子分别与屏上 KS 的接线柱②、④连接。断路器的辅助触点 1QF 的正电源和跳闸线圈 Yoff 的负电源，由 10 号和 8 号端子经 111 号电缆引至 10kV 配电装置。屏上各设备之间的连接也应用相对编号法表示。例如，1KA 和 2KA 的③号接线柱要连接，就在 1KA 的接线柱③标上 I_2-3，而在 2KA 的接线柱③标上 I_1-3。

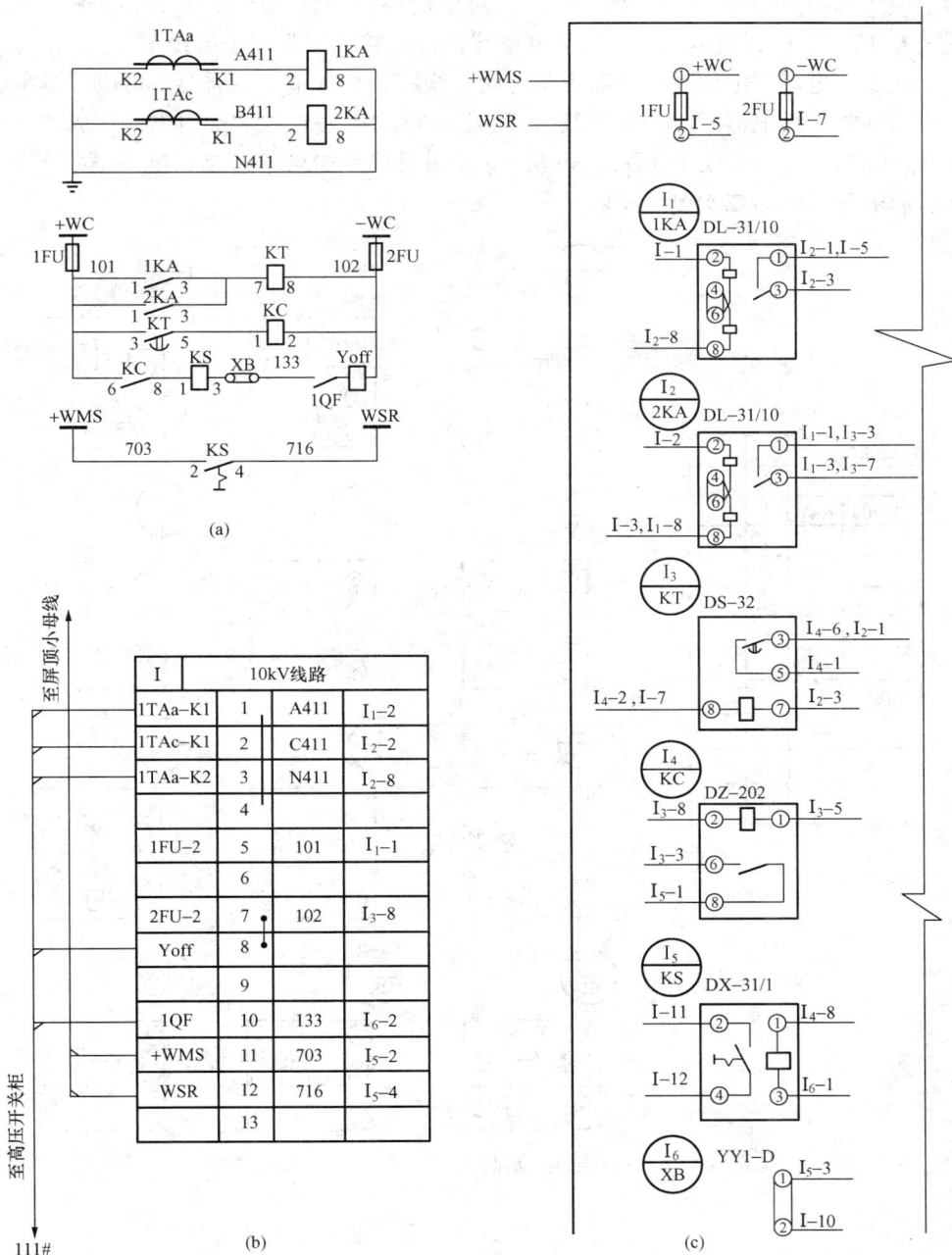

图 3-9　10kV 线路定时限过电流保护接线图
(a) 展开式原理图；(b) 端子接线图；(c) 屏后接线图

当一幅图上的全部二次设备都属于同一个安装单位时，例如发电机保护屏就是如此，为了简化，在屏后接线图和端子接线图的标号中，也可以不标出安装单位编号"Ⅰ"（如Ⅰ$_1$-2 写成 1-2；Ⅰ-5 写成 5），当同一屏台上有两个及以上安装单位设备时，一定要标出安装单位编号。

　　为了便于练习，图 3-10 中画出了三段式过电流保护装置的图形符号和端子排，读者可根据图 3-11 所示三段式过电流保护的展开图作出屏后接线图和端子接线图。

　　必须注意，电流（电压）继电器内部有两个线圈，根据整定值需要，可以接成串联或并联。接成串联时，继电器的 4、6 端用连接片或导线短接，从 2、8 端引出；接成并联时，继电器的 2、4 端和 6、8 端分别短接，也从 2、8 端引出。如果不短接，继电器将不起作用，并且会引起电流互感器二次侧开路的严重后果。

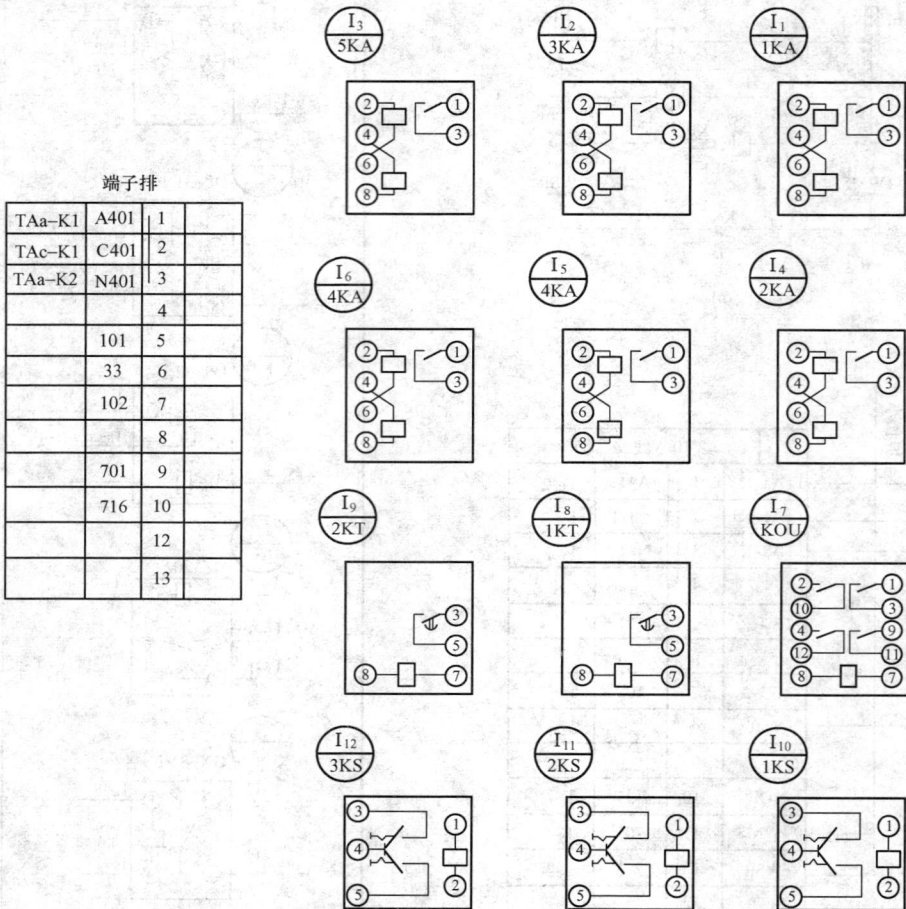

图 3-10　三段式过电流保护装置的图形符号和端子排

习 题 及 思 考 题

　　1. 根据图 3-11 所示的三段式过电流保护展开图，在图 3-10 上画出屏后接线图和端子接线图。电流继电器内部两个线圈 1KA、2KA 接成并联，3KA～6KA 接成串联。

　　2. 图 3-11 中，1KA～6KA 的触点表示继电器线圈不通电时的状态（断开），如果通过正常负载电流（通过互感器），触点状态有什么变化吗？

　　3. 图 3-12 为继电保护交流电流回路接线的编号，问此图的回路编号有什么问题吗？

　　4. 图 3-6 中，端子 1～5 左侧有一条竖线，是否表示端子之间是短接的？

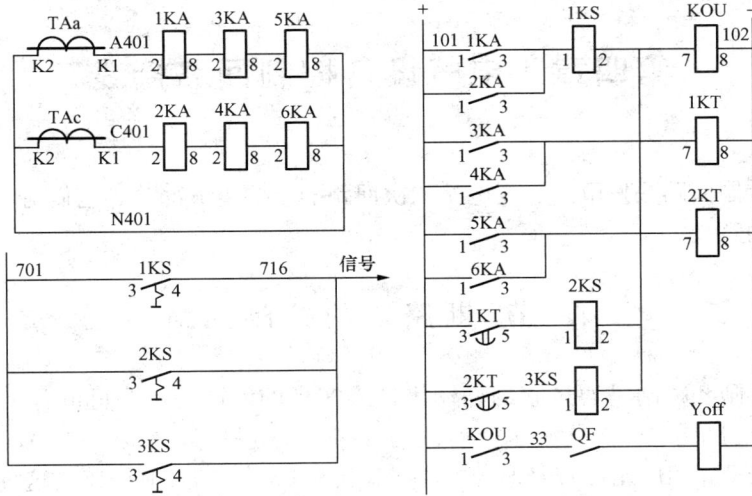

图 3-11 三段式过电流保护展开接线图

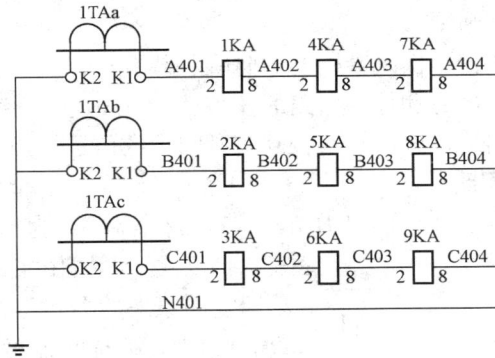

图 3-12 继电保护交流电流回路接线编号

5. 在安装图中，I_3-5 和 I-5 各表示什么？

6. 交流电流、电压继电器为什么内部要有两个线圈？

第四章　电气设备控制回路接线

电气设备控制回路是发电厂、变电站二次回路的重要组成部分，它们对于安全可靠的发供电有很重要的意义。

第一节　断路器的控制回路

断路器的合闸和跳闸是通过它的操动机构来实现的。操动机构可以分为电磁操动机构（CD）、弹簧操动机构（CT）、液压操动机构（CY）、电机操动机构（CJ）、气动操动机构（CQ）等。本节只介绍应用比较普遍的电磁操动机构的断路器控制回路。这种控制回路应满足下列几点要求：

（1）断路器的合闸和跳闸线圈是按短时通电设计的，跳合闸电流的持续时间必须是短暂的，应在操作完成后自动解除；

（2）接线应有防止断路器多次跳合闸的"防跳"装置；

（3）接线应能监视操作电源和控制回路的完整性；

（4）接线应有表示断路器位置状态（合闸和跳闸）的信号。

一、断路器的跳合闸回路

断路器的跳合闸回路接线如图 4-1 所示。其控制开关 SA 为 LW2-W-2/F6 型，其中 W 表示自复式，即操作完松手后，开关的把手会自动回复到原来的中间位置。对装有自动重合闸装置的线路，其断路器的控制开关采用 LW2-W-2.2.40/F6 型。这两种控制开关的触点动作图表如图 4-2 所示。

断路器的合闸操作回路由控制开关 SA 的触点 1-3，断路器 QF 的动断触点 QF1 和合闸接触器 KMC 的线圈组成；合闸线圈回路由合闸接触器 KMC 的触头和合闸线圈 Yon 组成。断路器在跳闸位置时，其辅助触点 QF1 闭合、QF2 断开。当进行合闸操作时，顺时针扳动控制开关 SA 的把手，其触点 SA1-3 闭合，接通了合闸操作

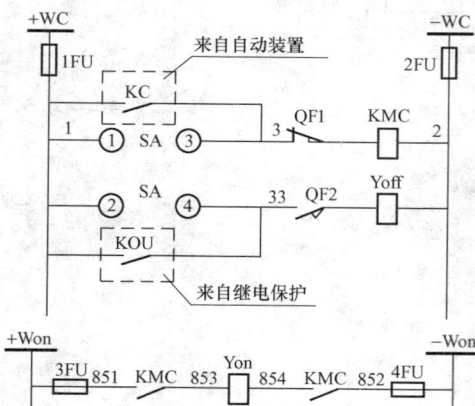

图 4-1　断路器的跳合闸回路接线

回路：

$$+WC \rightarrow 1FU \rightarrow SA1\text{-}3 \rightarrow QF1 \rightarrow KMC \text{ 线圈} \rightarrow 2FU \rightarrow -WC$$

使合闸接触器 KMC 的线圈通电而动作，KMC 的动合触头闭合，接通了合闸线圈回路：

$$+Won \rightarrow 3FU \rightarrow KMC \text{ 触头} \rightarrow Yon \text{ 线圈} \rightarrow KMC \text{ 触头} \rightarrow 4FU \rightarrow -Won$$

使断路器的合闸电磁铁动作，通过机械传动机构使断路器合闸；断路器合闸后，其辅助触点 QF1、QF2 切换：QF1 断开，切断了合闸操作回路；QF2 闭合，准备了跳闸回路。

断路器的跳闸回路由控制开关 SA 的触点 2-4、QF 的动合辅助触点 QF2 和跳闸线圈 Yoff 组成。当进行跳闸操作时，反时针扳动控制开关 SA 的把手，其触点 SA2-4 闭合，接通了跳闸回路：

$$+WC \rightarrow 1FU \rightarrow SA2\text{-}4 \rightarrow QF2 \rightarrow Yoff\,线圈 \rightarrow 2FU \rightarrow -WC$$

使断路器的跳闸电磁铁动作，搭钩脱开而跳闸，与此同时，辅助触点 QF1、QF2 随之切换，断开跳闸回路，并为合闸回路的操作做好了准备。

在中间位置手柄(正视)和触点(背视)位置		1○ 　○2　4○ 　○3	
手柄和触点盒型式	F6	2	
触点号	—	1-3	2-4
位置　中间		—	—
合闸		×	—
跳闸		—	×

在中间位置手柄(正视)和触点(背视)位置		1○○2 4○○3	5○○6 8○○7	9○○10 12○○11
手柄和触点盒型式	F6	2	2	40
触点号	—	1-3	2-4	5-7	6-8	9-12	11-10
位置　跳闸后		—	—	—	—	—	×
合闸		×	—	×	—	×	—
合闸后		×	—	×	—	—	×
跳闸		—	×	—	×	×	—

图 4-2　控制开关触点动作图表
(a) LW2-W-2/F6 型；(b) LW2-W-2.2.40/F6 型

由于断路器的合闸电流很大（直流电压为 220V 时约为 100A），不能由控制小母线供电而另设合闸母线 Won，通过中间合闸接触器 KMC 来控制合闸线圈 Yon。断路器的跳闸电流小（直流电压为 220V 时约为 2.5A），跳闸线圈 Yoff 可直接接到控制回路。

为了实现继电器保护的自动跳闸，保护出口继电器的触点 KOU 与跳闸回路 SA2-4 触点并联；为了实现自动装置（如自动重合闸、备用电源自动投入、自动同期）合闸，自动装置出口继电器 KC 的触点与合闸操作回路的 SA1-3 并联。

二、断路器的"防跳"装置

1. 断路器的"跳跃"

当操作控制开关 SA 使断路器合于存在永久性故障（如检修后地线未拆除）的电路时，会产生以下的过程：

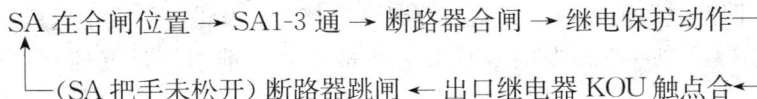

SA 在合闸位置 → SA1-3 通 → 断路器合闸 → 继电保护动作
└ (SA 把手未松开)断路器跳闸 ← 出口继电器 KOU 触点合 ←

这就会使断路器发生多次的"跳—合"，产生"跳跃"现象。SA1-3 触点卡住或自动合闸后 KC 触点粘住不返回，合于故障电路都可能发生断路器的跳跃现象。断路器的跳跃危害很大，因为断路器多次断开和接通短路电流，就可能使断路器损坏甚至引起严重事故，同时也使电力系统的正常工作受到很大的影响，所以断路器应有"防跳"措施。

2. 机械防跳

有些断路器的操动机构本身具有机械防跳的功能，如 CD2、CD2G、CD3 型操动机构。如果继电保护使断路器跳闸，其自由脱扣机构就防止了断路器的重新合闸。机械防跳的缺点

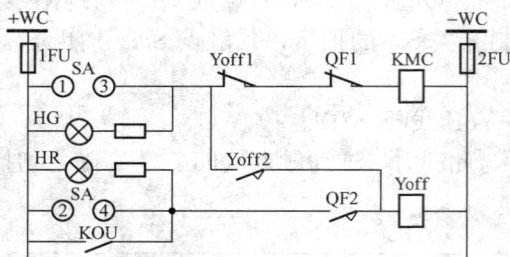

图 4-3 用跳闸线圈辅助触点防跳接线图

是调整困难，在实际应用中往往仍需加电气防跳装置。

3. 利用跳闸线圈的辅助触点防跳

采用 CD11-X、CD5、CD6-G、CD8 型等电磁操动机构时，可以用断路器跳闸线圈 Yoff 的辅助触点防跳，如图 4-3 所示。

断路器在跳闸位置时，其辅助触点 QF1 通，QF2 断，跳闸线圈的辅助触点 Yoff1 通，Yoff2 断。当操作控制开关 SA 使断路器合于永久性故障电路时，其动作过程为：

SA 在合闸位置→SA1-3 通→断路器合闸→继电保护动作→出口继电器 KOU 触点合→

断路器跳闸→ $\begin{cases} ①Yoff1 \text{ 断} \to \text{切断 KMC 线圈回路} \\ ②Yoff2 \text{ 通} \to Yoff \text{ 线圈继续通电} \to \text{自保持直至 SA1-3 断开为止} \end{cases}$

这样，就防止了断电器的再次合闸。

4. 专用继电器的电气防跳

对于线路上的断路器，因跳合闸的机会多并且装有自动重合闸，对防跳的要求要高一些，一般应加装专用继电器的电气防跳装置，其接线如图 4-4 所示。

专用防跳继电器 KJL 有两个线圈，串接于断路器跳闸回路的电流启动线圈和并接于 KMC 线圈上的电压自保持线圈。当操作 SA 使断路器合于永久性故障电路的时候，其防跳原理可用下面的过程来说明：

SA 在合闸位置→SA1-3 通→断路器合闸→继电保护动作→

→ $\begin{cases} ① Yoff \text{ 线圈通电} \to \text{断路器跳闸} \\ ② KJL（I）\text{ 线圈通电} \to \text{继电器 KJL 动作} \to \end{cases}$

→ $\begin{cases} KJL1 \text{ 通} \to KJL（U）\text{ 线圈通电} \to \text{继电器 KJL 自保持直至 SA1-3 断开} \\ KJL2 \text{ 断} \to \text{切断 KMC 线圈回路} \end{cases}$

触点 KJL3 的作用是防止 KOU 触点先于 QF2 触点复归而烧坏。电阻器 R 的作用是使并接的信号继电器能可靠动作。但 KJL3 触点回路有可能引起跳闸线圈烧毁的事故，有关分析及采取的措施将在下面论述。

三、断路器控制回路的监视

断路器控制回路电源消失或跳合闸回路断线，都会危及设备的安全运行，所以要对控制回路的完整性进行监视，以便及时发现和处理故障，一般采用灯光监视和音响监视两种接线。

1. 灯光监视的控制回路

灯光监视的控制回路接线如图 4-3 所示，在合闸回路中接入绿灯 HG，在跳闸回路中接入红灯 HR。当断路器在合闸状态时，红灯 HR 亮，表示电源和跳闸回路是完好的；当断路器在跳闸状态时，绿灯 HG 亮，表示电源和合闸回路是完好的。如果控制电源消失、操作熔断器熔断或控制回路断线，相应的指示灯就会熄灭。由于信号灯的电阻相对于 KMC 线圈或 Yoff 线圈的电阻大得多，不会引起 KMC 或 QF 动作。

2. 音响的监视控制回路

灯光监视的控制回路接线简单，但出现故障不易被及时发现，灯泡烧坏和控制回路故障也不能区别，对于比较重要的发电厂和变电站，常采用音响监视控制回路，其接线如图 4-4 所示。在合闸回路中，接入跳闸位置继电器 KTP，在跳闸回路中接入合闸位置继电器 KCP。KTP和 KCP 各有一对动断触点串联再与光字牌 HL 串接后连至延时预告信号小母线3WAS、4WAS。当断路器处于合闸状态时，合闸位置继电器 KCP 动作，其动合触点闭合，红灯 HR 亮，表示电源和跳闸回路是完好的，同时 KCP 的动断触点断开，切断光字牌的信号回路；当断路器处于跳闸状态时，跳闸位置继电器 KTP 动作，其动合触点闭合，绿灯 HG 亮，表示电源和合闸回路是完好的，同时 KTP 的动断触点断开，切断光字牌的信号回路。

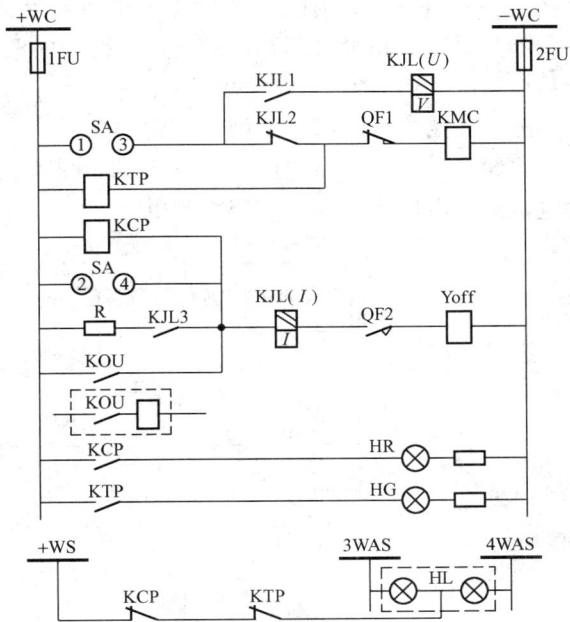

图 4-4 专用继电器的电气防跳接线图

如果控制电源消失，在合闸状态时跳闸回路断线或在跳闸状态时合闸回路断线，位置继电器 KCP 和 KTP 都返回，使两继电器的动断触点都接通，使光字牌 HL 亮，并通过中央预告信号装置发出音响信号（电铃）。

四、触点 KJL3 作用的分析

在图 4-4 中，继电器的触点 KJL3 的作用是：在保护动作跳闸后，当继电保护出口中间继电器的触点 KOU 先于断路器辅助触点 QF2 断开时，对触点 KOU 起保护作用。但在实际运行中，曾多次发生断路器跳闸线圈 Yoff 烧毁的事故。Yoff 线圈烧毁的原因都是由于断路器辅助触点的连杆调整不当或经多次动作后松动，当断路器跳闸时，其动合辅助触点 QF2却未能随之断开所致。当手动跳闸时，电流通过 Yoff 使断路器跳闸的同时，防跳继电器的电流线圈 KJL（I）也通电动作，使 KJL3 闭合。而如果 QF2 不断开，继电器 KJL 就会由于KJL3 闭合而自保持其动作状态，使 Yoff 继续通电，且因 KJL3 短接了合闸位置继电器 KCP线圈，使 KCP 不动作，故没有任何信号使运行人员发现故障，最终导致 Yoff 线圈烧毁。

解决这一问题的措施是取消触点 KJL3 回路，但这样会失去对触点 KOU 的保护作用。为此，保护出口继电器 KOU 要改用具有电流自保持线圈的中间继电器（如 DBZ-257 型），如图 4-4 中虚线框所示。

当保护跳闸时，跳闸电流的通路为：

＋WC→ KOU 触点 →KOU（I）线圈 → KJL（I）线圈 → QF2 触点→ Yoff 线圈→－WC

使出口继电器 KOU 的电流线圈流过跳闸电流而自保持，直至触点 QF2 断开切断跳闸电流，继电器 KOU 才返回，同样能起到保护 KOU 触点的作用。当然，如果继电保护动作使断路器跳闸后，QF2 不断开，仍然会产生 Yoff 继续通电的情况。但手动跳闸比保护跳闸的机会要多得多,当手动跳闸而 QF2 不断开时,断路器跳闸后,红灯 HR 仍点亮,运行人员很容易判断是跳闸回路没有断开,从而进行检查处理,使之恢复正常。实践证明,凡是采用这一简易措施的就不会发生 Yoff 烧毁的事故。

五、断路器控制回路图例

水轮发电机断路器的控制回路接线如图 4-5 所示。图中断路器为 ZN-12 型或 SN10 型,发电机额定电压为 6kV,直流控制电压 220V,在中控室控制台上进行操作。

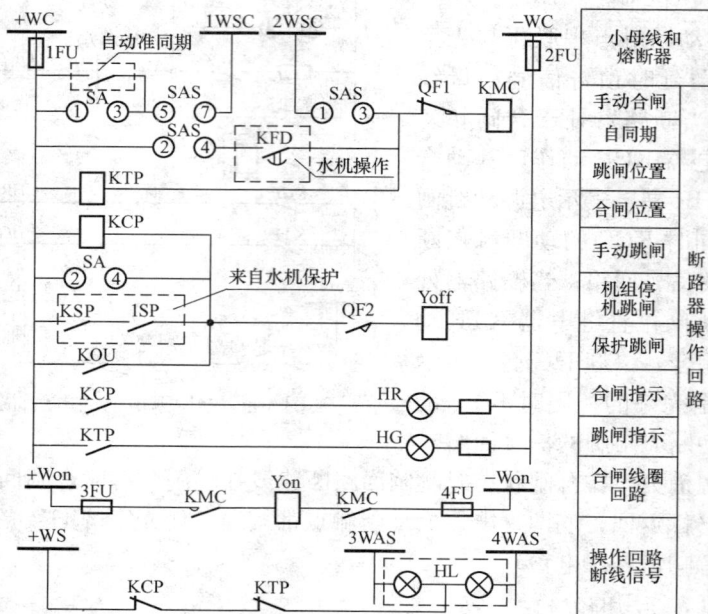

图 4-5　水轮发电机断路器的控制回路接线

1. 合闸回路

合闸可通过自动准同期、自动自同期、手动准同期几种方法进行,同期开关 SAS 用来选择采用哪种方式。当 SAS 处在原始位置时,触点 SAS2-4 闭合,SAS5-7、SAS3-1 断开,便断开了手动准同期回路,准备了自同期合闸回路。机组启动后,当转速接近额定值时,自同期继电器 KFD 动作,接通了合闸回路,断路器 QF 合闸,灭磁开关联动投入,机组建压,并入电网运行。当扳动同期开关 SAS 至手动准同期位置时,触点 SAS2-4 断开,SAS5-7、SAS3-1 闭合,准备了准同期合闸回路,机组起励建压后,当符合准同期条件时,扳动操作开关 SA 的把手至合闸位置,如发电机电压和系统电压的相角差在允许范围内,同期闭锁继电器 KSY(图中未画出)便返回,其常闭触点使同期合闸小母线 1WSC 与 2WSC 连通,合闸操作回路便接通,使断路器合闸。

2. 跳闸回路

跳闸分为手动跳闸、停机自动跳闸和继电保护跳闸几种方式。手动跳闸只要操作 SA,使 SA2-4 接通即可发出跳闸脉冲。停机自动跳闸是正常或事故停机时,停机继电器 KSP 动作,机组即卸负荷,当导水叶关至空载开度时,其位置触点 1SP 接通,便发出跳闸脉冲。继电保护自动跳闸是在发生机组电气事故时,保护出口中间继电器 KOU 触点闭合,接通跳闸回路。

3. 控制回路监视

当控制电源消失，操作回路熔断器熔断或跳合闸回路断线时，KCP、KTP 继电器都返回，光字牌 HR 亮，并发出音响信号。

六、具有闪光的断路器控制回路

在火电厂和容量大的重要变电站，常采用断路器位置信号灯闪光的控制回路。转换开关一般采用 LW2-Z-1a.4.6a.40.20.20/F8 型，它有六个位置，即"跳闸后"、"预备合闸"、"合闸"、"合闸后"、"预备跳闸"、"跳闸"。图 4-6 示出了这种转换开关的触点动作图表。

"跳闸后"位置的手柄（正面）的样式和触点盒（背面）接线图 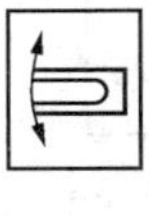 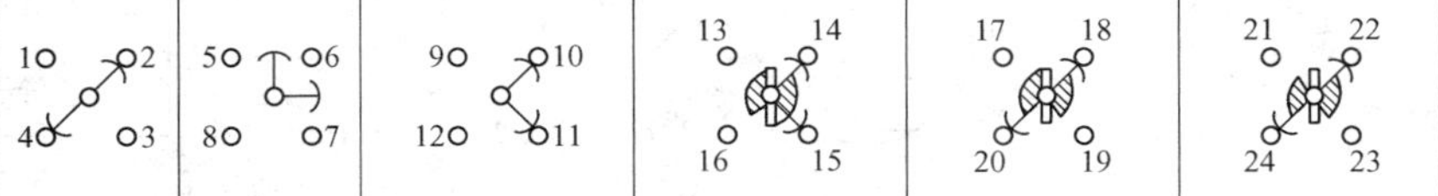		10-2 4-3		50-06 80-07		90-10 120-11		13-14 16-15			17-18 20-19			21-22 24-23		
手柄和触点盒型式 F8		1a		4		6		40			20			20		
触点号 —		1-3	2-4	5-8	6-7	9-10	9-12	10-11	13-14	14-15	13-16	17-19	17-18	18-20	21-23	21-22	22-24
位置	跳闸后 ▭	—	×				×		×		×		×		—	—	×
	预备合闸 ▯	×	—			×				×		×			×	—	
	合闸 ◪	×	—					×		×		×			—	×	
	合闸后 ◩	×	—					×			×		×		—	×	
	预备跳闸 ▭	—	×					×			×		×		×	—	
	跳闸 ◪	—	×				×		×		×			×	×	—	

图 4-6　LW2-Z-1a.4.6a.40.20.20/F8 型转换开关触点动作图表

图 4-7 示出了断路器的控制电路图，转换开关采用上述的 LW2-Z-1a.4.6a.40.20.20/F8 型，下面说明控制回路的动作情况。

1. "跳闸后"位置

当转换开关 SA 在"跳闸后"位置，其触点 SA10-11 通，且断路器也在跳闸状态时，QF1 触点闭合，形成了以下的通路：

$$+WC \to 1FU \to SA10\text{-}11 \to HG \to 1R \to QF1 \to KCM \text{线圈} \to 2FU \to -WC$$

此时，绿灯 HG 亮，指示出断路器在跳闸位置，并监视控制电源和合闸操作回路的完整性。

2. "预备合闸"位置

SA 把手顺时针转 90° 在"预备合闸"位置，SA9-10 接通，而 QF1 尚未断开，使闪光母线（＋）WFL 和控制母线 －WC 之间形成了电流通路：

$$（＋）WFL \to SA9\text{-}10 \to HG \to 1R \to QF1 \to KMC \text{线圈} \to 2FU \to -WC$$

此时，接通了闪光电源，使绿灯 HG 闪光，这时可以核对确认所需合闸的断路器。

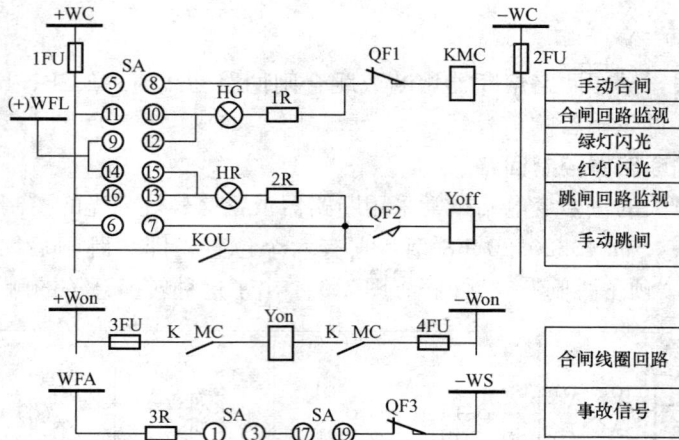

图 4-7 电磁操动机构的断路器控制电路图

3. "合闸"位置

当 SA 把手再顺时针转 45°到"合闸"位置时，SA5-8 接通，HG 及 1R 被短接，KMC 启动。其通路为：

$$+WC \rightarrow 1FU \rightarrow SA5\text{-}8 \rightarrow QF1 \rightarrow KMC \text{ 线圈} \rightarrow 2FU \rightarrow -WC$$

KMC 的两对带灭弧的常开触点闭合，合闸线圈 Yon 通电使断路器合闸，辅助触点 QF1 断开，QF2 闭合。

4. "合闸后"位置

松手后，把手自动弹回至垂直位置，即"合闸后"位置时，SA16-13 接通，其通路为：

$$+WC \rightarrow 1FU \rightarrow SA16\text{-}13 \rightarrow HR \rightarrow 2R \rightarrow QF2 \rightarrow Yoff \text{ 线圈} \rightarrow 2FU \rightarrow -WC$$

此时，红灯 HR 亮，指示出断路器已在合闸状态，同时监视着控制电源和跳闸回路的完整性。

5. "预备跳闸"位置

SA 把手逆时针转 90°在"预备跳闸"位置时，SA13-14 接通，其通路为：

$$(+) \text{ WFL} \rightarrow SA13\text{-}14 \rightarrow HR \rightarrow 2R \rightarrow QF2 \rightarrow Yoff \text{ 线圈} \rightarrow 2FU \rightarrow -WC$$

此时，接通了闪光电源，红灯 HR 闪光，可核对预备跳闸的断路器。

6. "跳闸"位置

将 SA 把手逆时针转 45°到"跳闸"位置时，SA6-7 接通，HG 和 2R 被短接，直流电压加到 Yoff 线圈上，其通路为：

$$+WC \rightarrow 1FU \rightarrow SA6\text{-}7 \rightarrow QF2 \rightarrow Yoff \text{ 线圈} \rightarrow 2FU \rightarrow -WC$$

此时，跳闸线圈 Yoff 通电使断路器跳闸，辅助触点 QF2 断开，QF1 闭合。松开把手，SA 即回到"跳闸后"位置，绿灯 HG 亮。

7. 事故跳闸

由于继电保护动作，断路器事故跳闸时，SA 把手仍在"合闸后"位置，SA9-10 接通，其通路为：

$$(+) \text{ WFL} \rightarrow SA9\text{-}10 \rightarrow HG \rightarrow 3R \rightarrow QF1 \rightarrow KMC \text{ 线圈} \rightarrow 2FU \rightarrow -WC$$

此时，HG 闪光，表示事故跳闸；若合闸过程中发生自动跳闸，因 SA9-10 已接通，HR 也会闪光。

　　事故跳闸时，还会发出事故音响信号。其通路为：

$$-WS \to QF3 \to SA17\text{-}19 \to SA1\text{-}3 \to 3R \to WFA \to 中央信号装置 \to +WS$$

其中 SA1-3 与 SA17-19 相串联可满足断路器在"合闸后"位置时才接通的要求，以防止 SA 在合闸操作过程中，发生由于位置不对应而引起短时的事故音响动作。当断路器在合闸后位置时，其控制开关接点 SA1-3、SA17-19 闭合，如此时继电保护动作或断路器误脱扣跳闸，断路器辅助触点 QF3 闭合，接通事故音响小母线 WFA 回路，发出事故音响信号。

　　值班人员处理事故时，首先停止音响信号，但保留闪光，以便在处理事故过程中知道是哪一回路发生了事故跳闸。事故处理完毕后，将 SA 把手旋转到"跳闸后"位置，SA9-10 断开，闪光便解除；同时 SA1-3、SA17-19 断开，事故信号回路又随之切断。

　　8. 断路器自动合闸

　　当自动装置动作，使断路器自动合闸时，此时 SA 把手在"跳闸后"位置，SA14-15 接通，QF2 也是接通的，此时的通路为：

$$(+) WFL \to SA14\text{-}15 \to HR \to 2R \to QF2 \to Yoff 线圈 \to 2FU \to -WC$$

这时 HR 闪光，表示断路器自动合闸；将 SA 把手旋转到"合闸后"位置，SA14-15 断开，闪光即解除。

　　由上述说明可知，当断路器的状态和控制开关的位置不对应时，信号灯即被接通到闪光母线（+）WFL 上，并发出闪光，闪光装置由闪光继电器构成。上述控制回路可以加装防跳装置，也可以改为音响监视的控制回路。

七、分相操作的断路器控制回路

　　断路器就操作方式而言，分三相操作和分相操作两种（前者断路器只配一台操动机构，后者三相各配一台操动机构）。220kV 及以上断路器，为了实现单相重合闸或综合重合闸，多采用分相操作方式。

　　采用分相弹簧操动机构实现分相操作的 220kV 线路 SF$_6$ 断路器，其控制电路图如图 4-8、图 4-9 所示。现说明其工作原理。

　　1. 断路器的手动控制

　　由于该 220kV 线路断路器为两侧有电源而需要同步的断路器，所以该断路器的合闸操作需经同步操作。而采用的微机监控系统具有自动采集断路器两侧电压信息并自动判别同步条件的功能，无需加装同步装置。

　　断路器合闸操作有手动遥控合闸和就地合闸两种方式。就地合闸（无需同步操作）时，将转换开关 SA 置于就地"L"位置，其触点 SA3-4 闭合，按下手动合闸按钮 1SB，启动三相合闸继电器 1KC；遥控合闸时，将 SA 置于远方"R"位置，其触点 SA1-2 闭合，接通测控装置，测控装置的输出触点 2AP-1K 发出同步合闸脉冲，启动 1KC。1KC 的三对动合触点闭合，分别接通断路器的三相合闸回路，合闸线圈 YCA、YCB、YCC 带电，断路器三相合闸。图 4-8 中 31KC、32KC、33KC 为合闸保持继电器，合闸过程中动作并自保持，保证可靠合闸。

　　由于弹簧操动机构只有在弹簧储能结束并拉紧的情况下才允许合闸，所以在三相合闸回路分别串入接触器 KMA、KMB、KMC 的动断触点（该触点在弹簧拉紧时是闭合的）。当

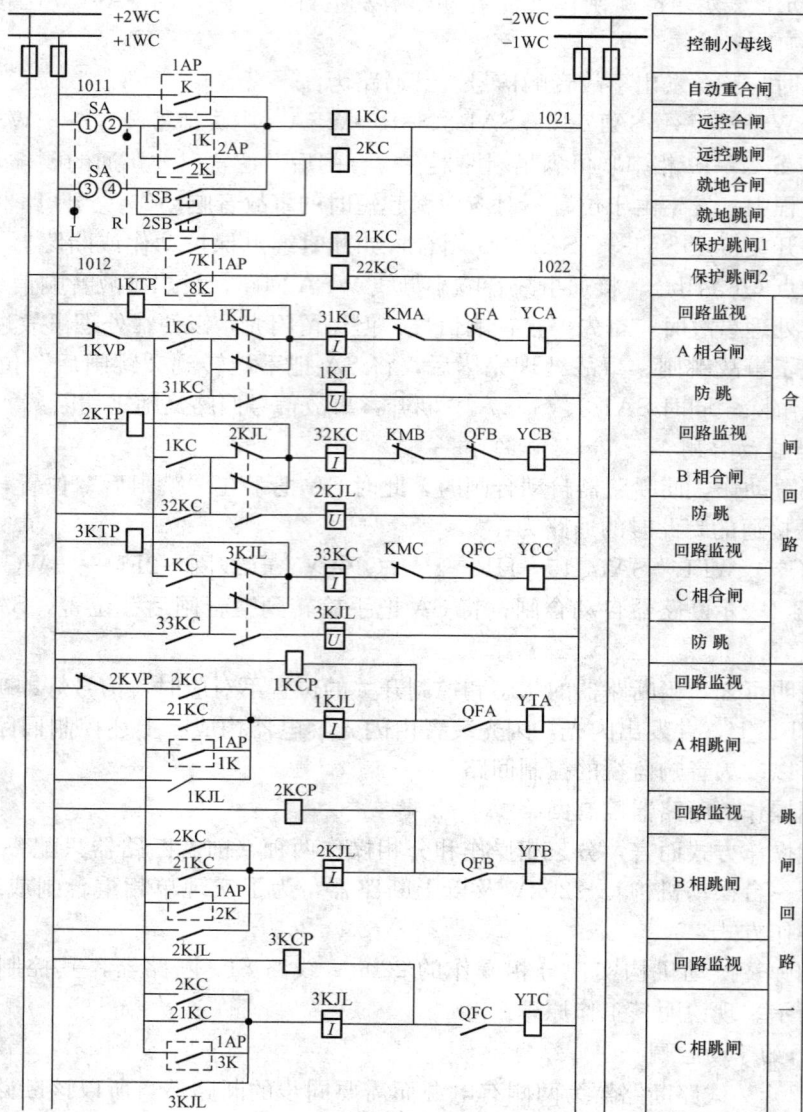

图 4-8　分相操作的 SF_6 断路器控制回路接线（1）

弹簧未储能完毕，在电动机控制回路中的位置开关 SA、SB、SC 动断触点闭合，使 KMA、KMB、KMC 线圈带电（见图 4-9），动断触点断开，切断三相合闸回路，动合触点闭合，接通电动机储能回路，电动机转动，直到弹簧储能使其拉紧，位置开关 SA、SB、SC 动断触点断开。

　　与合闸操作类似，断路器的跳闸操作也有遥控跳闸和就地跳闸两种方式，它们也是通过转换开关 SA 的切换实现的。两种方式均启动三相跳闸继电器 2KC，其三对动合触点闭合，分别接通两组断路器的三相跳闸回路，两组跳闸线圈 YTA、YTB、YTC 带电，断路器三相跳闸。

　　2. 断路器的自动控制

　　综合重合闸要求正常操作采用三相式，单相接地故障则单相跳闸和单相重合；两相短

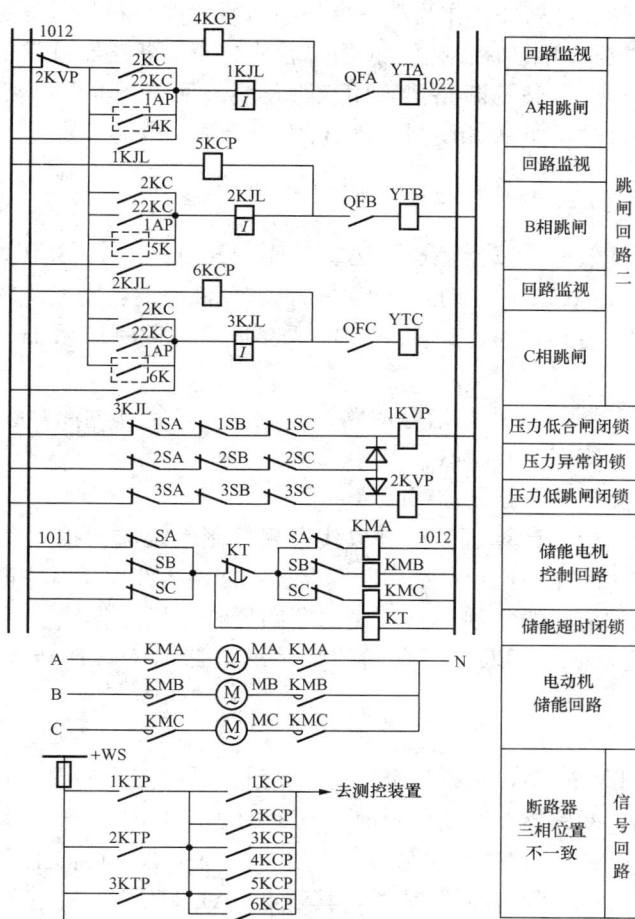

图 4-9　分相操作的 SF₆ 断路器控制回路接线（2）

路、两相短路接地及三相短路，则三相跳闸三相重合。

　　当发生单相接地故障时，综合重合闸中故障相的分相跳闸继电器动作，其输出触点 1AP-1K（或 1AP-2K 或 1AP-3K），以及 1KP-4K（或 1KP-5K 或 1KP-6K）闭合，相应故障相两组跳闸线圈 YoffA（或 YoffB 或 YoffC）带电，故障相跳闸。故障相跳闸后，启动综合重合闸出口中间继电器 1AP-K，其动合触点闭合，启动三相合闸继电器 1KC，发出三相合闸脉冲。但在分相合闸回路中，只有故障相的断路器辅助动断触点 QFA（或 QFB 或 QFC）闭合，因而只有故障相 A（或 B 或 C）相自动重合。若故障为瞬时性故障，则重合成功。若重合于永久性故障，保护 1AP-7K 和 1AP-8K 动作，启动两组三相跳闸继电器 21KC、22KC，实现断路器三相跳闸。

　　发生两相短路、两相短路接地及三相短路时，保护 1AP-7K 和 1AP-8K 动作，分别启动 21KC、22KC，实现三相同时跳闸。同理，三相跳闸脉冲启动重合闸出口继电器 1AP-K，实现三相同时重合。

　　需要说明的是，该控制电路采用了双重化跳闸回路，即两套直流控制电源、两套断路器跳闸线圈、两套防跳继电器。采用双重化设计，是因为要准确可靠地切除电力系统故障，除了继电保护装置要准确、可靠外，作为继电保护的执行元件的断路器也要可靠动作，这对切除故障至关重要。而控制回路和控制电源的可靠性直接影响断路器可靠动作，所以为了保证可靠切除故障，500kV变电站的断路器采用双重化跳闸回路是非常必要的。此外，当断路器出现三相位置不一致时，如A相跳闸，B、C两相合闸，该信号将送入测控装置发出预告信号。

3. SF₆气体压力监视

当 SF₆ 气体压力降低时，压力触点 1SA、1SB、1SC 或 3SA、3SB、3SC 闭合，启动压力监视继电器 1KVP 或 2KVP，其动断触点打开，实现断路器合闸或跳闸闭锁；如果 SF₆ 气体压力降低严重，即压力异常时，2SA、2SB、2SC 闭合，同时启动 1KVP 和 2KVP，实现断路器操作闭锁。

应该说明，图 4-8、图 4-9 中的信号回路没有画全，如操作回路断线信号、压力降低信号、断路器的位置信号等都没有画出。

八、综合自动化变电站断路器控制回路

在发电厂和变电站中，计算机监控已取代常规控制系统成为技术发展的主流。图 4-10 为综合自动化变电站实际应用比较典型的断路器控制回路接线图，其中断路器采用弹簧储能操动机构。这种接线和前面的常规具有闪光的断路器控制回路接线（见图 4-7）有所不同，不设置预跳、预合闪光信号，采用了合闸后状态继电器 KKJ，使转换开关触点少、接线简化。

1. 就地操作

控制开关 SA 为 LW21 型，它有五个位置，其触点动作图表如图 4-10 所示。

（1）断路器合闸。断路器在跳闸位置时，其辅助触点 QF1 闭合，QF2 断开。当进行合闸操作时，先将 SA 把手放在右 45°"就地"位置，SA3-4 通，可向上位机发位置信号，再将 SA 把手顺时针扳动 45°到"合闸"位置，其触点 SA1-2 闭合，接通了合闸操作回路：

+WC→1FU→SA1-2→1VD→KJLV 触点→KON 线圈→QF1→Yon 线圈→2FU→—WC

使断路器释能合闸，同时合闸保持继电器 KON 动作并自保持（这是常规控制没有的）。断路器合闸后，其辅助触点 QF1、QF2 切换：QF1 断开，切断了合闸操作回路，也解除了 KON 的自保持；QF2 闭合，准备了跳闸回路。SA 在这一位置是自复的，松手后又回到就地位置。

（2）断路器跳闸。当进行跳闸操作时，先将 SA 把手放在左 45°"就地"位置，SA9-10 通，可向上位机发位置信号，再将 SA 把手反时针扳动 45°到"跳闸"位置，其触点 SA11-12 闭合，接通了跳闸回路：

+WC→1FU→SA11-12→2VD→KJL 线圈→QF2→Yoff 线圈→2FU→—WC

使断路器 Yoff 线圈通电跳闸，同时跳闸保持继电器 KJL 动作并自保持，断路器跳闸后，辅助触点 QF1、QF2 随之切换，断开跳闸回路，解除了 KJL 的自保持，并为合闸回路的操作做好了准备。断路器跳闸后，行程开关 SP 触点闭合，接通了储能电机的交流电源，使储能电机转动储能，储能完成后 SP 触点断开。

为了实现继电器保护的自动跳闸，保护出口继电器的触点 KOU 与跳闸回路 SA11-12 触点并联；为了实现自动装置（如自动重合闸、备用电源自动投入、自动同期）合闸，自动装置出口继电器的触点 KRC 与合闸操作回路的 SA1-2 并联。

2. 远方操作

（1）遥合：将 SA 把手放在垂直的"远控"位置，当站内计算机或上级调度发出合闸命令时，出口继电器 KLN 的触点闭合，接通了合闸回路。

（2）遥跳：SA 把手仍放在垂直的"远控"位置，当站内计算机或上级调度发出跳闸命令时，出口继电器 KLU 的触点闭合，接通了跳闸回路。

3. 自动操作

（1）自动跳闸：当发生事故继电保护装置动作时，其出口继电器 KOU 触点闭合，接通了跳闸回路。

（2）自动合闸：当自动重合闸装置（或备用电源自动投入装置、自动同期装置）动作时，其出口继电器 KRC 触点闭合，接通了合闸回路。

4. 防跳回路

综合自动化系统断路器控制的防跳回路，一般不采用图 4-4 中的双线圈防跳继电器，而是利用跳闸保持继电器 KJL（电流型）和防跳继电器 KJLV（电压型）组成，如图 4-10 所示。当手动合闸于永久性故障时，保护动作跳闸使 KJL 动作，KJL 动合触点闭合，如果 SA 未松手返回，则 KJLV 动作并自保持，同时其动断触点断开，切断合闸回路。

5. 合闸后位置

在图 4-7 的常规控制中，"合闸后"位置是由控制开关 SA 来表明的；而综合自动化系统断路器控制中，SA 并没有"合闸后"位置，"合闸后"位置是由合后状态继电器 KKJ 完成的。KKJ 是一种双位置继电器，有启动线圈和返回线圈，启动线圈接合闸操作回路，当发出合闸脉冲（就地、遥合、重合闸）时，KKJ 动作，其动合触点闭合，合闸完成，合闸脉冲消失后，KKJ 继续保持动作状态，故 KKJ 能反映"合闸后"的位置。KKJ 返回线圈接跳闸操作回路，当发出跳闸脉冲（就地、遥跳）时，KKJ 返回，其动合触点断开。

6. 信号回路

与断路器控制有关的信号如图 4-10 所示。计算机监控系统不设第五章介绍的模拟中央信号，系统信号更加清晰、更加具体。

（1）总事故信号：由合后状态继电器 KKJ 和跳闸位置继电器 KTP 动合触点串联而成，当发生事故某种保护动作使断路器跳闸时，KTP 触点闭合，接通总事故信号回路，点亮信号灯并发事故音响，屏幕上指明什么保护动作。

（2）操作回路断线信号：是用来监视断路器跳、合闸回路和控制电源是否完好的。分别采用合闸位置继电器 KCP 和跳闸位置继电器 KTP 各一对动断触点串联，操作回路故障时，发"操作回路断线"告警信号。

（3）装置报警：综合自动化系统有很多报警事件（如电压互感器断线、过负荷、跳合闸失败等），当发生报警事件时，报警继电器 KAA 动作使其动合触点闭合，发报警信号，点亮信号灯，屏幕上指明具体的告警事件。

（4）保动动作：保动动作时发信号，并会具体指出断路器所控制的设备（或线路）什么保护动作。

（5）跳合闸位置信号：分别用 KCP 和 KTP 动合触点表示断路器的位置，点亮指示灯。

（6）储能位置：断路器机构未储能，行程开关 SP 触点闭合发信号。

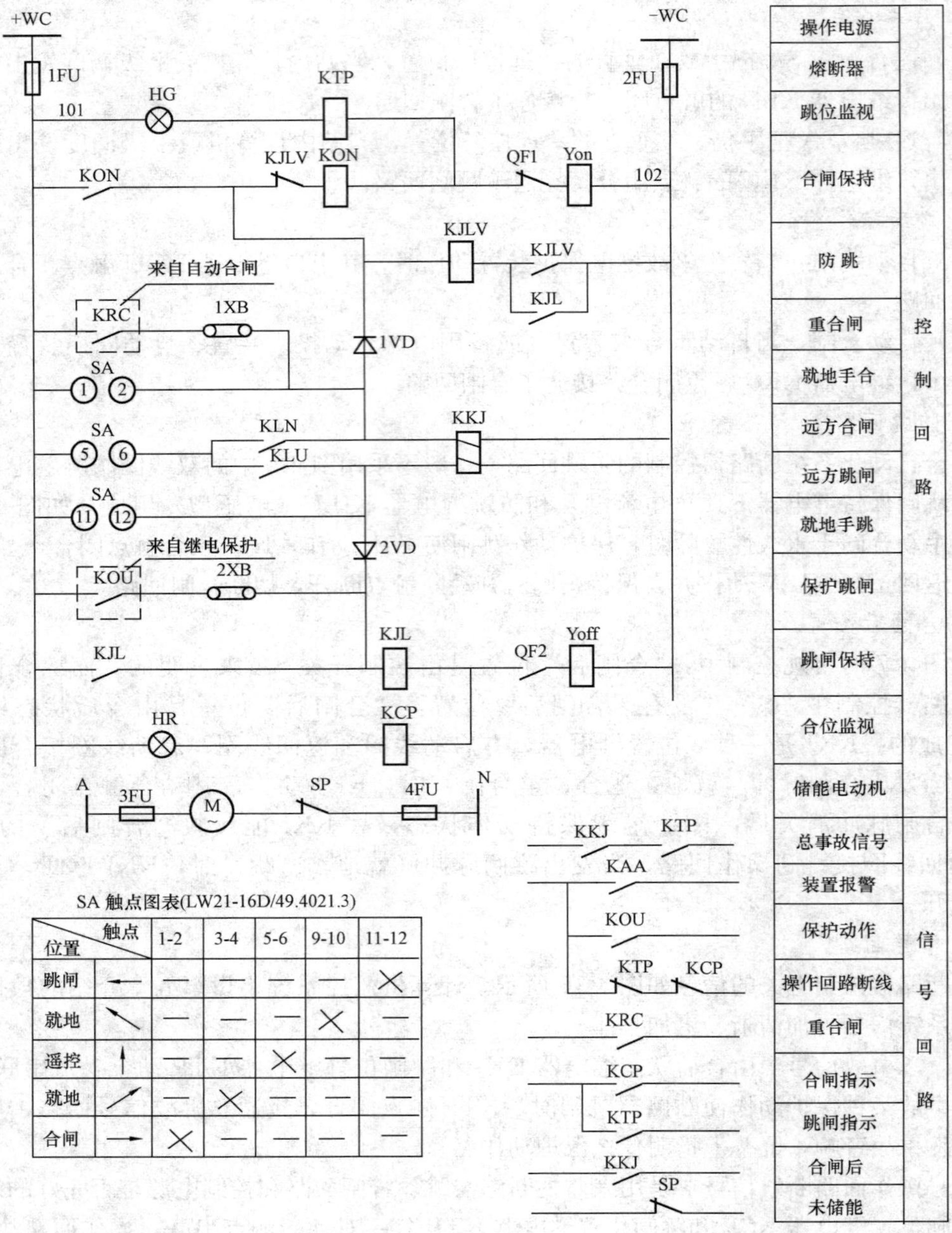

SA 触点图表(LW21-16D/49.4021.3)

位置＼触点		1-2	3-4	5-6	9-10	11-12
跳闸	←	—	—	—	—	×
就地	↖	—	—	—	×	—
遥控	↑	—	—	×	—	—
就地	↗	—	×	—	—	—
合闸	→	×	—	—	—	—

图 4-10　采用弹簧储能操动机构的断路器控制回路接线图

九、低压断路器控制回路接线

低压断路器包括万能式空气断路器、塑料外壳式断路器、限流式断路器、直流快速断路器、漏电保护断路器等，它广泛用于低压交流系统和直流系统中。万能式空气断路器一般控制重要的、大容量负荷回路，有 DW10、DW15、DW16、DW17、AE、WE 型等各种型号。其操动机构分为电磁操动机构和弹簧操动机构，前者多用于额定电流 630A 及以下的断路器，后者多用于额定电流 1000A 及以上的断路器。带电磁操动机构的低压断路器控制回路接线与高压断路器接线基本相同，这里只介绍带有预储能的弹簧操动机构的低压断路器控制回路接线。储能电动机为交直流串激电动机，可以交流操作，也可以直流操作。图 4-11 示出了直流操作的低压断路器控制回路接线。

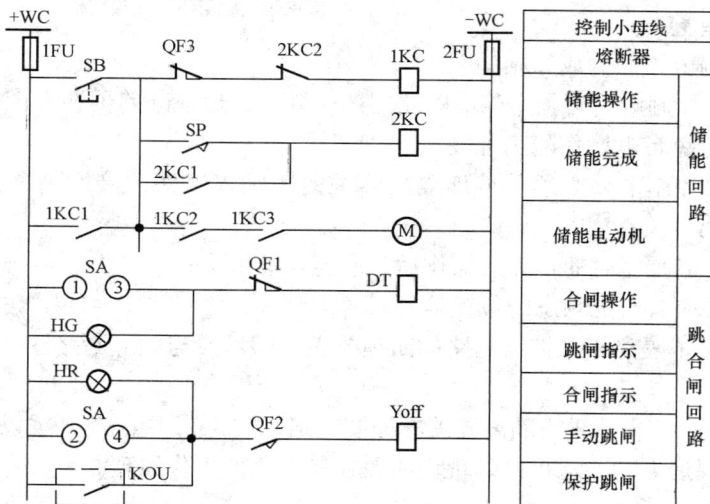

图 4-11　采用弹簧储能操动机构的低压断路器控制回路接线

1. 储能操作

按下储能按钮 SB，接通以下通路：

$$+WC→1FU→SB→QF3→2KC2→1KC 线圈→2FU→-WC$$

使中间继电器 1KC 动作，其动合触点 1KC1 闭合自保持，1KC2、1KC3 闭合，启动储能电动机 M 转动使弹簧储能，直至储能完毕将行程开关 SP 接通，使中间继电器 2KC 动作，其动合触点 2KC1 闭合自保持，动断触点 2KC2 断开使 1KC 返回，电动机随之停转，预储能结束。在断路器上的储能指示牌有"储能"显示。

2. 合闸操作

将控制开关 SA（也可用按钮）顺时针转 45°，SA1-3 通，接通以下通路：

$$+WC→1FU→SA1-3→QF1→DT 线圈→2FU→-WC$$

使释能电磁铁 DT 通电，弹簧释能使断路器合闸。当断路器没有预储能的功能时，无释能电磁铁 DT，储能与合闸操作是一次完成的，即电动机储能结束后断路器立即合闸。

3. 跳闸操作

将控制开关 SA 反时针转 45°，SA2-4 通，接通以下通路：

$$+WC→1FU→SA2-4→QF2→Yoff 线圈→2FU→-WC$$

使跳闸线圈（分励脱扣器）通电，断路器在复位弹簧作用下跳闸。

当发生事故使继电保护动作时，出口继电器触点 KOU 闭合使断路器自动跳闸。同时，断路器还可装各种脱扣器（过流脱扣器、热脱扣器、失压脱扣器等），当发生短路、过载、电压消失等故障，也可使断路器跳闸。

第二节　隔离开关的控制电路

隔离开关的控制分就地控制和远方控制两种方式。110kV 及以上倒闸操作用的隔离开关一般采用远方操作和就地操作，检修用的隔离开关、接地隔离开关和母线接地器采用就地操作。目前国产隔离开关一般都配有气动或电动机构，35kV 以下的隔离开关，其控制按钮装设在操动机构箱上。

隔离开关控制电路的构成原则如下：

（1）隔离开关控制电路必须受相应断路器的闭锁，以保证断路器在合闸状态下，不能操作隔离开关，即避免带电操作隔离开关；

（2）隔离开关控制电路必须受接地隔离开关的闭锁，以保证接地隔离开关在合闸状态下，不能操作隔离开关；

（3）操作脉冲应是短时的，完成操作后，应能自动解除；

（4）隔离开关应有所处状态的位置信号。

上述原则提出了隔离开关控制电路的闭锁要求，即需要与相应断路器、接地隔离开关相互闭锁。

图 4-12 示出了 110kV 线路隔离开关的控制电路。图 4-12 中隔离开关以三相交流电动机作操作动力，实现远方和就地控制。现说明该控制电路的工作原理。

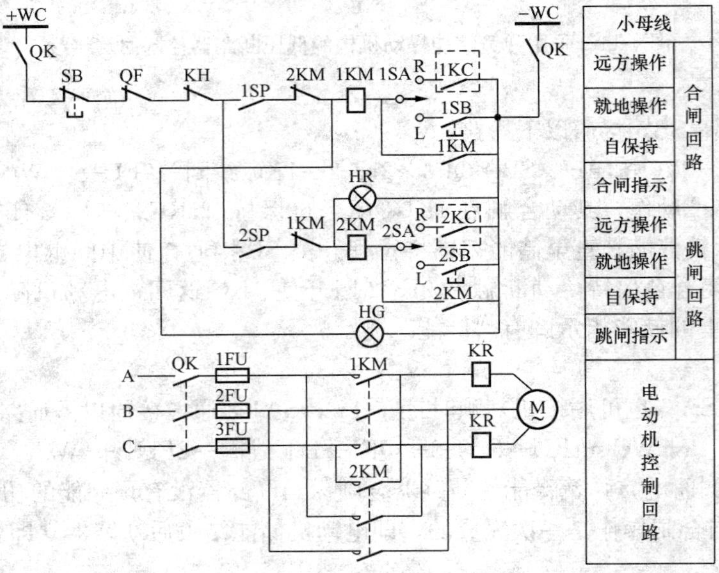

图 4-12　电动操作机构的隔离开关控制信号电路

1. 合闸控制

隔离开关合闸操作时，应具备的合闸条件是：断路器 QF 在跳闸状态（QF 辅助动断触点闭合），隔离开关 QS 在跳闸终端位置（行程开关 1SP 闭合），隔离开关无跳闸操作（跳闸接触器 2KM 未启动），电动机回路完好（即热继电器 KH 动断触点闭合）。

当就地操作时，将切换开关 1SA 置于"就地"（L）位置，再按下就地合闸按钮 1SB；远方操作时，将切换开关 1SA 置于"远方"（R）位置，这时控制回路输出合闸脉冲，使中间继电器 1KC 动作，其动合触点闭合。上述两种情况均可使合闸接触器 1KM 线圈带电而动作，其 3 对动合主触点闭合，接通交流电动机三相电源，使其正方向转动，实现隔离开关就地或远方合闸。此外，合闸接触器 1KM 还有一对动合辅助触点与 1SB、1KC 触点并联作为接触器自保持回路，直至隔离开关合闸到位，行程开关 1SP 断开后方可解除接触自保持作用，从而使合闸指令无需持续到合闸过程结束。

2. 跳闸控制

跳闸操作时，应具备的跳闸条件是断路器 QF 仍在跳闸状态，隔离开关在合闸终端位置（行程开关 2SP 闭合），隔离开关无合闸操作（合闸接触器 1KM 未启动），电动机回路完好（即热继电器 KR 动断触点闭合）。

当就地操作时，将 2SA 切换到"就地"（L）位置，再按跳闸按钮 2SB；远方操作时，将 2SA 切换到"远方"（R）位置，控制回路发出跳闸脉冲，使中间继电器 2KC 动作，其动合触点闭合。这时跳闸接触器 2KM 动作，使电动机反转，隔离开关跳闸，2KM 的自保持回路的作用仍是保证隔离开关跳闸到终位。

在隔离开关合闸或跳闸过程中，由于某种原因要立即停止操作时，可按下紧急解除按钮 SB，切断合闸和跳闸回路。

在电动机启动后，若电动机回路故障，热继电器 KR 动作，其动断触点断开控制回路，停止操作。此外，在合闸回路串接跳闸接触器动断触点 2KM；在跳闸回路串接合闸接触器动断触点 1KM，其目的是相互闭锁跳闸、合闸回路，以避免操作程序混乱。

3. 隔离开关的位置指示

隔离开关的位置由信号灯指示，隔离开关处于跳闸状态，绿色信号灯 HG 点亮；隔离开关处于合闸状态，红色信号灯 HR 点亮。

第三节　励磁系统控制接线

励磁系统是同步发电机的重要组成部分，它对发电机组乃至电力系统的运行可靠性和稳定性起着十分重要的作用。现以广西大学自动化研究所研制生产的自并励微机励磁装置的接线为例，说明励磁系统控制的接线。

一、励磁系统控制接线原理图

励磁系统控制接线原理图如图 4-13 所示。该系统由三个部分组成。

1. 励磁主回路

（1）励磁电源：由接于发电机机端的三相励磁变压器 TR 降压供电。

（2）整流装置：将励磁变压器二次侧的交流电经整流变为直流电，由二极管 1VD～3VD、晶闸管 1VTH～3VTH、续流二极管 4VD 组成三相半控桥式整流电路。当采用三相全控桥整流电路时，由 6 只晶闸管组成。

（3）灭磁电路：由灭磁开关 Qfd 和灭磁电阻 Rm（线性或非线性电阻）组成。正常运行时，Qfd 动合主触头闭合，使励磁绕组通以励磁电流；当正常停机或事故停机时，Qfd 跳开使其动断主触头闭合，接通灭磁电阻 Rm 消耗掉励磁绕组中储存的磁能，以防过电压。

（4）保护电路：压敏电阻 1RV～3RV 作交流侧过电压保护，压敏电阻 4RV 和电阻 7R、电容 7C 作转子过电压保护，电阻 1R～6R 和电容器 1C～6C 作硅元件的过电压保护，快速熔断器 1FU～6FU 作硅元件的过电流保护。

2. 励磁调节器

励磁调节器能按机组及电网的运行情况，自动调节励磁电流。它是决定励磁系统性能的

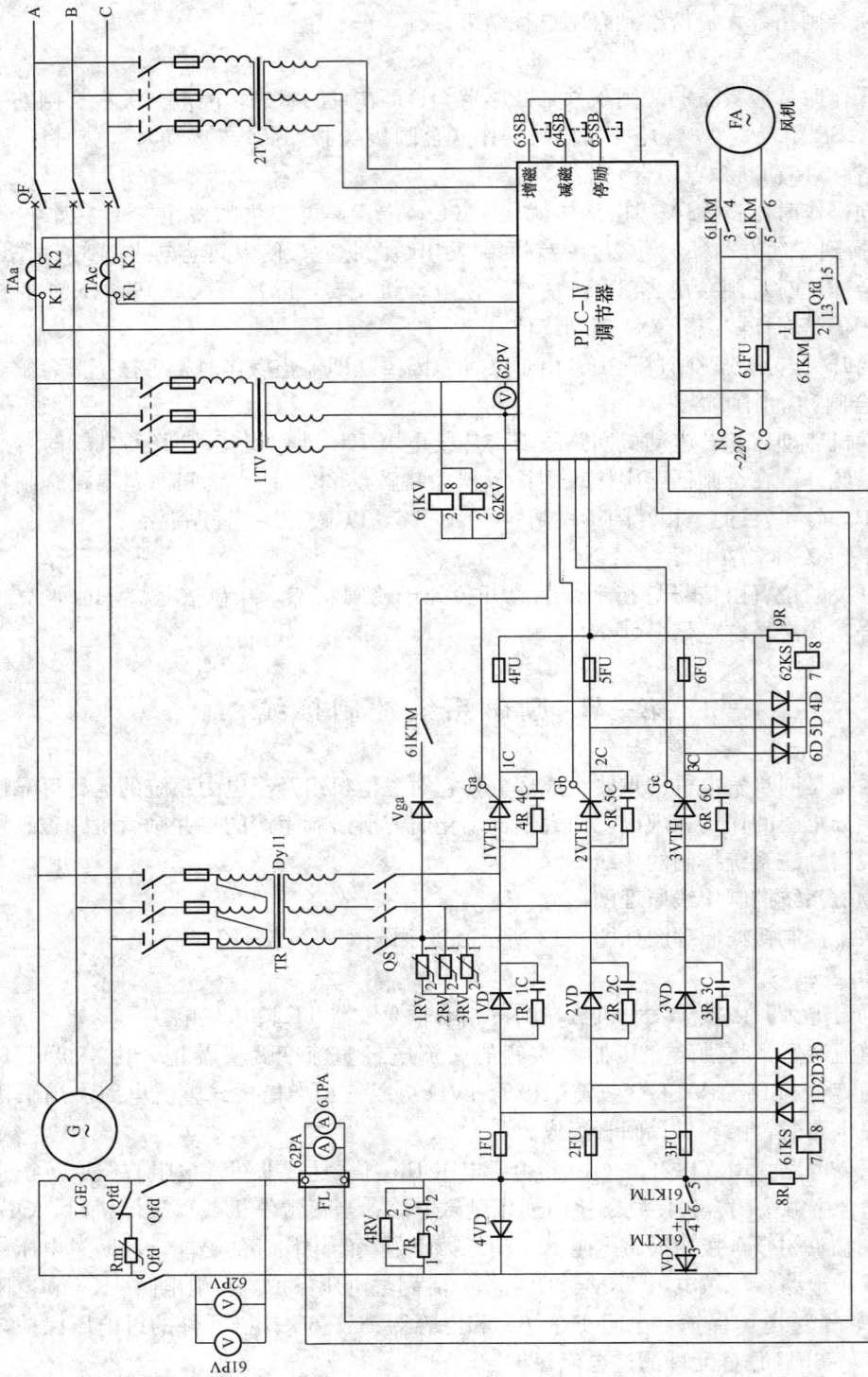

图 4-13 励磁系统控制接线原理图

关键环节。时至今日,励磁调节器经历了机械式—电磁式—分立元件电子式—集成电路电子式—微机式的发展过程。微机励磁调节器具有技术先进、功能齐全、性能优良、工作可靠、运行灵活等一系列优点,已逐步取代了模拟式励磁调节器。采用可编程序控制器(PLC)构成的微机励磁调节器抗干扰能力强,工作更可靠。

3. 控制信号回路

控制信号回路由灭磁开关操作回路、起励回路、信号回路组成。将在下面加以论述。

二、励磁系统控制信号回路

励磁系统控制信号回路接线如图 4-14 所示。

1. 灭磁开关操作

(1)合闸操作。顺时针方向扳动操作开关 61SA(或 62SA),其触点 1-2 闭合,接通了合闸操作回路:

$$+\text{WC} \rightarrow 61\text{FU} \rightarrow 61\text{SA1-2} \rightarrow \text{Qfd 动断触点 6-8} \rightarrow 61\text{KCM 线圈} \rightarrow 62\text{FU} \rightarrow -\text{WC}$$

使合闸接触器 61KCM 的线圈通电而动作,61KCM 的两对动合触点闭合,接通了灭磁开关的合闸线圈回路:

$$+\text{Won} \rightarrow 63\text{FU} \rightarrow 61\text{KCM3-4} \rightarrow \text{Yon} \rightarrow 61\text{KCM5-6} \rightarrow 64\text{FU} \rightarrow -\text{WC}$$

使灭磁开关合闸电磁铁吸合,通过机械传动机构使灭磁开关合闸。

(2)跳闸操作。反时针方向扳动操作开关 61SA(或 62SA),其触点 3-4 闭合,接通了跳闸线圈 Yoff 回路:

$$+\text{WC} \rightarrow 61\text{FU} \rightarrow 61\text{SA3-4} \rightarrow \text{Qfd 动合触点 5-7} \rightarrow \text{Yoff} \rightarrow 62\text{FU} \rightarrow -\text{WC}$$

2. 信号回路

(1)控制回路监视。采用灯光监视电路,在合闸回路中接入绿灯 61HG 和 62HG,在跳闸回路中接入红灯 61HR 和 62HR。如果控制电源消失或操作回路断线时,相应的指示灯不亮。

(2)快速熔断器熔断信号。由快速熔断器一端引出的二极管(1D~6D)、信号继电器(61KS,62KS)、电阻器(8R,9R)所构成的回路是用来监视整流电路的快速熔断器(见图 4-13),当 6 个快速熔断器都完好时,继电器不动作,当任一快速熔断器熔断时,继电器就会动作发出信号。例如 4FU 熔断时,励磁变压器二次侧的 A 相交流电压就会形成以下的半波整流通路:

$$U_a \rightarrow 1\text{KZ} \rightarrow 4\text{D} \rightarrow 62\text{KS} \rightarrow 9\text{R} \rightarrow \text{Qfd 触点} \rightarrow \text{LGE 线圈} \rightarrow \text{Qfd 触点} \rightarrow \text{FL} \rightarrow 2\text{FU}$$
$$(3\text{FU}) \rightarrow U_b \ (U_c)$$

使 62KS 通电而动作并掉牌,其一对动合触点点亮光字牌 1HL,并发出音响信号,根据信号继电器的掉牌可以判别是共阳极还是共阴极快速熔断器熔断,再测量快速熔断器两端的电压即可确定熔断的快速熔断器。

(3)风机信号。在运行中,整流管要由风机进行强迫通风冷却,接线见图 4-13。当接通风机电源后,灭磁开关一经合闸,其动合触点 Qfd13-15 闭合,使接触器 61KM 通电动作,自动使风机运行并点亮指示灯 63HG,当在运行中风机电源消失而停转时,63HG 不亮,同时点亮风机停转光字牌 2HL 并发出音响信号。

(4)励磁调节器故障信号。当励磁调节器故障(如触发脉冲消失、PLC 故障等)时,调节器故障输出的触点闭合,使光字牌 3HL 点亮并发出故障音响信号。

3. 励磁电流的调节

励磁电流的调节就是调节励磁调节器的控制电压，以改变晶闸管的导通角。可以通过励磁装置屏上的增磁按钮 63SB、减磁按钮 64SB 和停励按钮 65SB 进行，装置还装有触摸屏，也可以调节励磁电流并显示有关参数。

三、起励回路

自并励晶闸管励磁方式的发电机需要起励才能建立电压，本励磁装置采用残压起励。

1. 起励回路

如图 4-13 所示，励磁变压器二次三相电压通过二极管 Vga 和接触器 61KTM 的 7-8 触点接至 A 相晶闸管的控制极。

起励操作如图 4-14 所示，需要起励时，先合上灭磁开关，然后按下起励按钮 61SB（62SB），形成以下通路：

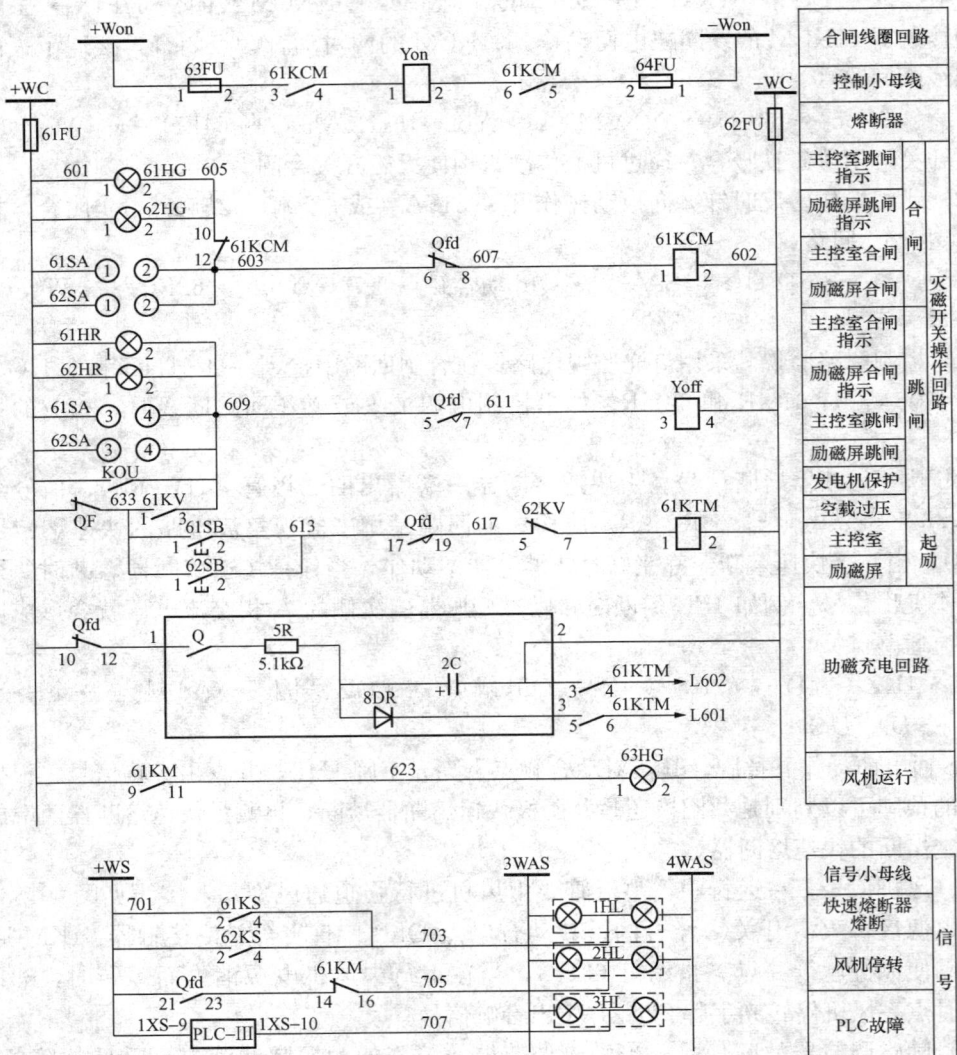

图 4-14　励磁系统控制信号回路接线图

$+WC \rightarrow QF$ 动断触点 $\rightarrow 61SB \rightarrow Qfd_{17-19} \rightarrow 62KV5-7 \rightarrow 61KTM1-2 \rightarrow -WC$

使起励接触器 61KTM 动作，其动合触点接通了残压起励回路，反映在励磁变压器二次侧的发电机残压就会形成半波整流，通过晶闸管的控制极，其通路为

$U_a \rightarrow 61KTM \rightarrow Vga \rightarrow Ga \rightarrow 4FU \rightarrow$ 励磁绕组 $LGE \rightarrow 2VD（3VD）\rightarrow U_b（U_c）$

晶闸管导通以后，使发电机逐渐激励升压，当电压升至 62kV 的整定值时（一般为 $0.3U_N$），其动断触点断开，使 61KTM 返回，起励完成。

控制回路中还设置了空载过压保护回路，当起励后或甩负荷后发电机电压过高时，61kV 动作（一般整定为 $1.3U_N$）使灭磁开关跳闸。

2. 助励回路

当发电机的残压较低时，如新安装的发电机或停机时间较长时，依靠上述回路不足以产生使晶闸管触发的控制极电流，发电机就不能建压，故设置了助励回路。常规的助励回路都是采用助励蓄电池，维护麻烦，使用不便。这里采用了适用于中小型发电机的电容储能助励回路，其接线如图 4-12 所示，利用直流控制电压对助励电容器 2C 充电，当灭磁开关跳开并合上钮子开关 Q 时，电容器充电回路为：

$+WC \rightarrow Qfd$ 动断触点 $10-12 \rightarrow Q \rightarrow 5R \rightarrow 2C \rightarrow -WC$

当断开钮子开关 Q 或灭磁开关合上后，电容器的充电回路就断开了。

起励时 61KTM3-4、5-6 通，电容器即通过励磁绕组放电。其放电回路为：

$2C+ \rightarrow 8DR \rightarrow 61KTM5-6 \rightarrow$ 励磁绕组 $FLQ \rightarrow 61KTM3-4 \rightarrow 2C-$

放电电流使发电机端建立起一定的电压，通过起励回路触发晶闸管，就能将发电机的电压建立起来。

第四节　电动机启动控制回路接线

交流电动机分为异步电动机和同步电动机。三相异步电动机又分为鼠笼式异步电动机和绕线式异步电动机。本节介绍三相异步电动机启动控制回路接线。

一、鼠笼式电动机启动控制回路接线

鼠笼式异步电动机的启动方法有多种，如直接启动、串电阻降压启动、自耦变压器降压启动、星形—三角形启动、软启动等。这里只介绍自耦变压器降压启动控制回路接线，如图 4-15 所示。

1. 电动机启动

合上低压断路器 QF，控制回路取得交流电源，绿灯 HG 亮。按下启动按钮 SBST，形成以下通路：

$U_c \rightarrow 1FU \rightarrow SBT \rightarrow SB_{SS} \rightarrow SAH1-2 \rightarrow 1KM1 \rightarrow SB_{ST} \rightarrow 3KM$ 线圈 $\rightarrow KC5 \rightarrow KTP \rightarrow 2FU \rightarrow U_b$

使接触器 3KM 动作，其主触头闭合使自耦变压器形成星形接法，同时 3KM 动合辅助触点 3KM1 闭合，使接触器 2KM 动作，其三相主触头闭合，三相交流电源通过自耦变压器加至电动机使其启动。与此同时，2KM 的三对动合辅助触点闭合：2KM1 闭合使 2KM 和 3KM 自保持，这时即使启动按钮松手接触器也继续保持动作状态；2KM2 闭合使时间继电器 KT 通电动作；2KM3 闭合点亮启动指示灯 HW。

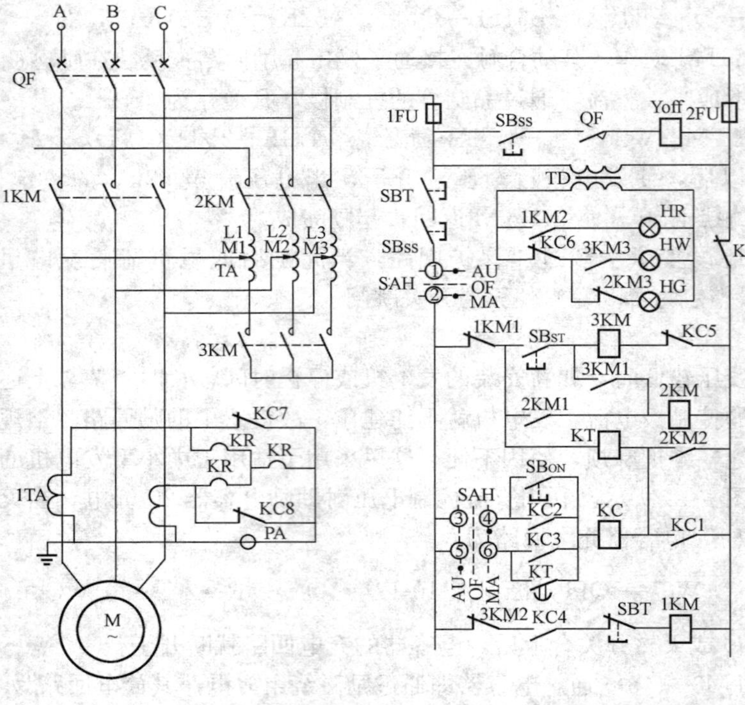

图 4-15　自耦变压器降压启动控制回路接线

2. 启动转运转

启动转运转有自动和手动两种方式，由切换开关 SAH 控制。当 SAH 扳向自动（AU）位置时，触点 SAH1-2、SAH5-6 接通，时间继电器 KT 动作后，经一定延时使其动合触点闭合，形成以下的通路：

U_c→1FU→SBT→SB$_{ss}$→SAH1-2→SAH5-6→KT →KC 线圈→2KM2→KR→2FU→U_b

使中间继电器 KC 动作，KC 的所有触点转换：

动合触点 KC1、KC3 闭合，使中间继电器 KC 自保持；

动合触点 KC5 断开，使接触器 3KM 跳闸，解开了自耦变压器 TA 的中性点，使电源通过 TA 的 LM 段加于电动机，确保启动转运转过程中不断电；

动合触点 KC4 闭合，电源通过触点 3KM2、KC4、SBT 和 1KM 线圈形成电流通路，使运转接触器 1KM 合闸，主触头闭合使电动机进入全压运行；

动断触点 KC6 断开，启动指示灯 HW 熄灭；

动断触点 KC7、KC8 断开，解除了对热继电器 KR 的闭锁，使热继电器有电流互感器的二次侧电流流过，作过载保护。

接触器 1KM 合闸后，动断辅助触点 1KM1 断开，使接触器 2KM 和时间继电器 KT 失电复归，自耦变压器 TA 退出。同时 1KM2 闭合，点亮电动机运转指示灯。

当 SAH 扳向手动（MA）位置时，触点 SAH1-2、SAH3-4 接通，接入自耦变压器经一定时间后，按下运转按钮 SBON 使继电器 KC 动作，以后的动作过程同上。

3. 停机

电动机停机有以下几种。

（1）正常停机：按下按钮 SBSS，接触器 1KM 跳闸。

（2）紧急停机：按下按钮 SBT，断路器 QF 和接触器 1KM 都跳闸。

（3）过载停机：当电机过载使热继电器 KR 动作时，接触器 1KM 跳闸。

（4）短路停机：当电机及其引出线短路时，断路器的过流脱扣器动作使断路器跳闸。

二、绕线式电动机启动控制回路接线

绕线式电动机常用的启动方法是在转子电路中串入电阻，电阻可以是多段金属电阻、可调液体电阻或频敏变阻器。其启动控制接线基本相同。现介绍采用频敏变阻器的高压电动机启动控制回路接线，如图 4-16 所示。频敏变阻器的等值阻抗在启动过程中随转子电流频率的下降而减小，使电动机能平稳启动起来。

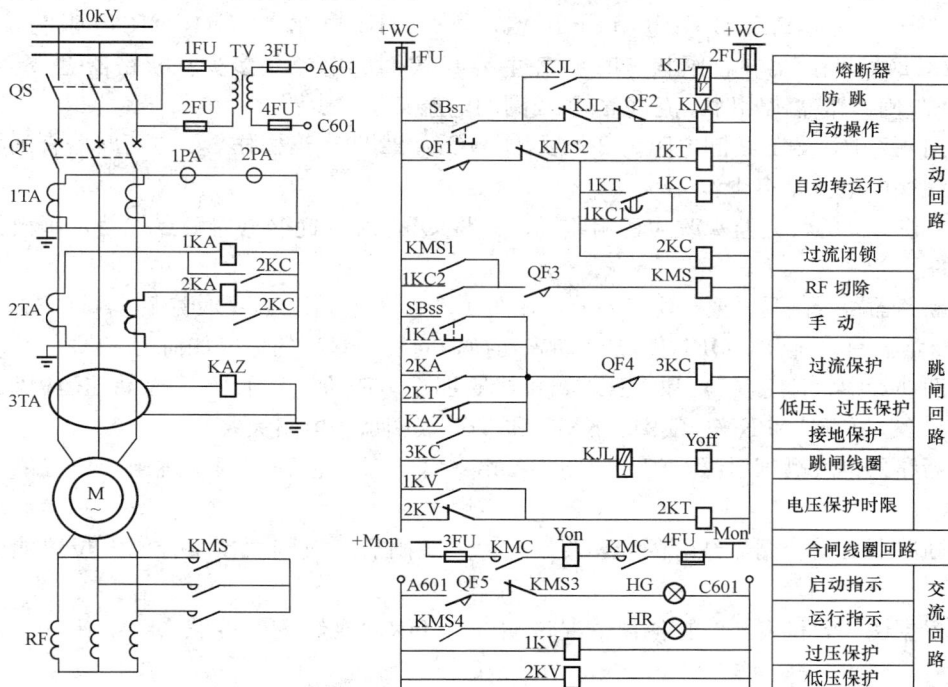

图 4-16　转子串频敏变阻器的启动控制回路接线

1. 电机启动

合上隔离开关 QS 后，按下启动按钮 SB$_{ST}$，合闸接触器 KMC 动作，KMC 的主触头闭合使高压断路器 QF 的合闸线圈 Yon 通电合闸，电动机通电启动。与此同时，断路器的动合辅助触点 QF1 闭合，使中间继电器 2KC 和时间继电器 1KT 动作，2KC 两对动合触点闭合，以便在启动过程中闭锁过电流保护。同时，触点 QF5 闭合点亮启动指示灯 HG。

2. 正常运转

时间继电器动作后，其动合触点 1KT 延时闭合，启动中间继电器 1KC，其动合触点 1KC2 闭合，使转子短路接触器 KMS 通电动作，KMS 主触头闭合短接转子绕组，频敏变阻器退出工作。与此同时，触点 KMS2 断开，使 2KC 和 1KT 返回，2KC 两对动合触点断开，解除过电流保护的闭锁；触点 KMS4 闭合，点亮运行指示灯 HR。

3. 手动停机

按下手动停机按钮 SB$_{SS}$，使中间继电器 3KC 动作，其动合触点 3KC 闭合，使断路器跳闸线圈 Yoff 通电跳闸,电动机停机。

4. 事故停机

当电动机及其引出线相间短路或单相接地时,以及所加的电压过高或过低时,相应的过流保护、接地保护、电压保护动作,相应的触点闭合,启动中间继电器 3KC,使断路器跳闸。

习 题 及 思 考 题

1. 图 4-4 中,进行操作使断路器跳闸时,KJL 是否动作?能否自保持?

2. 图 4-7 中,Yoff 线圈电阻为 100Ω,红灯 HR 电阻为 20Ω,2R 电阻为 2500Ω,±WC 为 220V,断路器在合闸状态时,流过 Yoff 线圈的电流是多少?断路器是否会跳闸?当操作 SA 使断路器跳闸时,流过 Yoff 线圈的电流又是多少?

3. 图 4-7 中,Yon 线圈电阻为 2.2Ω,±WC 为 220V,当操作 SA 使断路器合闸时,流过 Yon 线圈的电流是多少?

4. 将图 4-7 的灯光监视改为音响监视,并将 QF3 由位置继电器触点代替,画出控制回路接线图。

5. 断路器跳合闸是需要一定时间的,在图 4-7 中,当操作 SA 欲使断路器跳闸时,SA5-8 通,但断路器尚未跳开,QF1 和 QF2 尚未切换,问红、绿灯的情况如何。

6. 图 4-4 中,KJL (I) 和 KJL (U) 线圈那个电阻大?KJL (I) 和 Yoff 线圈、KCP 和 Yoff 线圈、KTP 和 KMC 线圈、KMC 和 Yon 线圈那个电阻大?

7. 断路器事故跳闸后绿灯闪光,将 SA 由"合闸后"扳到"预备跳闸"位置能解除闪光吗?

8. 断路器自动合闸后红灯闪光,将 SA 由"跳闸后"扳到"预备合闸"位置能解除闪光吗?

9. 根据图 4-7 和表 4-1 的各种情况说明红灯 HR、绿灯 HG 的状态(亮平光、暗、闪光)。

表 4-1　　　　　　　　　　　　　各种情况下红、绿灯的状态

SA 状态	SA 跳后	SA 预合	SA 合闸	SA 合后	SA 预跳	SA 跳闸	事故跳	自动合
QF 状态	跳闸	跳闸	合闸	合闸	合闸	跳闸	跳闸	合闸
HR 状态								
HG 状态								

10. 图 4-10 中,若操作电源的正负极性反了,指示灯正常吗?跳合闸操作有何现象?

11. 图 4-10 中,进行操作使断路器合闸时,KON 是否动作?能否自保持?

12. 图 4-10 中,进行操作使断路器合闸运行时 KKJ 是动作的。问现地或远方操作使断路器跳闸时,KKJ 会返回吗?如果是保护动作使断路器跳闸,KKJ 会返回吗?

第五章 信号回路接线

第一节 概　述

在发电厂和变电站中，运行人员除了依靠电气测量仪表对设备的运行进行监视外，还需借助于各种信号装置来反映设备的状态和运行中的不正常工作情况，它是运行人员分析和判断事故的性质及其发生的地点，以便及时采取对策的有力工具。信号装置按用途可以分为四类。

一、位置信号

位置信号用来表示开关电器和设备的状态。例如，断路器和闸门的位置状态用红、绿灯来表示，隔离开关的状态用 MK-9 型位置指示器来表示，机组启动准备状态用白色信号灯来表示，某些回路还装有电源状态监视信号灯。

二、事故信号

事故信号用来在电气设备和发电机组发生事故或严重不正常情况时，及时向运行人员报警。例如，线路短路、发电机和变压器内部事故及水力机械事故等，在造成断路器跳闸或停机时，就需要发出事故信号。这时，运行人员不仅要立刻知道发生了事故，而且要知道发生事故的地点和性质，以便及时处理事故。所以事故信号由警报音响（喇叭）和光字牌两部分组成。前者用以引起值班人员的注意，后者用以指明事故对象及性质。事故信号是由装在保护出口回路的信号继电器的动合触点来启动的，信号继电器有机械掉牌装置（或红色弹子），当通电使继电器动作后，机械掉牌能固定本身的动作状态，通过手动才能复位。这样就可以用信号继电器将所发生的事故记忆下来，便于事故的分析和统计。

三、预告信号

预告信号用来在电气设备和发电机组发生不正常情况时，向运行人员报警。这些不正常运行情况一般不会立即造成设备的损坏或危及人身的安全，故可以继续运行一段时间，但应使运行人员及时了解情况并采取措施恢复正常。水电厂或变电站（除机组外）常见的不正常运行情况有发电机过负荷，发电机转子回路一点接地，发电机轴承温度升高，发电机轴承油位异常，水轮机轴承温度升高，水轮机轴承油位异常，油压装置油压异常，剪断销剪断，冷却水中断，变压器过负荷，变压器油温升高，变压器轻瓦斯动作，自动装置动作，交流回路绝缘损坏，电压互感器二次回路断线，直流回路绝缘损坏，断路器控制回路断线，直流回路熔断器熔断等。

预告信号的构成原则与事故信号相同，也是由音响（电铃）和光字牌组成。预告信号直接由在发生不正常状态时反映参数变化的继电器启动。对于装有冲击继电器的预告信号装置，预告音响应有一定的延时，因为有些异常情况是瞬时性的，有些回路在切换过程中也可能误发信号，加上延时，可以避免发出音响信号。

发电厂和变电站一般只装一套事故和预告信号装置，设在中央控制室内，故称为中央信号装置。中央信号装置有重复动作和不重复动作两种形式。所谓重复动作，是指发生一个故障在音响解除后，引起故障的原因还未消除或有关故障回路没有复归时，相继又发生了故障，仍能发出音响。发电厂和变电站一般采用重复动作的信号装置，对于小型发电厂和变电站，可以采用较简单的不重复动作的信号装置，即只有第一个故障发出音响，当第一个故障原因尚未消除时，相继出现的故障只能点亮光字牌而不发出音响。

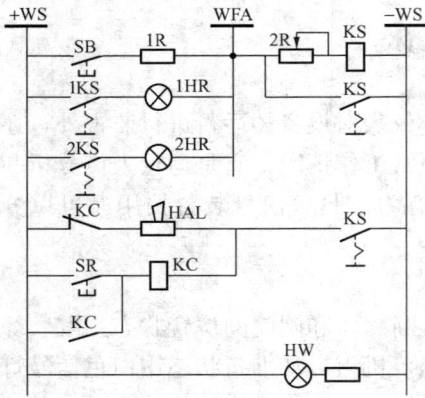

图 5-1　不重复动作的中央信号装置接线图

不重复动作的中央信号装置接线如图 5-1 所示。它包括电喇叭 HAL、信号继电器 KS、中间继电器 KC 和按钮 SB 等。WS 为信号电源小母线，WFA 为事故信号小母线，凡需跳闸和停机的保护装置的信号继电器的触点都接于 WFA 上，白灯 HW 为电源监视信号灯。

事故信号装置的动作过程说明如下。

1. 事故发出声光信号

设备发生事故时，其对应的保护装置动作，跳开该设备的断路器，同时，对应信号继电器动作掉牌，其触点 1KS（或 2KS 等）接通，形成了以下通路：

$$+WS→1KS 触点→1HR→WFA→2R→KS 线圈→-WS$$

使 KS 动作，动合触点闭合，形成了以下通路：

$$+WS→KC→HAL→KS→-WS$$

使喇叭发出事故音响。

2. 音响复归

为了在安静的环境下处理事故，运行人员在听到喇叭声响后应将音响复归，这时可按下复归按钮 SR 使中间继电器 KC 动作，其一对动合触点自保持，另一对动合触点切断音响回路。当全部信号都复归后，要手动复归信号继电器 KS，准备下次动作。

3. 再发生事故

若信号继电器 1KS 还未复归，由于 KC 动作并自保持，断开了音响回路。如另一事故使信号继电器 2KS 动作掉牌时，不能再发出音响，只能点亮光字牌 2HR。

4. 试验

按下试验按钮 SB，喇叭 HAL 的回路接通，发出音响，按下 SR 音响即停止，同时要手动复归信号继电器 KS。

预告信号回路也是按图 5-1 接线，只要将电喇叭换为电铃，事故信号小母线换成预告信号小母线 WAS 即可。

四、指挥信号

发电厂中的指挥信号是用以传达车间之间操作命令的。它一般用于火电厂主控制室与汽机房之间的联系。

第二节　ZC-23 型冲击继电器构成的中央信号

一、冲击继电器

重复动作的中央信号装置中的关键元件是冲击继电器。目前常用的冲击继电器有三种类型：①用极化继电器为执行元件的 JC 系列；②用干簧继电器为执行元件的 ZC 系列；③用晶体管构成的 BC 系列。

ZC-23 型冲击继电器的内部接线如图 5-2 所示。图中 Timp 为脉冲变流器，KR 为执行元件（单触点干簧继电器），KC 为出口中间元件（多触点干簧继电器），1VD、2VD 为二极管，C 为电容器。KR 主要由线圈和干簧管组成。干簧管是个密封的玻璃管，舌簧片具有良好的导磁性能，又富有弹力，它既是

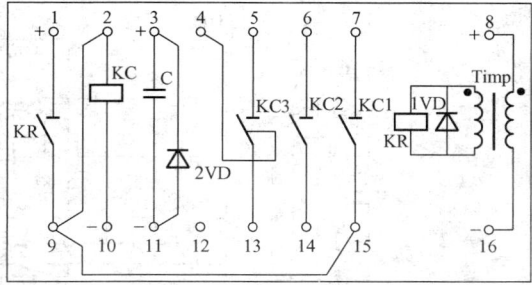

图 5-2　ZC-23 型冲击继电器内部接线图

导电体又是导磁体，当在线圈通入电流时，在线圈内部有磁通穿过，使舌簧片磁化，其两端所产生的磁极性正好相反。当通过的电流达到继电器的启动值时，干簧片靠磁的异性相吸而闭合，将外电路接通；当线圈中电流降低到继电器的启动值时，舌簧片靠本身的弹性而返回，使触点断开。干簧继电器具有灵敏度高、消耗功率小、动作速度快、经久耐用及出厂后不需调整等优点，因而得到广泛的应用。

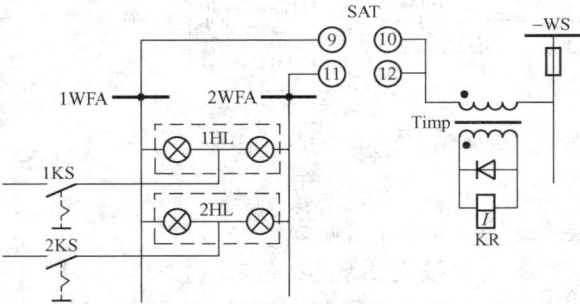

图 5-3　中央事故信号启动回路接线

二、中央事故信号回路接线

为了发出事故信号，每一保护装置的信号继电器触点单独或并接后，经过光字牌接至事故信号小母线 1WFA 和 2WFA，然后经试验开关 SAT（运行时 SAT9-10、SAT11-12 通）接至冲击继电器，中央事故信号启动回路接线如图 5-3 所示。

由 ZC-23 型冲击继电器构成的中央事故信号回路接线如图 5-4 所示。其工作原理说明如下。

（1）冲击继电器启动。发生事故以后，冲击继电器启动发出事故音响的动作过程是：

发生事故→继电保护动作→相应的信号继电器动作掉牌→相应的光字牌 HL 亮→1WFA、2WFA 带电→冲击继电器 1KAI 流过脉冲电流→KR 动作→KC 动作

　①KC1 合 → 自保持
　②KC3 合 → 发事故音响
　③KC2 合 → 音响自动解除

（2）音响解除。事故音响可以自动解除或手动解除。自动解除音响的过程是：

KC 动作→KC2 触点合→1KT 动作→1KT 触点延时闭合→1KC 动作→1KC 触点断开→KC 返回→KC3 触点断开→事故音响解除

手动复归音响信号时，按下按钮 1SR 使中间继电器 KC 返回即可。

（3）重复动作。事故音响解除，掉牌的信号继电器尚未复归，光字牌还点亮，这时若再发生事故，又会有另一个信号继电器动作掉牌并点亮另一个光字牌（见图 5-3），使冲击继电器的脉冲变压器一次侧电流有一个突增，Timp 二次侧感应出脉冲电动势使 KR 再次启动，

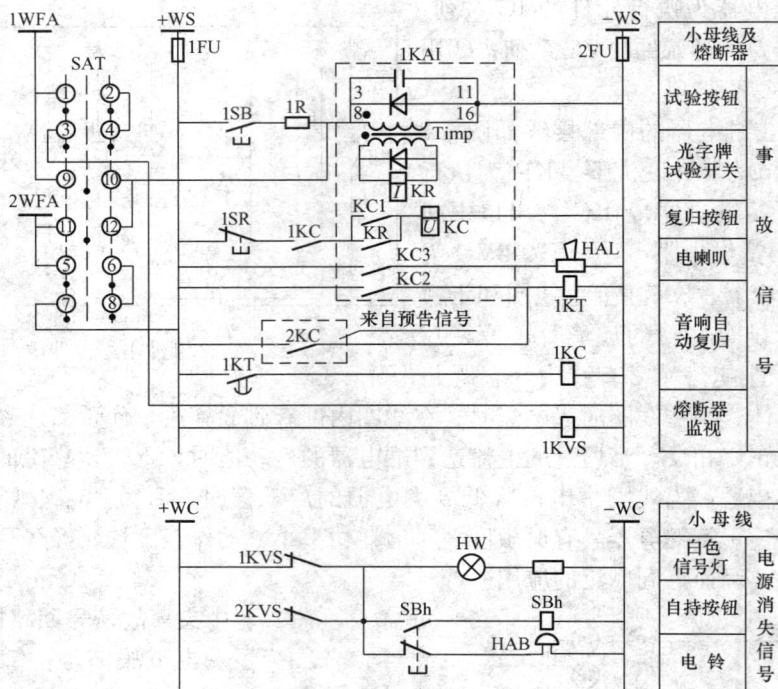

图 5-4　ZC-23 型冲击继电器构成的中央事故信号回路接线图

发出事故音响。

（4）音响试验。按下试验按钮 1SB，如装置完好，即发出音响。

（5）光字牌试验。将试验开关 SAT 由工作位置扳向试验位置，SAT1-2、SAT3-4、SAT5-6、SAT7-8 四对触点接通，使信号电源通过光字牌形成通路，如图 5-5 所示，这样就可以检查光字牌是否完好。

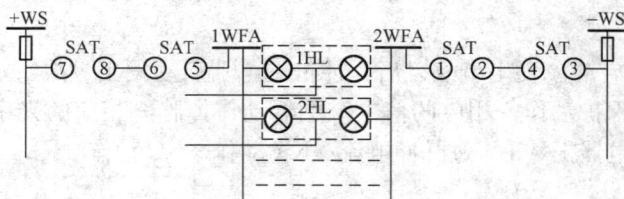

图 5-5　检查光字牌的电流通路

（6）电源监视。1KVS 为事故信号电源监视继电器，当电源电压消失时，1KVS 返回，其动断触点接通，使电铃 HAB 响并点亮白灯 HW，按下自持按钮可以复归音响。

图 5-4 设置两条事故信号小母线 1WFA、2WFA 的目的就是为了对光字牌进行检查，有些发电厂和变电站的设计只用一条事故信号小母线，就不能对光字牌进行检查。当然，如果采用具有闪光的断路器控制回路，事故信号小母线并不与光字牌相连，采用一条事故信号小母线即可（见图 4-7）。

大型发电厂和变电站有些断路器事故跳闸时，要向中心调度所发遥信信号，以便使调度

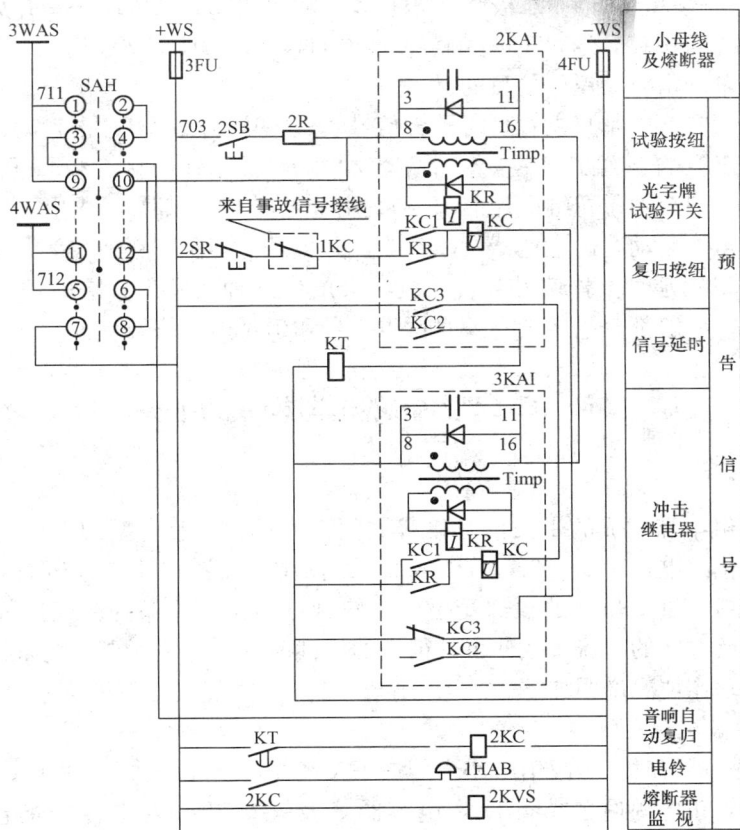

图 5-6 ZC-23 型冲击继电器构成的中央延时预告信号接线图

及时了解运行情况，这时要专设一个发遥信的冲击继电器，其工作原理和上述是基本相同的，图 5-4 中没有画出这部分接线。

三、中央预告信号回路接线

由 ZC-23 型冲击继电器构成的中央延时预告信号回路的接线如图 5-6 所示。其动作原理与事故信号装置是相似的，但采用了两个 ZC-23 型冲击继电器反极性串联，以实现冲击自动返回的性能。

当发生异常情况时，相应的继电器触点闭合，点亮光字牌并使延时预告信号小母线 3WAS、4WAS 带电，使冲击继电器 2KAI、3KAI 的脉冲变压器 Timp 一次侧流过电流，二次侧则产生感应脉冲电动势，但由于 3KAI 的脉冲变压器 Timp 是反向连接的，其二次侧的脉冲电动势被二极管所短路，故 3KAI-KR 不会动作。因此只有正向连接的冲击继电器 2KAI 的执行元件 2KAI-KR 动作，并启动 2KAI-KC，KC 通过其 KC1 触点自保持，通过 KC2 触点启动时间继电器 KT，KT 的触点延时闭合，发出预告音响信号。

当冲击继电器受到短时冲击时（如外部短路电压短时降低，监视电压互感器熔断器熔断的电压继电器可能动作一下），开始的动作过程和上述发生异常情况是相同的。若在时间继电器 KT 的延时触点未闭合前，冲击消失，则由于流过脉冲变压器 Timp 一次侧的电流突然减小或消失，Timp 的二次侧将感应出反方向的脉冲电动势，但冲击继电器 2KAI 的脉冲变压器 Timp 二次侧脉冲电动势被二极管所短接，故只有 3KAI-KR 动作，并启动 3KAI-KC，KC 通过 KC1 触点自保持，通过 KC3 触点使已经自保持的 2KAI-KC 返回，时间继电器 KT 随之复归，达到了冲击自动返回的目的。

有一些发电厂和变电站只设置瞬时预告信号装置，这样就没有冲击自动返回的性能，短时冲击就可能发出音响。例如，在操作断路器时，断路器的辅助触点 QF1 和 QF2 在切换过程中可能都断开，使合闸位置继电器 KCP 和跳闸继电器 KTP 都短时失电，使两继电器的动断触点都闭合，从而启动冲击继电器发出音响，并可见"操作回路断线"光字牌闪一下（参见图 4-4）。如果采用延时预告信号装置，就不会产生这种误发出音响的情况。容量较大的发电厂和变电站，一般都分别装设有瞬时预告信号和延时预告信号装置。

第三节　JC-2 型冲击继电器构成的中央信号

一、事故信号

JC-2 型冲击继电器构成的中央信号接线如图 5-7 所示。JC-2 型冲击继电器中有一个双线圈双位置的极化继电器 1K 和 2K。1K 或 2K 线圈中流过冲击正向电流时（即 1K 从左到右，2K 从右到左），可动衔铁的顶部受磁化，使触点动作，并保持在该位置。如果其中一个线圈中流过相反方向的电流，致使可动衔铁的极性改变，可使触点回复原状。

事故信号的动作情况说明如下。

1. 冲击继电器启动

当断路器事故跳闸时，事故信号小母线 WFA 经 3R、SA1-3、SA19-17、QF3 与负电源接通（见图 4-7），正电源通过线圈 1K，电容器 C 及线圈 2K，对电容器充电，使冲击继电器 1KAI 启动。在充电期间，继电器线圈中流过电流使衔铁动作，带动触点闭合。充电完毕后，线圈中电流消失，衔铁也保留在动作位置，让触点可靠闭合。1KAI 的触点闭合后，便启动中间继电器 1KC。它有两对动合触点，其中一对触点启动时间继电器 3KT，另一对触点接通蜂鸣器 HAL，发出音响，表明已发生事故。

2. 自动解除和手动解除

上述动作状态，只是暂时存在，经时间继电器触点延时后，便自动解除。时间继电器的整定时间大约为 5s，待延时到达后，3KT 的触点 3KT4-12 立即闭合，启动中间继电器 3KC，使触点 3KC9-11 闭合，让电流从小母线＋WC 经 1KAI 的端子⑤流入，经电阻器 1R、1KAI 的端子⑦、线圈 2K、电阻器 R、1KAI 端子②至小母线－WC。此时，线圈 2K 中电流的方向正好与动作时相反（从左到右），衔铁的极性改变，使 1KAI 的触点重新断开，中间继电器 1KC 也相继断电返回。然后，时间继电器复原，触点 1KC9-11 将蜂鸣器回路切断，响声也就自动停止。

欲使音响提前解除，可按下手动复归按钮 1SR，其动作过程与上述相同。

3. 重复动作

前面已分析过，冲击继电器能自动复归，为下次动作做好准备。断路器事故跳闸后，小母线 WFA 是通过一个电阻器和负电源接通的，若开关 SA 尚在"合闸后"位置时，又发生另一个断路器事故跳闸，由于两个电阻器并联使电容器充电回路电阻减小，电容器会再次充电，使冲击继电器会再次启动，保证信号装置又重复动作。只要事故信号回路电阻选择适

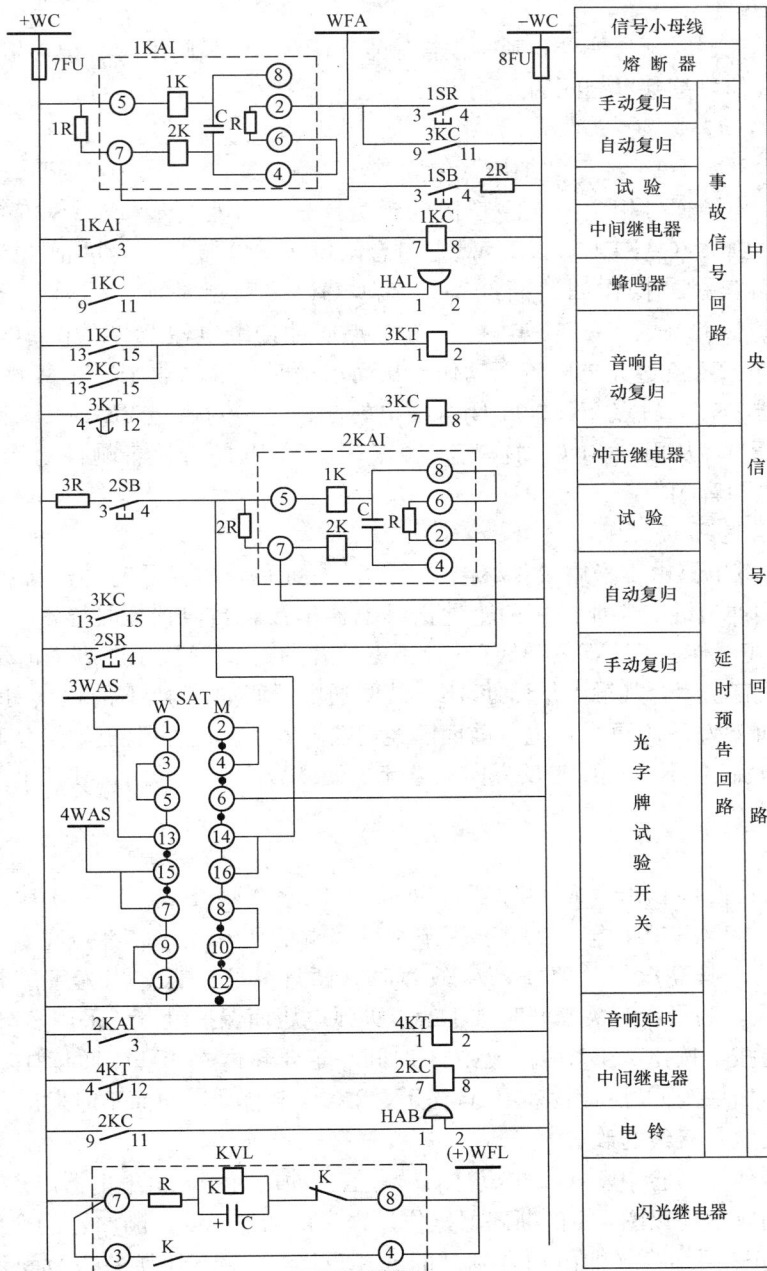

图 5-7 JC2 型冲击器构成的中央信号接线图

当，可重复动作 8 次。

4. 试验

在运行中，须对事故信号装置进行试验，检查是否处于完好状态。试验时，按下试验按钮 1SB，启动冲击继电器发出音响。同样，音响可用手动复归按钮 1SR 加以解除。注意，按下 1SB 的时间要超过 3KT 的整定时间，才能对复归回路进行试验。

二、预告信号

预告信号分为瞬时预告信号和延时预告信号，图 5-7 中只画出延时预告信号接线图。其工作原理和事故信号是基本相同的。

1. 音响的启动与复归

光字牌试验开关 SAT 置于"工作"位置时，其触点 13-14、15-16 接通。当产生不正常运行情况时，正电源通过相应的光字牌接到延时预告信号小母线 3WAS 和 4WAS〔例如，断路器操作回路断线（见图 4-4），+WS 通过合闸位置继电器 KCP 和跳闸位置继电器 KTP 的动断触点，再经过"操作回路断线"光字牌 HL 接到延时预告信号小母线 3WAS 和 4WAS〕，再通过试验开关 SAT13-14、15-16 触点向冲击继电器 2KAI 中的电容器 C 充电，2KAI 中的 1K 和 2K 流过充电电流而动作，从而启动时间继电器 4KT，其触点延时闭合后启动中间继电器 2KC，触点 2KC9-11 闭合使电铃响，另一对触点 2KC13-15 闭合启动 3KT（与事故信号共用），从而使 3KC 动作将其触点 3KC13-15 闭合使音响自动复归。按下按钮 2SR 可以手动复归音响。

2. 冲击自动返回

JC2 型冲击继电器由于采用极化继电器作为执行元件，本身具有冲击自动返回的性能，不需像 ZC-23 型冲击继电器那样用两个冲击继电器串接。当遇到短时异常信号时（如短时过负荷），和前述一样，3WAS 和 4WAS 带正电，并通过 2KAI 内的 1K 和 2K 向电容器 C 充电，使 2KAI 启动闭合其触点从而使 4KT 线圈通电；假如在 4KT 的触点闭合前异常信号消失，3WAS 和 4WAS 不再带正电，前面已经充在电容器 C 上的电压，就会通过 1K 和 2K 线圈放电，由于流过 1K 和 2K 是反方向的电流，使 2KAI 自动返回，4KT 也随之返回，不会误发出音响。

3. 试验

将开关 SAT 扳向试验（M）位置，其触点 1-2、3-4、5-6、7-8、9-10、11-12 接通，3WAS 带负电，4WAS 带正电，使接于两条小母线上的所有光字牌都点亮，由于光字牌的两只灯是串联的，其亮度要比真正产生故障时（两灯并联）低。当光字牌较多时，通过 SAT 的电流较大，为了在开关断开时减小触点灭弧电压而保护触点，采用多对触点串联。

音响的试验按下按钮 2SB 即可，但按下时间一定要超过 4KT 整定的动作时限（一般整定为 9s 左右），如果按下时间不够，一旦松手，2KAI 会自动返回而不能发出音响。

三、冲击继电器接线的改进

人们在预告信号试验中发现，在短暂的异常信号冲击时，冲击继电器触点不能断开、音响不能复归的问题。现以图 4-4 的断路器操作过程为例加以说明。断路器跳合闸过程中，辅助触点 QF1、QF2 要切换（即由动合到动断或相反），在触点切换的短暂间隙中，QF1 和 QF2 都会断开，使位置继电器 KTP 和 KCP 都返回，瞬时接通了"操作回路断线"回路，这就会使冲击继电器 2KAI 内的电容器充电并使 2KAI 启动，其动合触点 2KAI1-3 闭合，从而使电铃响，如图 5-7 所示。但 KTP 很快动作使其动断触点断开，切断了"操作回路断线"回路，冲击继电器内的电容器随之放电。放电回路为：

$$C+ \rightarrow 1K\ 线圈 \rightarrow 2KAI⑤ \rightarrow 2R \rightarrow 2KAI⑦ \rightarrow 2K\ 线圈 \rightarrow C-$$

电容器放电使 1K、2K 线圈都流过相反方向的电流，但由于电容器的充电时间是很短暂的，其上的充电电压很小，在放电时不足以产生使 2KAI 返回的反向电流，所以 2KAI1-3 触点继续接通。

当按下复归按钮 2SR 欲使音响复归时，复归电路如图 5-8 所示。正电源经 2SR3-4、复归电阻 R 至 2KAI⑧端，再经两个并联的通路至负电源：

（1） 2KAI⑧→1K 线圈→2KAI⑤→2R→－，这时 1K 上通以反方向的电流欲使 2KAI 复归；

（2） 2KAI⑧→C＋→C－→2K 线圈→2KAI⑦→ －，这时 2K 上通的是正方向的电流欲使 2KAI 动作，由于电容器 C 在此前已放完电，按下 2SR 瞬间相当于短路，故流过 2K 线圈的正向电流与流过 1K 线圈的反向电流应基本接近（后者由于串有 2R 在通电瞬间可能还小一点）。

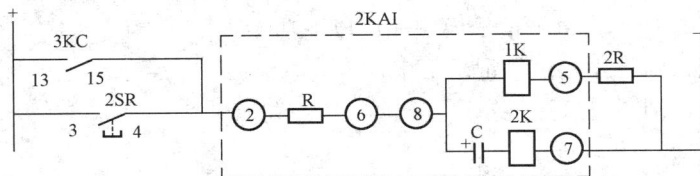

图 5-8　预告音响复归回路

由此可见，由于极化继电器的两个线圈 1K、2K 流过电流时产生的磁化作用互相抵消，使冲击继电器不能返回，2KAI1-3 继续接通，音响不能复归。

改进接线后的复归回路如图 5-9 所示。将电容器 C 改接为只串在 1K 线圈上，将冲击继电器的启动回路和复归回路完全分开，极化继电器一个线圈 1K 作启动用，另一个线圈 2K 作复归用。当按下复归按钮 2SR 时，2K 线圈通过反向电流使冲击继电器返回，音响随之复归。作了如此改进之后，断路器操作过程不再出现过冲击继电器触点不能断开、音响不能复归的现象。

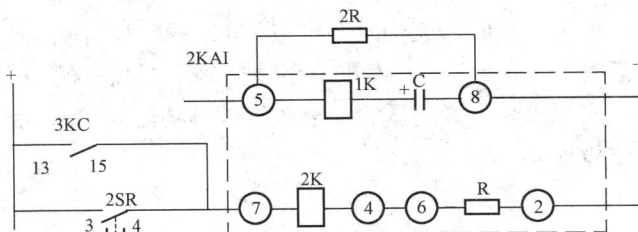

图 5-9　冲击继电器的改进接线

读者还可以广开思路，是否可以不改变冲击继电器内部的接线，又可以解决冲击继电器不能复归的问题。

第四节　模块式的中央信号装置

以冲击继电器为核心的中央信号系统，存在以下缺点：

（1）冲击继电器是整个信号系统的核心，音响信号必须通过冲击继电器才能发出。冲击继电器一旦故障，整个信号系统将失灵，影响信号系统的可靠性。

（2）信号的重复动作次数取决于冲击继电器长期热稳定电流。当信号数量较多时，会出现漏发信号或冲击继电器烧坏的现象。

（3）预告信号系统的光字牌无闪光，故同时出现两个以上信号时，先后出现的信号不易分辨。

（4）反映信号不完善，例如全所保护动作只发"掉牌未复归"信号，而且当该信号发出时，要到保护屏上去寻找，延长了事故判断和处理时间。

（5）与微机监控系统连接不方便。一般来说，需要将发出的中央信号信息输入到微机监控系统中。为了获取这些信息，对常规的中央信号系统，需增加大量信号继电器。

因此，一些发电厂和变电站采用了一种新型的模块式中央信号装置。这些装置由若干模块构成积木式结构。它的主要特点是每个要发出的信号，无论是事故信号还是预告信号，都要先接到一个信号模块上，每个信号模块完成以下功能：

（1）记忆功能，即将输入信号记录下来；

（2）显示功能，即通过灯光显示；

（3）启动音响；

（4）扩展信息，向微机监控系统输出信息。

现介绍 EXZ-1 型组合式信号报警装置。

一、装置概述

EXZ-1 型组合式信号报警装置在结构上采用组合式结构，有灯光盒和音响盒两种。根据工程需要，可由若干灯光盒和音响盒组成任意规模的中央信号系统。每个灯光盒内有 4 块印制电路板，每块板上均可接 4 个信号，并装有继电器、集成电路、阻容元件及指示灯。

装置逻辑电路简单可靠，同时考虑了装置集中自检功能，并提供了与远动、事件记录等装置连接的空接点。音响冲击回路采用电容冲击，克服了原冲击继电器易饱和的缺点，且重复音响路数不受限制。

该装置在一次系统发生事故时，无延时发出 1000Hz 的事故音响，并发出闪光信号；在主设备发生异常时，延时（0～8s 可调）发出与事故信号不同频率的预告音响信号，且信号灯闪光。此外，装置可实现查灯、音响试验、事故停钟等功能。

二、装置基本工作原理

1. 事故信号

（1）灯光信号，图 5-10 为灯光信号逻辑图。

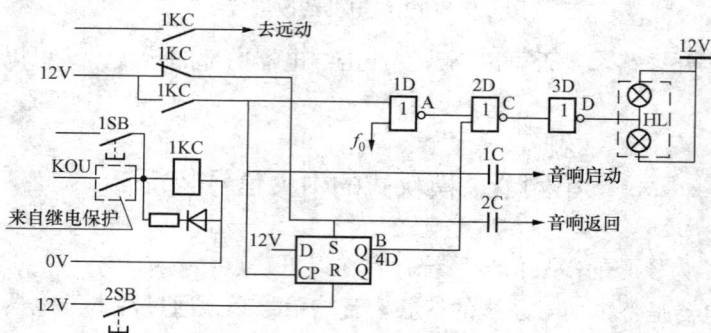

图 5-10　灯光信号逻辑图

当一次系统出现电气事故，相应的保护装置动作，出口继电器 KOU 的触点闭合，使断路器跳闸的同时，启动本装置的隔离继电器 1KC。1KC 动合触点闭合后，将 12V 正电压（逻辑回路采用正逻辑形式，"1"态表示高电平 12V，"0"态表示低电平 0V）送至与非门 1D 及 D 触发器 4D 的 CP 端。1D 的输入端还输入有 1000Hz 左右的高频信号 f_0。此时，经过与非门 1D 后 A 输出反相的 f_0，触发器 4D 的 Q 端输出 B 获得高电平并加到与非门 2D 的输入端，使 C 端输出高频信号 f_0，再经功率反相器 3D 后，使 D 端输出放大后的 f_0，使光字牌 HL 以 f_0 的频率发出闪光，并指明事故对象。运行人员已确认事故后，按下平光按钮 2SB，使触发器 4D 复位，B 端输出低电平 0V，使 C、D 端也为 0V，于是光字牌便由闪光转为平光。1SB 为查灯按钮，供自检用。按下 1SB 可以检查灯光信号回路是否完好，其动作过程与上述是相同的。

（2）音响信号。图 5-11 为音响信号逻辑图。

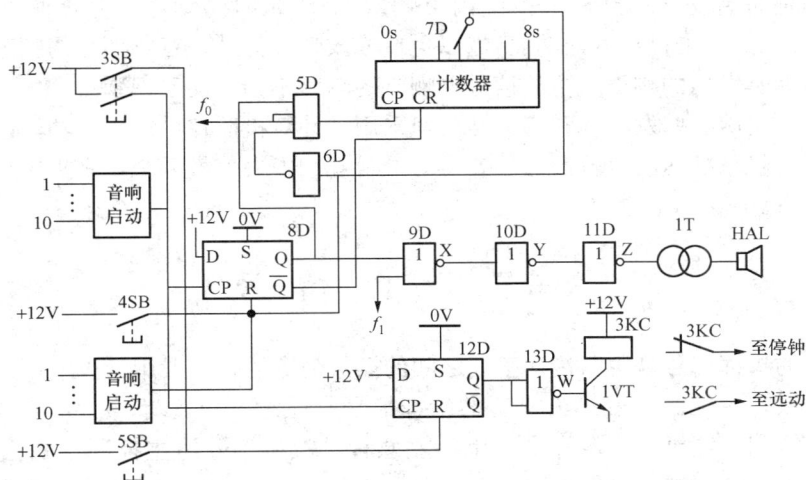

图 5-11　音响信号逻辑图

当系统出现电气事故，保护动作启动隔离继电器 1KC（见图 5-10），正电压通过已闭合的动合触点 1KC，经电容器 1C 产生微分脉冲送到音响信号回路，去启动音响信号装置（见图 5-11）。当启动脉冲到达 D 触发器 8D 的 CP 端后，触发器翻转，Q 端输出高电平信号分别接至与非门 9D 和与门 5D。该信号与音响调制信号 f_1 一起输入 9D 并反相，X 端输出反相的 f_1 信号，再经反相器 10D，Y 端输出正相的 f_1，又经功率放大器 11D 并反相，Z 端输出放大后的 f_1 反相信号，送至输出变压器 1T，使电喇叭 HAL 发出高频音响。与此同时，8D 的 Q 端高电平信号与频率 f_0 的振荡电压同时经与门 5D 输出后，再送入计数器 7D 的 CP 端，使计数器按频率 f_0 开始计数，待计数达到整定时间（1~8s 可调），便输出高电平至反相器 6D，使反相器 5D 即输出低电平 0V，计数器即停止计数。同时，计数器输出的高电平又送至触发器 8D 的复位端 R，使 8D 的 Q 端输出低电平，使 9D 的 X 端音响调制信号 f_1 消失，音响立即停止。同时，由于触发器 8D 的 Q 端为高电平，送到计数器 7D 的 CR 端，将计数器清零，准备好下次再动作。音响重复次数不受限制。

由图 5-10 可知，如果事故消失，KOU 触点断开，继而隔离继电器 1KC 的动断触点闭合，送入 +12V 电压，经电容器 2C 微分，发出音响返回信号，同样可使触发器 4D 的 Q 端输出低电平，音响也就停止。

音响启动的同时，启动脉冲还使触发器 12D 翻转，12D 的 Q 端输出高电平，使与非门 13D 的输出端为 0V，晶体管 1V 即截止，继电器 3KC 失电，其动断触点闭合，启动停钟回路，记下故障发生的时间。

图 5-11 中，3SB 为事故音响试验按钮，供调试和运行中自检试验之用；4SB 为音响复归按钮；5SB 为停钟解除按钮。当故障处理完毕后，可将钟核对到正确时间，再按 5SB，钟又恢复走时。

2. 预告信号

设备运行中出现危及安全的异常情况时，如变压器过负荷、10kV 系统接地、电压回路断线等，便发出预告信号，提醒值班人员注意，进行适当处理。

预告信号也由灯光信号和音响信号组成。其接线及动作原理，与事故信号相同。不同之处仅是音响为延时启动（在 0～8s 范围内可调），小于延时的动作信号，便不会发出音响（相当于前面提到的冲击自动返回功能），以免造成误动。另外，音响信号的频率也不同，使得预告信号电喇叭发出的响声与事故信号电喇叭的响声不同，便于识别。

应当指出，目前有些发电厂和变电站已经采用了计算机监控系统，其功能已能完全代替并超过现有的信号系统功能，就没有必要再另设常规的中央信号系统，常规中央信号系统将会退出运行舞台。

第五节　指　挥　信　号

发电厂中的指挥信号是用以传达车间之间的操作命令的，一般用于火电厂主控制室与汽机房之间的联系。主控制室发给汽机房的指挥信号有注意、增负荷、减负荷、发电机已合闸、发电机已解列、停机、更改命令、电话共八种，汽机房发给主控制室的指挥信号有注意、减负荷、可并列、汽机调整、更改命令、电话共六种。

指挥信号装置由发送与解除命令的按钮、信号灯、标明各种命令的光字牌和音响信号组成。在主控制室每块发电机控制屏上及汽机房相应的汽轮机控制屏上，各装有指挥信号用的按钮和光字牌。

图 5-12 示出了一种带自保持按钮的双灯串联指挥信号回路。其操作过程如下：当主控制室向汽机房发送命令时，值班人员首先按下指挥信号按钮 1SB，于是电流从正电源＋WC 经汽机房的复归按钮 4SB，再经主控制室的发送命令按钮 1SB 后分三路到负电源－WC。第一路经按钮的自保持线圈 1SB 到负电源，使 1SB 自保持；第二路经汽机房的电笛 HAL 到负电源，使汽机房的电笛响；第三路经光字牌 1HL1 和 1HL2 到负电源，使汽机房及主控制室"注意"光字牌亮。采用自保持按钮的目的是为了使发送信号的值班员不能在发送端将自己所发出的信号解除，必须由接受端的值班员使用解除信号按钮才能将信号解除。

汽机房值班人员听到音响信号后，按下 4SB 断开按钮 1SB 的自保持电路，两处的"注意"光字牌同时熄灭，表示汽机房已准备好接受命令，然后主控制室值班人员再按下所需的命令按钮，例如当按下 2SB 时，主控制室与汽机房中"增负荷"光字牌 2HL1、2HL2 亮，汽机房执行命令后，按下 4SB，即将命令解除。从汽机房向主控制室发送命令时，其顺序同上。不同的是主控制室的警铃是公共的，跨接在指挥信号小母线与负电源之间，而汽机房的

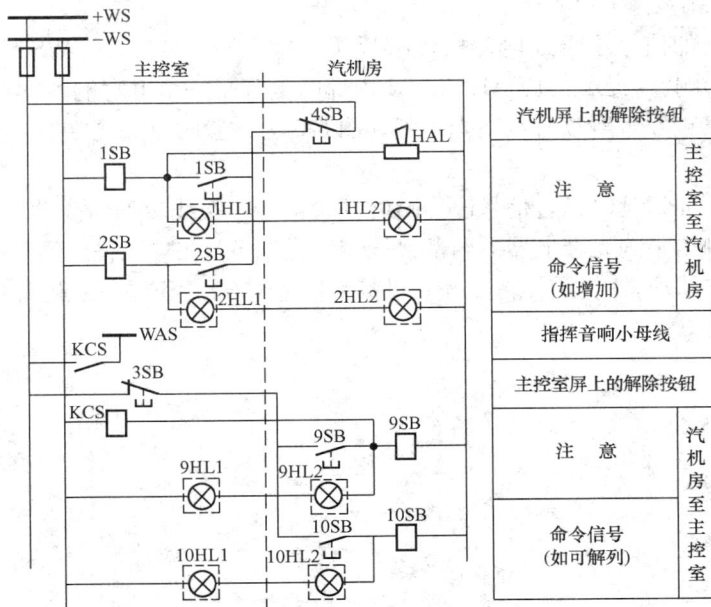

图 5-12 指挥信号回路接线图

电笛则是每台机组各装一个。当汽机房某机组发出"注意"命令时，按下 9SB，则两处标有"注意"的光字牌 9HL1、9HL2 亮，并启动中间继电器 KCS，其动合触点闭合，把正电源送至指挥信号小母线 WAS 上，使公共警铃发出声响。

习 题 及 思 考 题

1. 图 5-4、图 5-6 的冲击继电器中，中间继电器 KC 为什么要有自保持？
2. 作出图 5-4、图 5-6、图 5-7 转换开关的触点动作图表写于表 5-1 中。

表 5-1　　　　　　　　　　　　　　转换开关的触点动作图表

触点 转换开关		1-2	3-4	5-6	7-8	9-10	11-12	13-14	15-16
图 5-4 中 SAT	工作								
	试验								
图 5-6 中 SAH	工作								
	试验								
图 5-7 中 SAT	工作								
	试验								

3. ZC-23 型冲击继电器的二极管起什么作用？如 Timp 的一次或二次侧的二极管击穿短路，对中央信号的工作有什么影响？

4. 图 5-4、图 5-6 中，如信号小母线电源极性接反了（即＋WS 接负，－WS 接正），对中央信号的工作有什么影响？

　　5. 图 5-7 中，如信号小母线电源极性接反了（即＋WS 接负，－WS 接正），对中央信号的工作有什么影响？（提示：1KAI、2KAI 内部的电容是一个电解电容器，上正下负）

　　6. 图 5-3 为真正发生事故时点亮光字牌，图 5-5 为试验时点亮光字牌，两种情况下光字牌亮度是否一样？

　　7. 图 5-7 中，如果延时预告信号改为瞬时预告信号，接线应如何改动？

　　8. 图 5-7 中画出了闪光继电器的内部接线，试说明 SA 在"预备合闸"、QF 在跳闸状态时闪光回路的工作原理。［提示：将图 5-7 和图 4-7 的（＋）WFL 联系起来］

第六章　控制回路接线的故障分析

下面结合电气实习所采用的保护、控制、测量、信号回路接线图（见图 6-1、图 6-2）和由 JC2 型冲击继电器构成的中央信号回路接线图（见图 5-7），对一些典型的问题进行分析。

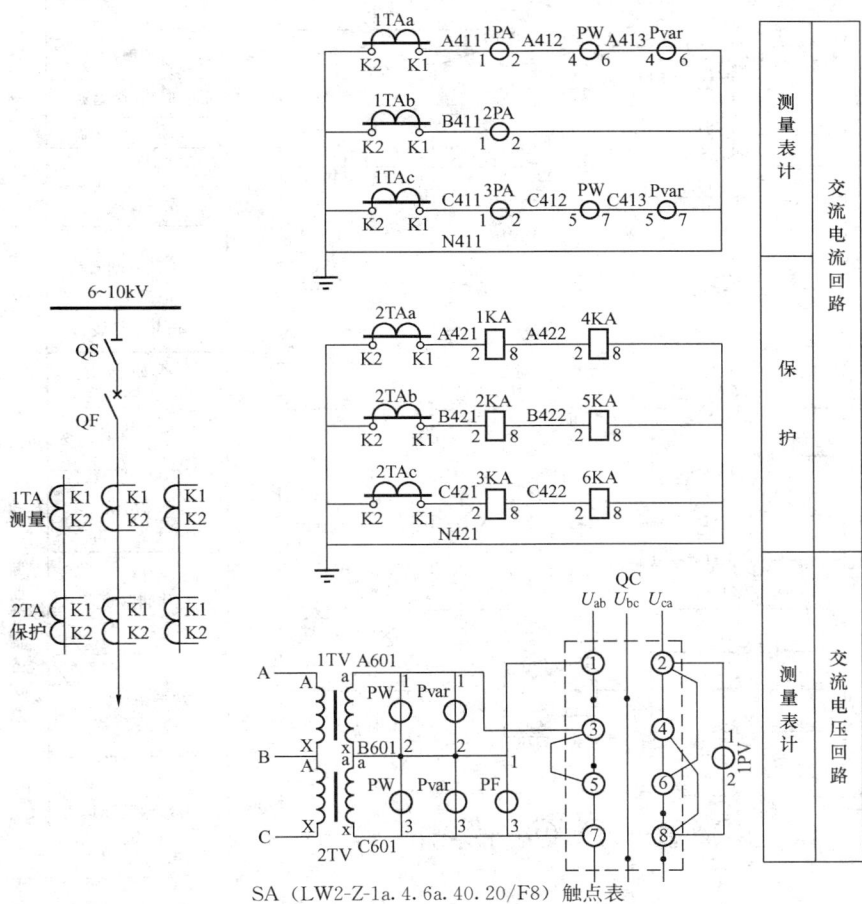

SA（LW2-Z-1a.4.6a.40.20/F8）触点表

触点号 位置		1-3	2-4	5-8	6-7	9-10	9-12	10-11	13-14	14-15	13-16	17-19	18-20
跳闸后	←	—	×	—	—	—	—	×	—	×	—	—	×
预备合闸	↑	×	—	—	—	—	×	—	×	—	—	—	—
合　闸	↗	—	—	×	—	—	×	—	—	—	×	×	—
合闸后	↑	×	—	—	—	—	—	—	—	×	×	×	—
预备跳闸	←	—	×	—	—	×	—	—	×	—	—	—	—
跳　闸	↙	—	—	×	—	—	—	—	—	—	—	—	×

图 6-1　保护、控制、测量原理接线图（1）

+WC　　　　　　　　　　　　　　　　　　　　　　－WC

1FU　　　　　　　　　　　　　　　　　　　　　2FU

2PV

	控制小母线	
	熔 断 器	
	电 压 表	
电流速断		保护直流回路
限时电流速断		
定时限过流		
防　跳		断路器操作回路
合闸操作		
跳闸位置继电器		
合闸位置继电器		
跳闸操作		
保护跳闸		
合闸回路		
信号小母线		断路器信号回路
熔 断 器		
跳闸指示		
合闸指示		
操作回路断线		
掉牌未复归		
事故音响启动		

1KA　1KS　1XB　　　KOU
2KA　　　7　8　　　　7　　8
3KA　　　　　　　　　　1KT
4KA　　　　　　　　　　7　2
1KT　2KS　2XB
5KA　　　7　8　　　　2KT
6KA　　　　　　　　　1　2
2KT　3KS　3XB
KYC　　　7　8

SA　　　　　KJL　　　　KJL
⑤　⑧　　KJL 2　10　QF1 7　8 KMC
KTP　　　KMC 4　12　6　4　　A2　A1
7　8　　　　8　　　　　　9　10
KCP　　　　　　　　　KMC
SA
⑥　⑦　　　KJL　　QF2　　Yoff
KOU 18　20　3　5　18　19
2　10

+Won 3FU　KMC　　Yon　　KMC　　4FU －Won
3　4　　1　2　　6　5

+WS　　　　　　　　　　　　　　　　－WS
5FU　　　　　　　　　　　　　　　6FU

SA　　KTP　　HG　R
⑪　⑩　9　11　1　2
(+)WFL
SA
⑨　⑫
⑭　⑮　KCP　HR　R
⑯　⑬　9　11　1　2

1HL　　3WAS
KTP　KCP　　　4WAS
2　10　2　10
2HL
1KS
1　5
2KS
1　5
3KS
1　5

WFA
1R　　SA　　SA　　KTP
①　③　⑲　⑰　13　15

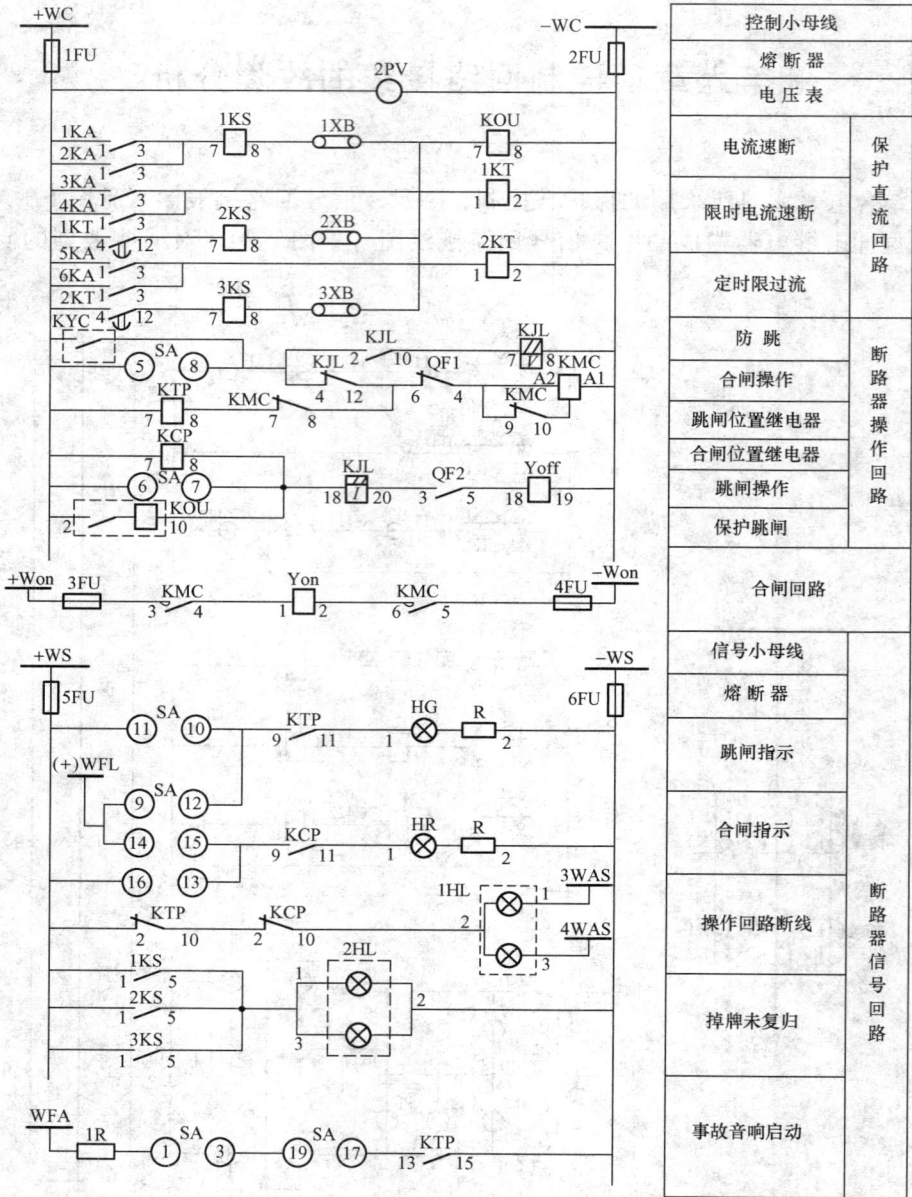

图 6-2　保护、控制、测量原理接线图（2）

第一节　断路器事故跳闸

一、看图原则

断路器事故跳闸是由于产生短路事故继电保护动作而产生的。分析这类事故，应遵循"先一次，后二次；先交流，后直流；先线圈，后触点；先上后下，先左后右"的原则，现以线路产生相间短路事故为例进行分析。

　　先一次，后二次：首先是线路的一次主电路产生了相间短路，从而产生了比负载电流大得多的短路电流，由于电流互感器 2TA 的一次绕组是串联在线路上的，它同样流过这一短路电流，从而在电流互感器 2TA 的二次绕组上也反映了这一短路电流，其二次侧电流值由互感器的变流比而定。所以电流互感器是联系交流一次电路和交流二次电路的桥梁。

　　先交流，后直流：线路装有典型的三段式过电流保护，由电流继电器 1KA 和 2KA 构成瞬时电流速断保护，由电流继电器 3KA 和 4KA 构成限时电流速断保护，由电流继电器 5KA 和 6KA 构成定时限过电流保护。电流互感器的二次绕组经电流继电器线圈形成二次交流电流通路，当二次侧短路电流大于电流继电器的整定动作电流时，相应保护的继电器就会动作，而电流继电器的触点是接于直流操作回路中的。

　　先线圈，后触点：继电器触点的通断转换依赖于继电器的动作，而继电器的动作又依赖于流过其线圈的电流（或所加的电压）是否大于其动作值，所以看图时，一定要先看线圈回路是否形成电流通路而使继电器动作，如果动作，就要找到这一继电器的各对触点，看这些触点的转换（动合触点通，动断触点断）会引起什么变化。

　　先上后下，先左后右：在接线图中，二次设备的动作顺序一般都是从上到下，连接次序从左到右，在看图时也应遵循这一原则。

二、动作过程的分析

　　现以定时限过电流保护的动作过程为例进行说明。

　　（1）短路前，线路断路器 QF 处于合闸状态，其辅助触点 QF6-4 断开，而 QF3-5 闭合，合闸位置继电器 KCP 动作：

　　　＋WC →1FU→ KCP 线圈 → KJL（I）→ QF3-5 → 跳闸线圈 Yoff → 2FU → −WC

其动合触点闭合，动断触点断开；操作开关 SA 处于"合闸后"位置，触点 SA13-16 闭合，红灯 HR 亮平光：

　　　　　　＋WS→ 5FU → SA13-16 → KCP9-11 → HR → 6FU → −WS

　　（2）线路发生短路事故：

　　线路短路 → 线路上产生短路电流 → 短路电流流过 2TA 一次绕组 → 2TA 二次绕组反应二次侧短路电流

　　1）5KA（6KA）动作：

　　　　　　　　二次侧短路电流由 2TA-K1→ 2KA 线圈 → 5KA 线圈 → 2TA-K2

形成闭合回路。

　　2）5KA（6KA）动合触点 1-3 闭合，使时间继电器 2KT 动作：

　　　　　　　　＋WC → 1FU → 5，6KA1-3 → 2KT 线圈 → 2FU → −WC

　　3）触点 2KT4-12 延时闭合，使信号继电器 3KS 和保护出口中间继电器 KOU 动作：

　　　＋WC → 1FU → 2KT4-12 → 3KS 线圈 → 3XB →KOU 线圈 → 2FU → −WC

　　4）3KS 动作掉牌（红色弹子弹出），其动合触点 3KS1-5 闭合，点亮"掉牌未复归"光字牌 2HL：

　　　　　　　　＋WS → 5FU → 3KS1-5 → 2HL → 6FU → −WS

　　5）KOU 动作，其动合触点 KOU2-10 闭合，使 QF 跳闸：

　　　＋WC → 1FU → KOU2-10 → KJL（I）线圈 → QF3-5 触点 → Yoff 线圈 → 2FU

→ 一WC

其辅助触点也随之转换。

6）QF4-6 闭合，跳闸位置继电器 KTP 动作：

＋WC →1FU → KTP 线圈 → QF4-6 → 合闸接触器 KMC 线圈 → 2FU → 一WC

KTP 动合触点闭合，动断触点断开。

7）绿灯 HG 闪光：

（＋）WFL → SA9-10 → KTP9-11 → HG → 6FU → 一WS

8）事故信号小母线 WFA 带负电：

一WS → 6FU → KTP13-15 →SA17-19 →SA3-1 →1R → WFA

从而启动中央事故信号回路，使蜂鸣器 HAL 发事故音响。

9）将 SA 扳至"跳闸后"位置，使 SA 与断路器跳闸状态对应，闪光解除而绿灯亮平光。

综上所述，断路器事故跳闸所发生的现象是：蜂鸣器响，绿灯闪光，"掉牌未复归"光字牌亮，相应保护的信号继电器掉牌。

三、二次图之间的联系

必须强调，发电厂和变电站的二次接线是一个整体，二次设备之间有着紧密的联系，而根据各种设备和各种功能绘出的图纸有几十张甚至上百张，各图纸之间必然也有着紧密的联系，看图时一定要找出图纸之间的联系点，用全局的、联系的观点来分析工作原理和动作过程。例如，分析断路器事故跳闸，发出事故音响的动作过程，就是通过事故信号小母线 WFA 这一"桥梁"，将断路器控制信号接线图与中央事故信号接线图联系起来了。在实际工程设计中，断路器控制信号接线图与其他部分的联系可以归纳为以下几点：

（1）与中央信号的联系，通过事故信号小母线 WFA 和预告信号小母线 WAS；

（2）工程设计中继电保护接线往往是单独的图纸，与继电保护的联系，通过保护出口继电器 KOU 的动合触点接至跳闸回路；

（3）断路器需要同期时，与同期接线的联系，通过同期转换开关和同期装置的相关触点接至合闸回路；

（4）装有自动重合闸装置时，与重合闸接线的联系，通过重合闸装置的输出触点接至合闸回路；

（5）装有备用电源自动投入装置时，通过装置的输出触点接至跳、合闸回路；

（6）原动机（水轮机或汽轮机）事故时，通过事故输出触点接至跳闸回路；

（7）装有低周减载、低周解列等自动装置时，通过事故输出触点接至跳闸回路；

（8）断路器的辅助触点根据需要分别接至继电保护回路、原动机操作回路、励磁控制回路、自动装置回路等。

第二节　操作回路断线

操作回路断线信号是用来监视断路器跳、合闸回路和控制电源是否完好的。分别采用合闸位置继电器 KCP 和跳闸位置继电器 KTP 各一对动断触点 2-10，串联后经"操作回路断线"光字牌1HL、延时预告信号小母线3WAS和4WAS至中央延时预告信号回路，如图6-2所示。下面就几种情况加以分析。

一、控制电源消失

控制电源不消失而正常运行时，断路器无论是在合闸状态还是跳闸状态，合闸位置继电器KCP和跳闸位置继电器KTP总有一只是动作的，因而它们串联的两对动断触点也总有一对是断开的，操作回路断线信号回路是不通的。同时断路器位置信号灯HR和HG总有一只是亮的，对应着断路器的状态。

控制电源消失一般是由于操作熔断器1FU或2FU熔断或者小母线＋WC或－WC无电所致。这时，继电器KCP和KTP都失电返回，点亮了"操作回路断线"光字牌1HL：

＋WS→5FU→2KTP2-10→KCP2-10→1HL→3、4WAS→SAT13-14、15-16→2KAI⑤→1K→C→2K→2KAI⑦→8FU→－WC

由于冲击继电器2KAI的动作，电铃发出音响。同时，由于继电器KCP和KTP都失电返回，位置信号灯灭。

由此可见，控制电源消失产生的现象是：电铃响，"操作回路断线"光字牌亮，信号灯灭。

二、断路器在合闸状态，跳闸回路断线

跳闸回路指的是与断路器跳闸线圈Yoff相关的回路，当没有断线时，合闸位置继电器KCP动作，红灯HR亮平光。

当跳闸回路断线（如QF3-5断开、Yoff线圈断线、连线断线或接触不良等）时，继电器KCP返回，就产生以下现象：接通"操作回路断线"光字牌1HL的回路，使光字牌亮；启动冲击继电器2KAI，使电铃响；断开了红灯HG回路，使红灯灭。

三、断路器在跳闸状态，合闸接触器回路断线

与上述分析相同，在合闸接触器回路没有断线时，跳闸位置继电器KTP动作，绿灯HG亮平光。当合闸接触器回路断线（如KMC线圈断线、QF6-4断开）时，继电器KTP返回，就产生以下现象：接通"操作回路断线"光字牌1HR的回路，使光字牌亮；启动冲击继电器2KAI，使电铃响；断开了绿灯HG回路，使绿灯灭。

四、断路器在合闸状态，合闸接触器回路断线

断路器在合闸状态，其辅助触点QF6-4本来就是断开的，继电器KTP不动作。合闸接触器回路断线，并不改变继电器KTP和KCP的状态，因而不会产生任何信号。同样，断路器在跳闸状态，跳闸回路断线，也不会产生任何信号。因此，值班人员并不能靠信号及时发现断线故障，但这并不影响断路器的操作，当断路器下一次操作改变状态后，其辅助触点也随之切换，操作回路断线的信号和现象就会立即出现，值班人员就会检查处理。

第三节　其他故障的分析

断路器控制和中央信号回路可能出现的故障多种多样，下面举几个例子进行分析。

一、断路器合闸熔断器熔断，操作SA欲使断路器合闸

断路器在跳闸状态时，合闸熔断器3FU或4FU熔断后，本身并不出现什么信号。这时，辅助触点QF4-6通，QF3-5断，操作开关SA对应断路器的状态在"跳闸后"位置，跳

闸位置继电器 KTP 动作，绿灯 HG 亮平光。

当手动操作开关 SA 欲使断路器合闸时，操作者松手后 SA 处在"合闸后"位置，而由于合闸熔断器熔断，断路器并没有合闸，其辅助触点当然也不会切换，跳闸位置继电器 KTP 照样维持动作，而操作开关 SA 却由"跳闸后"转换到"合闸后"位置，其触点的通断情况改变了。这时，会产生以下现象：

（1）断路器合不上闸，仍在跳闸状态。

（2）发出事故音响：

$+WC \rightarrow 7FU \rightarrow 1KAI⑤ \rightarrow 1K \rightarrow C \rightarrow 2K \rightarrow 1KAI⑦ \rightarrow WFA \rightarrow 1R \rightarrow SA1-3 \rightarrow SA19-17 \rightarrow$
$KTP13-15 \rightarrow 6FU \rightarrow -WS$

使 1KAI 启动，通过事故信号回路使蜂鸣器响。

（3）绿灯闪光：

$（+）WFL \rightarrow SA9-10 \rightarrow KTP9-11 \rightarrow HG \rightarrow 6FU \rightarrow -WS$

二、QF 事故跳闸后，KOU 触点 2-10 粘住不返回，下次手动合闸

断路器事故跳闸后，如果继电器 KOU 的动合触点粘住不返回，由于辅助触点 QF3-5 已经断开，并不会引起什么改变，值班人员不会觉察。断路器跳闸后，相应的绿灯会闪光，为了解除闪光并为下一次操作作好准备，在事故处理就绪后，值班人员会将开关 SA 扳至对应断路器状态的"跳闸后"位置，使绿灯亮平光。

当手动操作 SA 放到"合闸"位置时，SA5-8 通，断路器合闸过程如下：

$+WC \rightarrow 1FU \rightarrow SA5-8 \rightarrow KJL4-12 \rightarrow QF6-4 \rightarrow KMC 线圈 \rightarrow 2FU \rightarrow -WC$

使合闸接触器动作，则有

$+Won \rightarrow 3FU \rightarrow KMC3-4 \rightarrow Yon 线圈 \rightarrow KMC6-5 \rightarrow 4FU \rightarrow -Won$

使断路器合闸，其辅助触点随之转换，QF3-5 闭合，由于 KOU 触点粘住，断路器跳闸线圈 Yoff 立即通电跳闸。如果操作者还未松手，SA5-8 继续接通，会不会产生断路器多次跳合闸的跳跃现象呢？

由于装设了防跳继电器 KJL，跳跃现象是不会产生的。当断路器跳闸时，跳闸电流流过了防跳继电器的电流启动线圈 KJL（I），使继电器 KJL 动作，其动断触点 KJL4-12 断开，切断了合闸接触器线圈回路，使断路器不能再次合闸，同时动合触点 KJL2-10 闭合，使继电器 KJL 自保持：

$+WC \rightarrow 1FU \rightarrow SA5-8 \rightarrow 2-10KJL \rightarrow KJL（U）线圈 \rightarrow 2FU \rightarrow -WC$

直至松手后 SA5-8 断开，KJL 自保持才解除而复归。此时，SA 在"合闸后"位置，使触点 SA1-3、SA17-19 接通，且由于断路器在跳闸状态，触点 QF6-4 接通，使跳闸位置继电器 KTP 动作，WFA 会接通负电源。这时，会产生以下现象：

（1）断路器合上即跳，但不会再合；

（2）启动中央事故信号回路，发出事故音响；

（3）接通闪光母线至绿灯的回路，使绿灯闪光。

三、QF 自动合闸后，KYC 触点粘住，下次手动跳闸和再次合闸

断路器自动合闸后，红灯闪光，运行人员会将 SA 扳向对应 QF 合闸状态的"合闸后"位置，自动合闸触点 KYC 虽然粘住不返回，但断路器已完成了合闸，QF6-4 断、QF3-5 通，继电器 KCP 动作，红灯亮，并没有出现什么信号。

当操作 SA 进行手动跳闸时，SA6-7 通，Yoff 线圈通电而使断路器跳闸。这时，由于 KJL（I）线圈也通过跳闸电流而使 KJL 动作，其触点 KJL 2-10 通，因为触点 KYC 粘住，使 KJL（U）线圈通电而一直自保持。同时，因 KJL 4-12 断开，触点 KYC 并不能短接继电器 KTP 的线圈，因此继电器 KTP 照常动作，绿灯 HG 亮平光，并没有产生异常信号。

当操作 SA 再次合闸时，由于继电器 KJL 保持在动作状态而使 KJL 4-12 断开，断路器不能合闸，操作者松手后，SA 就回到了"合闸后"的位置。这时产生的现象是：断路器合不上；发出事故音响；绿灯闪光。动作过程的分析同上。

四、KTP 线圈回路串上合闸接触器的动断触点 KMC7-8

有些断路器操作回路的合闸接触器，动作后保持电流很小（如低压断路器或小型灭磁开关）。当操作 SA 欲使断路器合闸，合闸接触器随之动作，但如果由于机械上的原因，断路器并没有合上，使其辅助触点 QF6-4 仍是接通的。假定未串入触点 KMC7-8，KTP 线圈和 KMC 线圈就会流过电流而可能使合闸接触器保持其动作状态，其接于断路器合闸线圈回路的主触头 KMC3-4 和 KMC5-6 闭合，使合闸线圈 Yon 长期通电而过热甚至烧坏。如果串上触点 KMC7-8，合闸接触器动作后，触点 KMC7-8 断开，使其线圈无电流流过而使接触器返回，避免了上述事故的发生。

应该指出，发电厂和变电站的二次接线设备多、接头多、连线多、屏柜多、电缆多，要比一次接线复杂得多，故障要隐蔽得多。以上只是举了几个故障分析的例子，目的是使读者掌握分析工程实际问题的方法。电气接线故障的原因是很多的，要把接线的工作原理和动作过程学深学透，把所学的知识用好用活，培养自己的综合能力、分析能力、思维能力、自学能力，提高自己的素质，切忌死记硬背。这里的故障分析，是先设定故障的原因，然后根据接线图分析工作过程，从而得出所产生的现象。而实际运行中，情况正好相反，先是出现了故障的现象和信号，然后去寻找原因并进行处理，而产生同一故障现象的原因却是多种多样的，要找出故障所在就比较困难。但只要掌握正确的分析检查方法，就能融会贯通，运用自如，问题就会迎刃而解。通过本课程的学习和实际的工程训练相结合，读者一定要自觉地注重各种能力的培养。

第四节　综合自动化系统断路器控制回路故障分析

综合自动化系统断路器控制回路故障分析与常规控制是基本相同的，但因接线有所不同，也有一些差别，现结合图 4-10 的控制信号回路接线分析一些故障实例。

一、控制回路故障分析

1. 断路器事故跳闸后，KOU 触点粘住不返回，下次手动合闸

断路器事故跳闸后，如果保护出口继电器 KOU 动合触点粘住不返回，由于辅助触点 QF2 已经断开，并不会引起什么改变，KTP 照常动作，绿灯 HG 亮，值班人员不会觉察。

当就地或远方操作使断路器合闸时，其辅助触点随之转换，QF2 闭合，由于 KOU 触点粘住，Yoff 线圈和 KJL 线圈立即通电，使 KJL 动作和断路器立即跳闸，若 SA 在合闸位置尚未松手或 KLN 触点尚未断开，也不会引起断路器再合闸，因为 KJL 动作使 KJLV 动作，KJLV 动断触点断开，切断了合闸回路，起防跳作用。断路器跳闸后，KTP 动作，绿灯 HG 亮。

再看信号的情况，断路器合闸操作时，合后状态继电器 KKJ 动作并保持其动作状态直至下次跳闸操作，故 KKJ 动合触点闭合，而断路器合上即跳，KTP 动作其动合触点闭合，发出总事故信号。总的现象是：

(1) 断路器合上即跳，且不会产生跳跃；

(2) KKJ 和 KTP 都动作，发出总事故信号；

(3) KTP 动作，绿灯 HG 亮；

(4) KKJ 动作，显示合后信号。

2. 断路器自动合闸后，KRC 触点粘住，下次手动跳闸和再次合闸

断路器自动合闸后，自动合闸触点 KRC 虽然粘住不返回，但断路器已完成了合闸，QF1 断、QF2 通，继电器 KCP 动作，KTP 返回，红灯 HR 亮，KKJ 也动作，并没有出现什么信号。

当就地或远方操作使断路器跳闸时，Yoff 线圈通电而使断路器跳闸，QF1 通、QF2 断。这时，由于 KJL 线圈也通过跳闸电流而使 KJL 动作，从而使 KJLV 动作（因触点 KRC 粘住）并自保持，使 KJLV 动断触点断开，切断了合闸回路，使断路器不会因触点 KRC 粘住而合闸。同时，由于 KJLV 触点断开，粘死的触点 KRC 并不能短接 HG 和 KTP 回路，因此继电器 KTP 照常动作，绿灯 HG 亮。

再看信号的情况，断路器自动合闸后，因触点 KRC 粘住使 KKJ 启动线圈一直通电，但就地或远方操作使断路器跳闸时，KKJ 返回线圈也通电，这时 KKJ 的状态是不明确的，但跳闸脉冲消失后，KKJ 会动作使其动合触点闭合，会发出总事故信号。

当再次合闸操作时，由于继电器 KJLV 保持在动作状态而使其动断触点断开，断路器合不上闸，且会继续发出总事故信号。总的现象是：

(1) 断路器能跳闸；

(2) KKJ 和 KTP 都动作，发出总事故信号；

(3) 防跳继电器 KJLV 动作，切断了合闸回路，再次合闸操作时不会再合闸；

(4) KTP 动作，绿灯 HG 亮；

(5) KKJ 动作，显示合后信号。

3. 合闸操作时，由于机械原因断路器拒合

由于断路器并没有合闸，辅助触点不切换，仍然为 QF1 通、QF2 断，KON 会自保持使合闸回路继续通电，由于 KON 线圈电阻很小，使绿灯 HG 不亮和 KTP 不动作。同时，在跳闸回路中，由于 QF2 断开，红灯 HR 不亮和 KCP 不动作。这时的故障现象是：

(1) 因 KTP 和 KCP 都不动作，会发出"操作回路断线"告警信号；

(2) 红灯 HR 和绿灯 HG 都不亮；

(3) KKJ 动作，显示合后信号，但断路器并没有合上；

(4) 由于合闸回路继续通电，直流电流指示有所增大。

二、断路器拒动和跳合闸线圈烧毁事故

断路器拒动和跳合闸线圈烧毁事故，是变电站综合自动化系统在运行中较普遍的现象，影响了供电的安全可靠性，要切实加以解决。在断路器常规操作回路中，这类故障较少出现，而微机监控系统却事故频发，这主要是由于后者跳合闸回路有自保持，同时也与有些真空断路器质量差有关。

1. 原因分析

断路器辅助开关故障、操作机构故障、跳合闸线圈故障、合闸接触器故障都可能引起断路器拒绝动作或跳合闸线圈烧毁事故。由图 4-10 可见，由于辅助开关触点串在断路器跳合闸回路，当断路器完成跳合闸后，跳合闸回路随之切断，故跳合闸回路只是短时通电。跳合闸回路串有电流型的继电器 KJL 和 KON，其作用有二：一是使断路器可靠跳合闸，因为操作脉冲是短暂的，而跳合闸需要一定的时间；二是防止断路器在跳合闸过程中，继电器的触点先于断路器辅助触点断开时，由于流过跳合闸线圈的电流较大，可能烧坏继电器的触点。继电器有了自保持后，就能确保断路器辅助触点先于继电器触点断开而起到保护作用。

但是，中间继电器 KJL、KON 的自保持也带来了问题，就是存在断路器跳合闸线圈烧毁的隐患。这样的接线在设备正常时当然是没有问题的，例如当欲使断路器跳闸时，由于 KJL 线圈流过跳闸电流而自保持，直至断路器跳闸使 QF2 触点断开解除了自保持，KJL 即返回。但是，如果断路器跳闸完成后，QF2 触点粘连不断开，KJL 就不会返回，致使断路器跳闸线圈 Yoff 长期通电，而 Yoff 是按短时通电设计的。同理，跳闸命令发出后，断路器因机械原因（卡死）拒绝跳闸时，QF2 触点也不会断开，也会使 Yoff 线圈长期通电而过热烧毁。

当欲使断路器合闸时，合闸线圈通电合闸。如果断路器因辅助触点粘连或机械原因拒绝合闸时，QF1 触点就不会断开，KON 的自保持就不能解除，致使合闸线圈 Yon 长期通电，而 Yon 也是按短时通电设计的，长期通电线圈就会过热烧毁。据调查，电网运行中变电站断路器跳合闸线圈烧毁的事故是比较普遍的，应该认真加以解决。

2. 采取的对策

为了防止断路器操作中辅助触点不切换而烧毁跳合闸线圈的事故，可在发出断路器跳合闸脉冲后，经过一定延时自动断开跳合闸回路的措施。早期的综合自动化系统没有跳合闸线圈保护，需要在外部装设延时回路，这可有多种方案，读者可提出自己可行的方案。近期的综合自动化系统有些已具有延时断开跳合闸回路的功能。

第五节　二次回路故障的查找

一、对二次回路工作的要求

进行二次回路的工作时，除了必须遵守《电力（业）安全工作规程》之外，还必须注意下述几个方面：

（1）至少有两人参加工作，参加人员必须明确工作目的和工作方法。参加工作的人员与工作内容须按规定经过批准。

（2）必须按符合实际的图纸进行工作。

（3）在运行设备上进行工作时，只有在非停用保护不可用时（例如工作时有引起保护误动的可能）才允许停用保护，停用时间要尽量短，并应得到调度部门的同意。雷雨或恶劣天气不得退出保护。

（4）如要进行整组试验，应事先查明是否与运行断路器有关，如一组保护跳多台断路器时，应先切除跳其他设备的连接片后才允许进行试验。这些保护有主变压器保护、低周减载装置、备用电源自动投入装置、低电压保护等。

（5）如果要停用电源设备，如电压互感器或部分电压回路的熔断器等，必须考虑停用后的影响，以防停用后造成保护误动或拒动。

（6）切除直流回路熔断器时，应正、负极电源同时拉开，或先拉开正电源、再拉负电源；恢复时，顺序相反。其目的是防止寄生回路发生误动作引起断路器误跳。

（7）测量二次回路的电压时，必须使用高内阻电压表（如万用表等），禁止使用灯泡等代替仪表。

（8）如果在运行中的电源回路上测量电流，须事先核实电流表及其引接线是否良好，要特别注意防止电流回路开路而发生人身和设备事故。测量电流的工作应通过试验端子进行，测量仪表应该用螺丝连接，不允许用缠绕的方法，而且应站在绝缘垫上进行。

（9）工作中使用的工具大小应合适，并应使金属外露部分尽量的少，以免发生短路。

（10）应站立在安全及适当的位置进行工作，特别是登高工作更应注意。

（11）如果可停电进行工作时，应事先检查电源是否已断开，确认无电后才可工作。在某些没有切除电源的设备（如信号回路、电压回路等）处工作时，对有可能碰及的部分，应将其包扎绝缘或隔离。

（12）如果工作中需要拆动螺丝、二次线、连接片等，应先核对图纸，并做好记录或在设备上标上明显的标记（如套塑料管或夹子等），工作完后应及时恢复，并进行全面的复查。

（13）需要拆盖检查继电器内部情况时，不允许随意调整机械部分。当调整的部位会影响其特性时，应在调整后进行电器特性试验。

（14）在下列情况下应尽量进行整组试验，其项目应事先拟定：①拆动二次线工作；②对某些缺陷处理后必须用整组试验才能检验的。

（15）二次回路工作结束后，应将结果详细记录于"继电保护记录簿"上。拆除铅封的继电器也同样记上。

二、查找故障的一般步骤及方法

要做到正确、迅速地消除故障，首先要将故障现象弄清，然后再根据现象分析其故障原因，最后确定处理的步骤及方法。

运行中某设备发生故障后，应尽量保持现状，先进行外部检查。例如保护拒绝动作，尽量不要立即用控制开关 SA 去操作跳闸（除需紧急处理事故外），而应先检查断路器状态，再模拟事故进行分析、处理。否则，很可能无意中消除了故障，但却找不出发生事故的原因。

确定检查故障项目的顺序时，应先检查发生故障可能性较大的和比较容易发生故障的项目，以少走弯路、缩短检查时间。

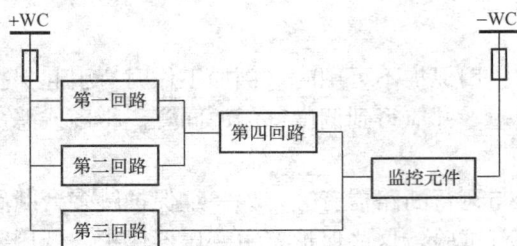

当上述方法尚不能消除故障时，则应采用"缩小范围法"进行检查，即把故障范围逐级缩小进行检查，最终找出发生故障的地点。图 6-3 所示为缩小范围法示意图。若发现第一回路动作时。被控元件不动作，此时可使第二回路工作，若被控元件动作了，则故障可能在第一回路；若被控元件仍不动作，可再

图 6-3　缩小范围法示意图

使第三回路工作，此时如被控元件动作，则故障可能在第四回路；若被控元件还不动作，则可能是被控元件本身有故障。例如，某一断路器跳闸后重合闸未动作，若断路器手动操作良好，则故障可能为重合闸部分；若都不好，则故障可能在合闸执行部分。

二次回路的故障很多是隐藏的，用眼睛观察不易发现，需要用仪表进行测量检查，下面介绍使用仪表进行故障检查的几种方法。

三、用仪表进行故障检查的方法

1. 回路不通的检查（一般现象为被控元件不动作）

（1）导通法。应使用万用表，不能用兆欧表。因为兆欧表不易发现接触不良或电阻变值。应用导通法时，必须断开操作电源。导通法检查示意图如图 6-4 所示。检查时，先将断路器合上，使辅助触点 QF1 接通，将万用表的一支试笔固定在"02"，另一支试笔触到"39"导线上，依次向"37"、"33"、"09"…移动。若发现回路不通或数值与正常值误差过大，则故障可能就在此段范围内。

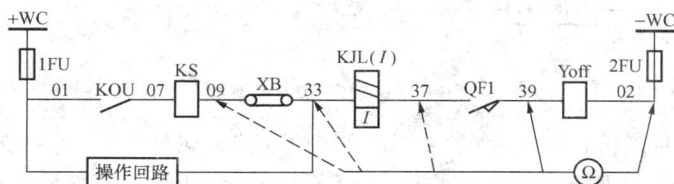

图 6-4　导通法检查示意图

如果"02"与被测点距离很远，无法将试笔固定在"02"时，则可以采用分段检查的方法，但必须防止漏测。

使用导通法时，还必须注意被测元件有否旁路；否则，会造成误判断。因此，必须将旁路拆开（但如图 6-4 中的"01"与"33"间有两条通路都有触点断开，相互并不影响，就不必拆开）。一般检查电流回路可用导通法进行。

（2）电压降法。采用此法进行检查时，应接入操作电源。电压降法示意图如图 6-5 所示。检查时，先将断路器合上，使辅助触点 QF1 接通，然后将电压表的负试笔固定在负极"02"上，用电压表的正试笔先触及"01"，此时表计指示应为操作电源的全电压，表明电源良好。随后，将正试笔移到"07"，将 KOU 触点接通，电压表应为全电压，标明"01—07"间回路良好；再将正试笔依次移到"09"、"33"、"37"等（KOU 触点要接通）处，当发现表计指示值过小或无指示时，则表明故障即在此回路。

检查中间继电器不动作的原因或其他被控元件不动作，也可以使用上述方法进行。二次

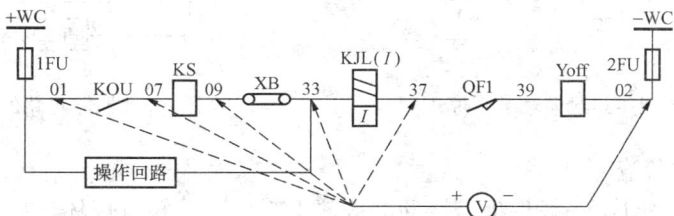

图 6-5　电压降法示意图

回路多为接触不良、断线或接线错误等故障，用电压降法检查是比较方便和有效的，因而最常用。由于是带电工作，要特别小心。

　　（3）对地电位法。此法也应将操作电源接入进行。对地电位法示意图如图 6-6 所示，先分析回路正常情况下各点的电压。在 KOU 触点断开时，"39"上的电位应该为负电位；而导线上的"07"、"09"、"33"、"37"等点，当 KOU 和 QF1 触点打开时应不带电。当 QF1 触点闭合后，导线"07"、"09"、"33"、"37"上都应带上负电。当 QF1 断开而使 KOU 触点闭合时，导线"07"、"09"、"33"、"37"上都应带上正电。如果所测结果与此相反或误差很大，则表明该部分内有故障。

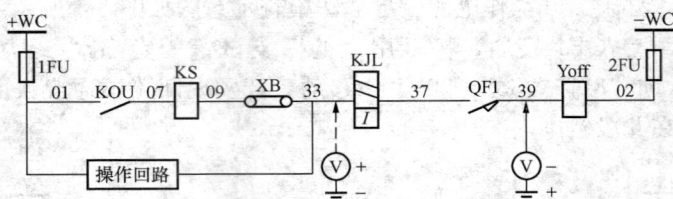

图 6-6　对地电位法示意图

　　测量各点电位时，可将电压表的一支试笔接地（接金属外壳），另一支试笔触及被测点。如果被测点为正极性，则应将电压表的正试笔触及该点，而负试笔接地。若电压表的指示数为操作电压的一半左右，则表明这点至"01"间是良好的。

　　电压表的读数所以会指示约一半的操作电压，是因为在直流系统中有绝缘监察装置的缘故。图 6-7 所示为直流回路绝缘监察装置的原理图。图中，在 R_1（1000Ω）、在 R_2（1000Ω）两电阻器的中点 O 与地间接有一个电流继电器 KA，KA 的内阻为 30kΩ。如果用一个内阻较高的电压表（2000Ω/V）测量正极或负极对 O 点的电位时，电压表的指示应为电源电压的一半。当测量正极或负极对地的电压时，电压表的指示值也应为电源电压的一半，因为 $R_1 = R_2$，而 KA 线圈的电阻远小于电压表的内阻，在 KA 上的压降很小，对电压表的读数影响不大。如果使用的电压表内阻很小，则测量数值就不准，甚至会使 KA 误动作，这就是必须使用高内阻电压表的理由之一。

　　如果直流系统没有绝缘监察装置或退出了运行，则对地电位法就不宜采用。

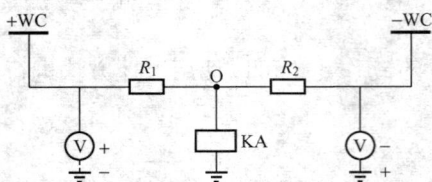

图 6-7　直流回路绝缘监察装置原理图

图 6-8　回路短路的检查示意图

2. 回路短路的检查

　　当回路发生短路时，一般现象是熔断器一放上就熔断、触点烧坏、短路点冒烟等。检查的方法，先是目观检查，看是否有冒烟和触点烧坏的现象。如果发现触点烧坏，可进一步检查该回路内的设备，如用导通法测量该回路的电阻值是否变小。如果尚未发现故障点，下一步就应该对每一回路进行检查。以图 6-8 为例，即将第一回路的正极或负极拆开，用导通法测量该回路的电阻值及第二、三回路的电压，看其是否正常，直到发现故障点为止。如果未发现故障点，则可能是不同回路间发生了短路或者正、负极间直接短路了，此时仍用导通法测量各回路的电阻值；也可以将万用表试笔直接接于正、负极上，然后把回路一个一个的恢复，如发现某一回路接入后电阻突然变小，则很可能是该回路中有故障，可根据此线索进一步检查。

通过以上的检查，若仍未发现故障点，则可能是由于万用表电压低，而短路点电阻大的原因所致。此时，可以将各个回路一个一个的投入，直到发现故障回路为止。如果操作过程中发生了短路现象，例如在操作回路合闸的过程中熔断器熔断，则故障与合闸回路有关，可以对合闸回路进行详细的检查。

3. 回路参数变值的检查

当回路参数变值时，故障现象表现为被控元件的动作力量不足，或者有过热现象等。以图 6-9 为例，若当 KOU 触点接通后，断路器未跳闸，为了检查其回路是否良好，可以用电压降法和导通法配合进行。

（1）首先使 KOU 触点接通，让回路有电流流过，测量此时 Yoff 线圈参数的电压是否正常。若电压与额定电压接近（一般偏小，但不小于 80% 额定电压）时，则表明回路良好，那可能就是操作机构卡住了；若测得的 Yoff 线圈电压很低（低于 80% 额定电压），则可能是由于 Yoff 线圈或回路中其他元件变值，或操作电源容量变小所致。

（2）解除操作电源，测量 Yoff 线圈的电阻，检查 Yoff 线圈参数是否变值（与原始资料比较）。如果 Yoff 线圈参数正常，可再测量"07"和"02"回路的电阻是否与原始资料相近。若相差过大，则可能是由于该回路中其他元件电阻变值了，可再做进一步的检查。如果还未发现问题，可投入操作电源使 KOU 触点闭合，测量"01"、"02"间的电压，此值应与电源额定电压相近；若测的数值过小，则可能是操作电源有问题，可再对电源进行检查。

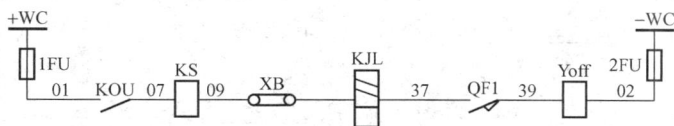

图 6-9　回路参数变值的检查示意图

习题及思考题

1. 图 6-2 的断路器合闸运行中，继电器 KCP 线圈断线，有何现象？
2. 图 6-2 的断路器跳闸后，KJL（I）线圈断了，下次合闸有什么现象？
3. 图 6-2 的断路器合闸运行中，防跳继电器 KJL4-12 触点锈蚀不通，手动跳闸有什么信号吗？下次合闸有什么现象？
4. 图 6-2 中，分析下列情况下进行合闸操作时有什么现象（灯、信号、音响）：
（1）合闸前动断辅助触点（称 QF1）通、动合辅助触点（称 QF2）断，扳动 SA 至合闸，断路器操作机构卡死拒绝合闸；

（2）合闸前 QF1 通、QF2 断，扳动 SA 至合闸，断路器成功合闸后 QF1、QF2 不切换；

（3）合闸前 QF1 通、QF2 断，扳动 SA 至合闸，断路器成功合闸后 QF2 通但 QF1 不断开；

（4）合闸前 QF1、QF2 均断开，扳动 SA 至合闸位置。

5. 图 6-2 中，断路器在合闸状态，QF1 断，QF2 通，进行跳闸操作断路器跳闸成功，但因连杆断了辅助触点不切换，有何现象？

6. 图 6-2 中，线路产生暂时性故障，保护动作跳闸后重合闸成功，有何信号？

7. 图 6-2 中，线路产生永久性故障，保护动作跳闸后重合闸不成功，有何信号？

8. 设图 6-2 为装有重合闸的线路断路器控制回路接线，在断路器合闸运行中，操作电源＋WC 接地后，又发生 QF 动合触点左端 QF-3 接地，有何现象？

9. 图 6-2 中，断路器跳闸后，发现绿灯不亮（实际上是绿灯断线），运行人员用万能表测 KTP-7 和 QF-6 端的电压时，万能表实际放在电流挡上未经核查即去测量，会发生什么情况？

10. 图 4-10 中，断路器遥控合闸后，KLN 触点粘死，指示灯情况如何？下次遥控跳闸有何现象？

11. 图 4-10 中，断路器遥控跳闸后，KLU 触点粘死，指示灯情况如何？下次遥控合闸有何现象？

12. 图 4-10 中，断路器在跳闸状态，图中下方的二极管 2VD 击穿短路，手动合闸能合上吗？如能合上有异常信号吗？合上后在运行中如保护动作跳闸有什么信号（比较 2VD 正常时有什么不同）？

13. 图 6-2 中，断路器合不上闸，用电压法测量得：

SA-5～KMC-A1：220V；SA-5～QF-4：220V；SA-5～KJL-12：220V；SA-5～KJL-4：0V；请分析故障。

14. 图 6-2 断路器合闸运行中，因与 HR 串的电阻 R 烧断了，用电压表测量电压为：

SA-16 ～ SA-13：＿＿＿＿V；SA-16 ～ KCP-9：＿＿＿＿V；SA-16 ～ KCP-11：＿＿＿＿V；

SA-16～HRd-1：＿＿＿＿V；SA-16～R 左：＿＿＿＿V；SA-16～R 右：＿＿＿＿V。

第七章 互感器及其接线

在电力系统的测量、保护和自动装置中，广泛应用着电压互感器和电流互感器，它们的作用是：

(1) 将高电压、大电流变为便于测量的低电压（额定值为 100V）和小电流（额定值为5A），使测量设备和二次设备小型化和标准化，并可采用小截面的电缆进行远距离测量。

(2) 使二次设备与高压装置在电气上隔离，保证工作人员的安全，同时还可以降低二次设备的绝缘要求，使之结构简化，成本降低。

将高电压变为低电压的称为电压互感器；将大电流变为小电流的称为电流互感器。

第一节 电压互感器

电压互感器是一种特制的仪用变压器，其工作原理和电力变压器是相同的。互感器按绝缘特点可分为干式和油浸式两种。干式电压互感器一般用于 35kV 以下的配电装置中。油浸式电压互感器又分为普通式和串级式两种。所谓普通式就是二次绕组和一次绕组完全互相耦合，和普通的变压器一样，这种结构常用于一次侧电压为 35kV 及以下的电压互感器。所谓串级式就是一次绕组分为几个单元串联而成，最后一个单元接地，二次绕组只和最后一个单元耦合，这种结构常用于一次侧电压为 110kV 及以上的电压互感器。

一、电压互感器的接线方式

根据发电厂和变电站中测量、保护等二次设备的要求，电压互感器常用的接线方式有以下几种。

1. 单相接线

如图 7-1 (a) 所示，单相电压互感器的一次侧接于电源的线电压上，二次侧一端接地，可以测量一个线电压。这种接线常用于需要同期或检查电压的线路侧。

2. 不完全三角形接线 (Vv 接线)

如图 7-1 (b) 所示，它由两只单相电压互感器组成，电压互感器二次绕组分别接在一次回路 AB、BC 相间，可以测量三个线电压 U_{ab}、U_{bc}、U_{ca}。当测量和保护只需接三个线电压时（如三相三线功率和电能测量），采用此接线最简单。但这种接线不能测量相电压，而且其输出的有效容量仅为两台电压互感器额定容量总和的 $\sqrt{3}/2$ 倍。这种接线常用于小型发电厂和变电站中。

3. 星形—星形接线 (Yyn 接线)

如图 7-1 (c) 所示，由三相三柱式的电压互感器构成，互感器的一、二次绕组都接成星形，可以用来测量三个线电压。但这种接线在负载不平衡时，将引起较大误差，而且一次侧中性点不允许接地，否则当一次侧电网有单相接地故障时，可能烧坏互感器，故互感器一次侧中性点无引出线，也就不能测量对地电压。由于存在这些缺点，这种接线方式实际中应用较少。

4. 星形—星形—开口三角接线 (YNynd 接线)

电压互感器的绕组是按相电压设计的，它的三个基本二次绕组接成星形，可以测量三个线电压和三个相电压（由于一次侧中性点接地，也即三个相对地电压）；它的三个辅助二次绕组接成开口三角形，可以测量零序电压，辅助绕组的额定电压，用于小接地电流系统时按 100/3V 设计，用于大接地电流系统为 100V。这种接线方式应用很广泛。

此种接线方式可由三只三绕组的单相电压互感器构成，如图 7-1 （d） 所示。在 35kV 及以上系统中，均采用单相电压互感器；在 10kV 及以下的系统中，也大多数采用单相电压互感器。有一些老的发电厂变电站仍有采用三相五柱式电压互感器，如图 7-1 （e） 所示。

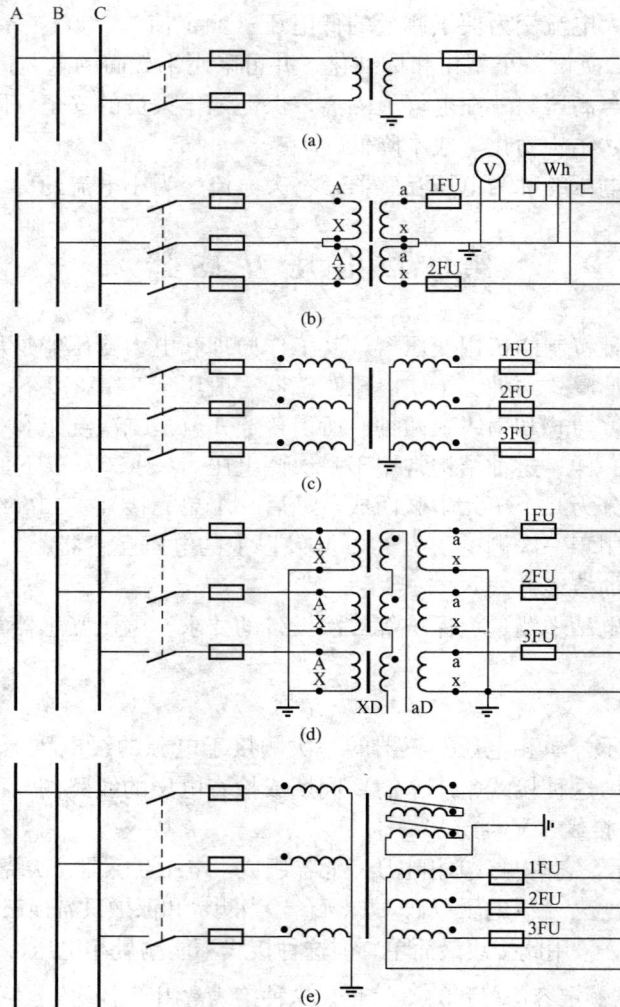

图 7-1　电压互感器的各种接线

(a) 单相接线；(b) 不完全三角形接线；(c) 星形—星形接线；

(d) 星形—星形—开口三角接线；(e) 三相五柱电压互感器接线

二、不完全三角形接线电压互感器分析

1. 不完全三角形（Vv）电压互感器正确接线

Vv 接线电压互感器正确的接线如图 7-2 （a） 所示，为了更直观可以画成图 7-2 （b） 的

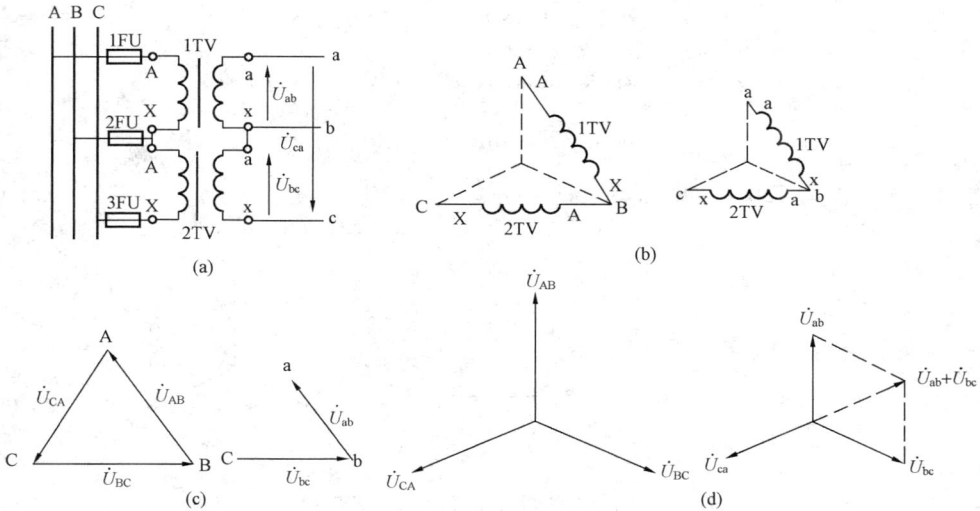

图 7-2　Vv 接线电压互感器的正确接线图和相量图

（a）接线图；（b）简化图；（c）、（d）电压互感器一、二次侧电压相量图

连接简化图，可见三角形连接缺了一边，故称不完全三角形接法。由此可以画出电压互感器一、二次侧电压相量图，如图 7-2（c）所示。为了便于分析各电压相量的关系，将电压相量用平移的方法使相量的始端画在一起，如图 7-2（d）所示。

从接线可以看出，电压 $\dot{U}_{ab}$ 和 $\dot{U}_{bc}$ 是可以从电压互感器 1TV 和 2TV 二次侧直接测量到的，但电压 $\dot{U}_{ca}$ 的大小和相位则是由 $\dot{U}_{ab}$ 和 $\dot{U}_{bc}$ 的关系得到的。从图 7-2（a）、（c）中二次侧电压相量关系可知

$$\dot{U}_{ca} = -(\dot{U}_{ab} + \dot{U}_{bc})$$

如图 7-2（d）所示。可见，三个二次侧电压是对称的，正确反映了一次侧电压的关系。

在此顺便指出，表示交流电的变化规律，可以用数学表达式、波形图和相量的方法，其中相量法是分析交流电路的重要方法。

有的物理量只有数值的大小，如时间、长度、电阻等，称为标量。有的物理量既有大小，又有方向，如力、速度、电磁场等，称为相量。显然，交流电也是相量，但由于它的大小和方向是随时间周期性变化的，因而不能用一个固定相量来表示，必须采用旋转相量。但是，如果两个或两个以上的旋转相量的频率是相同的，它们的旋转速度就相同，那么它们之间的相位关系就是固定的，因而可以画在同一张图上。

用相量表示交流电的目的在于了解多个交流电量之间的相位关系和它们之间的合成。为此要画出相量图，画相量图时应注意：

（1）在一个相量图上只能画同一频率的相量。由于频率相同，各相量的相对位置总是保持不变的，因而不再在图上标出角频率 ω 以及相量旋转方向和直角坐标轴。

（2）参考相量的位置可以任意选定。一般选初相角为零的相量为参考相量，其他相量的位置则由它们和参考相量之间的相位差来确定。

（3）用相量的长度表示交流电的有效值。例如三相交流电压为

$$u_a = \sqrt{2}U_A \sin\omega t$$

$$u_b = \sqrt{2}U_B \sin(\omega t - 120°)$$

$$u_c = \sqrt{2}U_C \sin(\omega t + 120°)$$

它们之间的相位差为120°，如图7-3（a）所示。

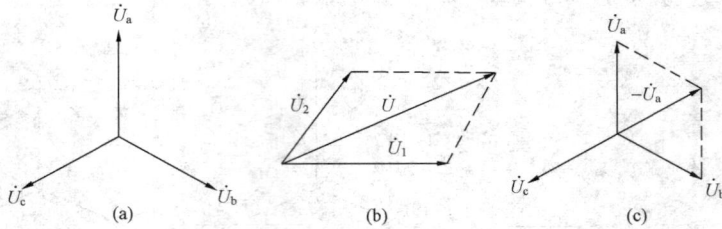

图7-3　相量表示及其加减运算

　　相量相加可以采用平行四边形法，两个相量 $\dot{U}_1$ 和 $\dot{U}_2$ 相加，把两个相量的始端（不带箭头端）放在一起，并以相量 $\dot{U}_1$ 和 $\dot{U}_2$ 为邻边作一平行四边形，则从始端引出的对角线所表示的相量 $\dot{U}$ 就是相量 $\dot{U}_1$ 和 $\dot{U}_2$ 的相量和，如图所示7-3（b）所示。例如，三相对称电压有效值相等，相位互差120°，它们的相量和求法如图所示7-3（c）所示，显然，三相电压相量和为零。相量相减时，将要减去的相量变为反方向的相量，然后利用平行四边形法相加即可。

　　2. 电压互感器 2TV 二次侧极性接反

　　两个以上有电磁联系的绕组就会存在极性问题。如图7-4（a）所示，如果电压互感器 2TV 二次侧极性接反，两个互感器二次侧同极性端 x 连起来作为 b 相引出，这是一种错误接线。这时 $\dot{U}_{bc}$ 的方向与正确接线时相反（相位差180°），在二次侧端头测得的三个电压的相量图，如图7-4（b）所示。可见三个电压之间的相位不相等，而且其中一个电压值增大了 $\sqrt{3}$ 倍。

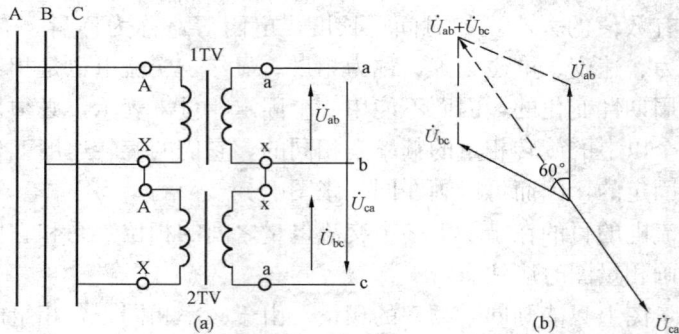

图7-4　电压互感器 2TV 二次侧极性接反的接线及相量图

　　3. 电压互感器 2TV 一次侧极性接反

电压互感器 2TV 一次侧极性接反而二次侧接线正确，这时二次侧 $\dot{U}_{bc}$ 的方向也是与正确接线时相反（相位差 $180°$），其相量图与图 7-4（b）是相同的。

Vv 接法的电压互感器还可能有多种错误接线，如 1TV 一、二次侧极性分别接反；1TV、2TV 一、二次侧极性分别同时接反；1TV 一次侧、2TV 二次侧极性同时接反等，相量分析方法与上述是相同的。

4. 电压互感器一次侧 B 相 2FU 熔断

图 7-2（a）中，如 2FU 熔断，则高压侧成为 1TV 和 2TV 一次绕组串联加上线电压 $\dot{U}_{AC}$，则每一绕组加上线电压 $\dot{U}_{AC}$ 的 $1/2$。因此，二次侧电压 $\dot{U}_{ab}$ 和 $\dot{U}_{bc}$ 的数值相等，相位相同但数值比正常运行减小了一半，电压 $\dot{U}_{ca}$ 数值不变，相位与 $\dot{U}_{ab}$（或 $\dot{U}_{bc}$）相差 $180°$。

三、星形—星形—开口三角接线电压互感器分析

1. 正确接线

正确的星形—星形—开口三角电压互感器的接线图和相量图如图 7-5（a）、（b）所示，二次侧的线电压和相电压与一次侧是同相位的。

电压互感器开口三角绕组上测得的是零序电压，即

$$\dot{U}_0 = \dot{U}_{a2} + \dot{U}_{b2} + \dot{U}_{c2}$$

如果三相电压是对称的，则 $U_0 = 0$。

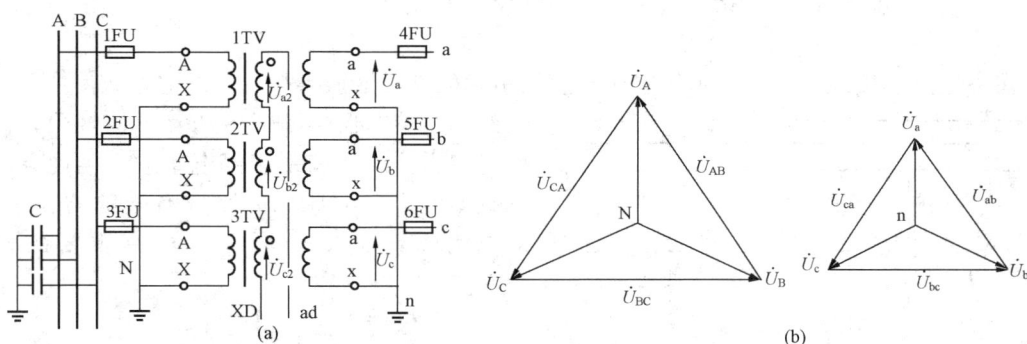

图 7-5 星形—星形—开口三角电压互感器的接线图和相量图
(a) 接线图；(b) 相量图

2. 1TV 一次侧极性接反

1TV 一次侧极性接反后，二次侧相电压相量 $\dot{U}_a$ 反方向。从图 7-6（a）的相量可见，线电压 $\dot{U}_{bc}$ 的大小和方向没有改变，但线电压 $\dot{U}_{ab}$ 和 $\dot{U}_{ca}$ 的大小和相位都改变了。从图 7-6（b）可见，线电压 $\dot{U}_{ab}$ 和 $\dot{U}_{ca}$ 的数值减小为相电压，$\dot{U}_{ab}$ 和 $\dot{U}_{ca}$ 的相位差为 $60°$。零序电压相量图如图 7-6（c）所示，可见零序电压 $\dot{U}_0$ 为开口三角一相电压的两倍，相量方向与 $\dot{U}_a$ 相同。

3. 电压互感器一次侧熔断器熔断

首先必须注意，电压互感器所接的电网三相是有对地电容的，如图 7-5（a）所示。而正常运行时，电压互感器的激励电感很大，往往比电网对地电容的容抗大得多，故电压互感器的一次侧电流比电网对地电容电流小得多。电压互感器一相高压熔断器熔断后，熔断相一次电流为零，但因网络对地电容电流相对很大，并不会使电压互感器的一次侧中性点产生明显

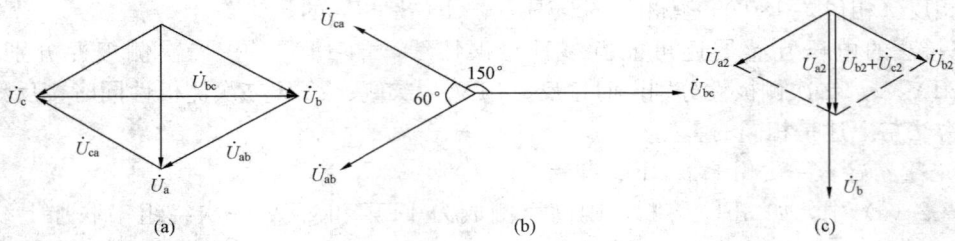

图 7-6　1TV 一次侧极性接反的相量图

的位移。故一次侧某相熔断器熔断后，非熔断两相电压的数值和相位基本不变，即等于相电压。例如，1TV 的 A 相高压熔断器 1FU 熔断，1TV 一次无电压 $\dot{U}_A = 0$，在图 7-5（b）的相量图中，A 点就落在互感器的一次侧中性点 N 上，可见 $\dot{U}_{BC}$ 不变，$\dot{U}_{AB} = -\dot{U}_B$，$\dot{U}_{CA} = \dot{U}_C$。二次侧电压也是同样的关系，在开口三角上，a 相电压为零，零序电压为 b、c 两相电压的相量和，由于二者相位差为 120°，故数值为一相电压。

其他熔断器的熔断情况读者可自行分析。

第二节　电压互感器的铁磁谐振

在中性点不接地系统中，由于电压互感器引起的铁磁谐振事故比较普遍，致使电压互感器的高压熔断器熔断或电压互感器烧毁，甚至引起避雷器爆炸和系统停电事故。因此，分析铁磁谐振产生的原因并采取有效的防止措施，对电力系统的安全可靠运行有重要的现实意义。

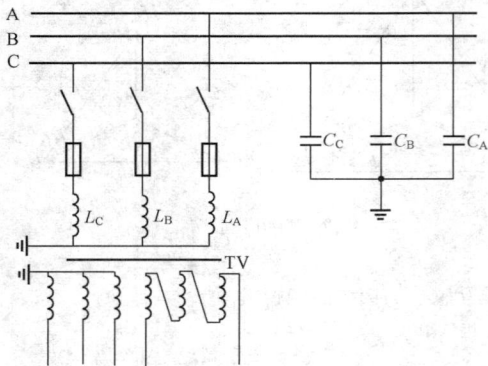

图 7-7　中性点不接地系统示意图

一、铁磁谐振的机理

图 7-7 的中性点不接地系统中，三相对地导纳为 Y_A、Y_B、Y_C，各相对地电压表示为

$$\left.\begin{array}{l} \dot{U}_{Ad} = \dot{U}_A + \dot{U}_{Nd} \\ \dot{U}_{Bd} = \dot{U}_B + \dot{U}_{Nd} \\ \dot{U}_{Cd} = \dot{U}_C + \dot{U}_{Nd} \end{array}\right\} \tag{7-1}$$

式中：$\dot{U}_A$、$\dot{U}_B$、$\dot{U}_C$ 为相电压；$\dot{U}_{Nd}$ 为中性点对地位移电压。

利用地中电流总和为零的关系，可得

$$(\dot{U}_A + \dot{U}_{Nd})Y_A + (\dot{U}_B + \dot{U}_{Nd})Y_B + (\dot{U}_C + \dot{U}_{Nd})Y_C = 0$$

中性点位移电压为

$$\dot{U}_{Nd} = -\frac{\dot{U}_A Y_A + \dot{U}_B Y_B + \dot{U}_C Y_C}{Y_A + Y_B + Y_C} \tag{7-2}$$

其中

$$
\left.
\begin{aligned}
Y_A &= \frac{1}{r_A} + j\left(\omega C_A - \frac{1}{\omega L_A}\right) \\
Y_B &= \frac{1}{r_B} + j\left(\omega C_B - \frac{1}{\omega L_B}\right) \\
Y_C &= \frac{1}{r_C} + j\left(\omega C_C - \frac{1}{\omega L_C}\right)
\end{aligned}
\right\}
\tag{7-3}
$$

式中：Y_A、Y_B、Y_C 分别为三相对地导纳；r_A、r_B、r_C 为各相对地泄漏电阻，一般可认为无穷大；C_A、C_B、C_C 为各相对地电容；L_A、L_B、L_C 为电压互感器各相电感。

电压互感器是一种铁磁元件，正常运行时，其铁心不饱和，电感很大，式（7-3）中各相导纳表现为容性且三者相差甚小，式（7-2）表示的中性点位移电压是很小的。但是，当产生某种故障或冲击扰动时，可能使一相或多相对地电压骤然升高，致使电压互感器的铁心趋于饱和，励磁电感急剧下降，使中性点位移电压明显上升。在某些情况下，当参数的配合使总导纳（$Y_A + Y_B + Y_C$）很小时，就会产生铁磁谐振，使系统中性点的位移电压大大增加。各相对地电压是其电源电压和中性点电压的相量和，这就导致一相、两相或三相对地电压显著升高，从而在电压互感器流过大大超过额定值的电流，这是互感器高压熔断器不正常熔断或烧毁以及避雷器爆炸的主要原因。铁磁谐振可以是高频、基频和分频谐振。

二、铁磁谐振产生的原因

电力系统运行中，引起铁磁谐振产生的原因大致有以下几方面。

1. 系统单相接地

中性点不接地系统的单相接地故障率比较高，当产生金属性完全接地时，接地相对地电压为零，非接地相对地电压升高为线电压，而产生间歇性单相弧光接地时，某些相的对地电压更高，可能为正常电压的好几倍，这就使电压互感器的铁心高度饱和而引发铁磁谐振，这在系统中最为常见。

2. 雷电干扰

电网遭受直击雷或感应雷击时，雷电波幅值很高，波头很陡，雷电感应到输电线上使其对地电压瞬间升高，也会使电压互感器的铁心高度饱和，同时还可能使线路绝缘闪络，产生弧光接地，以致引发铁磁谐振。电压互感器的高压熔断器往往在雷电频繁时熔断，就是这个原因。

3. 线路断线

线路发生断线时，断线相对地电容减小，会使该相对地导纳降低，导致中性点位移电压上升，在某些运行方式或某种参数的配合下，中性点位移电压可能很高，从而引发铁磁谐振。同时断线又往往引起接地故障，诱发铁磁谐振。

4. 空载母线充电

变电站因检修或其他原因停电而恢复供电时，往往是先向母线充上电压，然后再向用户送电，当母线带电空载运行时，由于母线对地电容很小，其容抗往往与接于母线上的电压互感器的励磁电感在同一数量级，因而 $Y_A + Y_B + Y_C$ 很小，使中性点位移电压大大升高产生铁磁谐振。这时电压互感器往往因饱和发出异声，三相电压表打到头或摆动。

5. 电压互感器的励磁特性差

在配电网运行中，中性点不接地系统铁磁谐振频发，与电压互感器的励磁特性差直接相关。一些厂家为了省材料降成本，减少互感器铁心截面和线圈匝数，使电压互感器在外因的诱发下很易饱和。对几个厂家的低压电压互感器在额定电压下的空载电流进行测试时，测得空载电流值分别为 $20\sim24mA$、$35\sim45mA$、$105\sim120mA$，可见饱和度差别很大。在实验室进行单相接地试验时，空载电流大的互感器会产生铁磁谐振，即使切除了接地故障铁磁谐振仍没有消除，原接地相对地电压仍很低，原非接地相产生很高的过电压，电压互感器一次侧电流激增，发出异声，而空载电流小的电压互感器在单相接地试验时并没有产生铁磁谐振。

三、铁磁谐振的防止措施

为了防止铁磁谐振，可以采取以下一些措施。

1. 电压互感器的开口三角两端接电阻 R_Δ

此电阻相当于接到电源变压器的中性点上，R_Δ 越小，抑制谐振的效果越好，如 $R_\Delta=0$，相当于电网中性点直接接地，就不可能有铁磁谐振。但 R_Δ 数值过小，在产生间歇性单相弧光接地时，会使流过电压互感器一次绕组的电流显著增大，可能损坏互感器，对 10kV 及以下的电网，可以长期并接 $50\sim200\Omega$、500W 的线绕电阻或 $200\sim500W$ 的白炽灯作为阻尼电阻，这一措施简单易行，运行中有一定效果。

2. 电压互感器一次中性点经电阻接地

这一措施能限制电压互感器一次侧电流，并能减少每相互感器的电压，相当于改善了互感器的伏安特性，一般采用 $10\sim20k\Omega$、100W 的电阻接地，10kV 以下系统用下限值，35kV 系统用上限值。注意：电压互感器中性点需按全绝缘设计才能应用。

3. 电压互感器一次侧中性点通过一台零序电压感器接地

电压互感器一次侧中性点通过一台零序电压感器接地的接线如图 7-8 所示。零序电压互感器的额定电压和三台单相主互感器（或三相五柱式电压互感器）的额定电压是相同的，原接成开口三角的三个辅助绕组接成闭口三角形，零序互感器二次侧引出零序电压。当发生金属性完全接地时，零序电压约为 100/3V，比电压互感器一次侧中性点接地时在开口三角上测得的零序电压低。一些电力部门的运行实践表明，这一措施对消除铁磁谐振有显著的效果，对 10kV 及以下的中

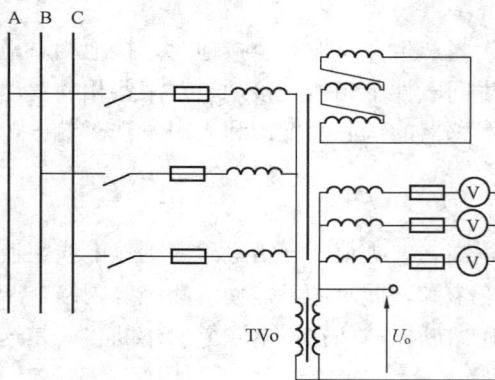

图 7-8　电压互感器一次侧中性点通过一台零序电压感器的接线

性点不接地系统可以普遍采用；对于 35kV 系统，若采用的电压互感器中性点侧是按全绝缘设计的，也可以采用这一措施。现在已有厂家生产这种包含 4 台电压互感器的三相消谐互感器，型号是 JSXN-10 和 JSXN-35，新设计的变电站可以选用。

4. 采用消谐器

消谐器的原理是发生铁磁谐振时，装置首先判别是高频、基频、分频谐振，然后用电子电路自动实现不同的消谐措施（如开口三角接入电阻或互感器中性点经电阻接地）。但在实际应用中，由于消谐原理或装置可靠性还不够完善，运行效果并不太理想，还有待在理论上和制造上加以完善。生产消谐器的厂家很多，选用时一定要注意质量。

5. 减少同一网络并接的接地电压互感器台数

高压侧中性点接地的电压互感器并联后，减少了总的对地励磁电感，中性点位移电压增加，容易引发铁磁谐振。因此，变电站母线电压互感器除作为对地绝缘监视而必须接地外，其余互感器可以不接地。例如，单母分段的接线，如果分段开关合上两段母线并列运行，有一段母线的电压互感器可以不接地。用户处的电压互感器如果不作为对地绝缘监视，也可以不接地。

6. 采用励磁特性优良的电压互感器

上述措施既增加了设备，又给运行维护工作带来麻烦，有时要综合采用才能奏效，并要通过运行实践的考验。而采用励磁特性优良的电压互感器，使其在最高线电压下铁心仍不饱和，这可以说是铁磁谐振问题的治本措施。现在电压互感器产品繁多，选购时不能只看价格，更要看特性，要选择有信誉的正规厂家的产品，数量较大时最好进行测试比较。

7. 采用电子式电压互感器

随着电力系统向智能化、大容量、超高压方向发展，对电气设备小型化、智能化、高可靠性的要求也越来越高。目前在电力系统中广泛应用的常规电磁式电流、电压互感器已难以满足电力系统的应用发展要求。电子式电流、电压互感器具有结构紧凑、体积小、抗电磁干扰、不饱和、易于数字信号传输的优点。电磁式电压互感器产生铁磁谐振的根本原因在于铁心饱和，而电子式电压互感器没有铁心，不存在磁饱和、磁干扰的问题，这就从根本上消除了铁磁谐振。随着数字化变电站的建设，电子式电压互感器将越来越多应用于电力系统，铁磁谐振问题有望彻底解决。

8. 35kV 系统中性点经消弧线圈接地

消弧线圈的电抗比电压互感器小得多，可以消除一切铁磁谐振，但投资较大。如果35kV 系统线路长、电缆多，使电容电流较大，装消弧线圈既可以防止单相接地时形成稳定电弧，又可以防止铁磁谐振。

需要指出，防止铁磁谐振的多个措施各有优缺点和局限性，要结合具体情况加以比较选择，并在运行实践中验证和完善。

第三节　小接地电流系统对地绝缘监视

一、对地绝缘监视的接线

在小接地电流系统中，要监视系统对地绝缘的状况，对地绝缘监视的接线如图 7-9（a）所示。图中 TV 是接于母线的三单相组或三相五柱式电压互感器，其一次侧接成星形，中性点直接接地。电压互感器二次侧每相都有两个绕组，额定电压为 $100/\sqrt{3}\mathrm{V}$ 的二次绕组接成星形，其数据送到综合自动化系统进行检测，在一些没有改造的老变电站则是每相接一只电压表或通过转换开关只接一只电压表，由于电压互感器的一次侧中性点接地，电压表的测值反映了系统各相对地电压值；额定电压为 $100/3\mathrm{V}$ 的二次绕组接成开口三角形，用来反应零序电压 U_0，开口三角电压是考虑电压比以后三相对地电压的相量和，即

$$\dot{U}_0 = \frac{1}{K_\mathrm{u}}(\dot{U}_{\mathrm{Ad}} + \dot{U}_{\mathrm{Bd}} + \dot{U}_{\mathrm{Cd}}) = \dot{U}_{\mathrm{a2}} + \dot{U}_{\mathrm{b2}} + \dot{U}_{\mathrm{c2}}$$

开口三角电压与中性点位移电压的关系为

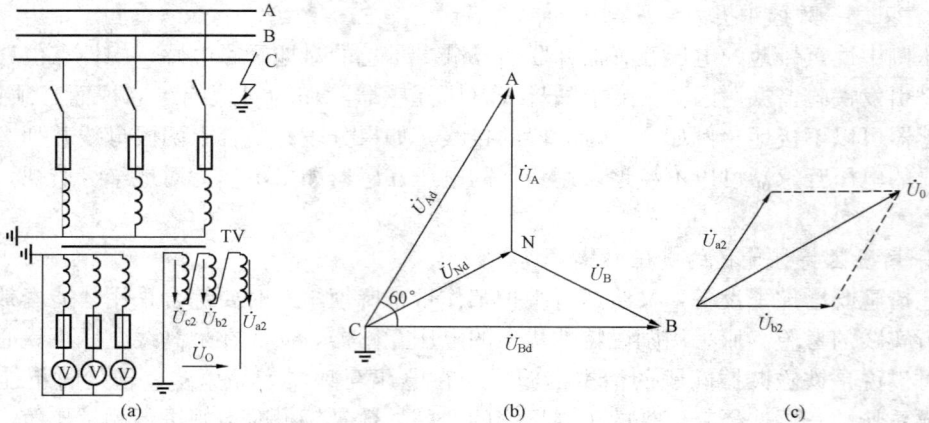

图 7-9　对地绝缘监视的接线图和相量图
(a) 接线图；(b) 一次侧电压相量图；(c) 二次侧电压相量图

$$\dot{U}_0 = \frac{1}{K_u}(\dot{U}_{Ad} + \dot{U}_{Bd} + \dot{U}_{Cd}) = \frac{1}{K_u}[(\dot{U}_{Nd} + \dot{U}_A) + (\dot{U}_{Nd} + \dot{U}_B) + (\dot{U}_{Nd} + \dot{U}_C)]$$

$$= \frac{3}{K_u}\dot{U}_{Nd}$$

所以电压互感器一次侧的零序电压是中性点位移电压的 3 倍，两者方向相同。

系统正常运行时，设电源三个相电压大小相等，相位差为 120°，且系统三相对地电容和电压互感器三相励磁电感也相等。这时，电压互感器的一次绕组加上对称的三相电压，三个电压表测得的对地电压都是相电压（约为 $100/\sqrt{3}$V），而开口三角的三个绕组的电压 U_{a2}、U_{b2}、U_{c2} 也是大小相等（约为 100/3V）、相位互差 120°，故三相电压的相量和为零，即开口三角引出电压 U_0 为零，不发接地信号。

顺便指出，电压互感器一次侧中性点必须接地，如果不接地或接地不良，则由于电压互感器三相励磁电感不等且数值很大，正常运行时互感器就可能产生较大的中性点位移电压，反映到开口三角上也有较大的电压，可能误发接地信号。当电压互感器一次侧中性点接地后，其各相励磁电感与该相对地电容并联，而电容的容抗要比电压互感器的感抗小得多，且各相容抗相差很小，正常运行时中性点位移电压是很小的。

当系统 C 相发生完全接地故障时，系统 C 相对地电压为零，B、C 相对地电压 U_{Ad}、U_{Bd} 在数值上升高 $\sqrt{3}$ 倍，二者的相位差为 60°，如图 7-9（b）所示。于是，电压互感器二次侧 c 相的电压表指示为零，a、b 相电压表指示为线电压（约为 100V），在开口三角绕组上，U_{c2} 电压为零，U_{a2}、U_{b2} 电压也相应增加 $\sqrt{3}$ 倍，相位差也为 60°，如图 7-9（c）所示，其引出电压 U_0 为（设正常运行时开口三角电压 U_{a2}、U_{b2}、U_{c2} 为 $\frac{100}{3}$V）

$$U_0 = \sqrt{3} \times \sqrt{3} \times \frac{100}{3} = 100(V)$$

这会使零序电压越限（整定值为 15～20V），发出声光信号通知值班人员。当发生不完全接地时，只要开口三角上的电压大于整定值，也会发出声光信号。

值班人员获得接地信号以后，应按下列步骤处理接地故障：

（1）判断是否是真正产生了单相接地故障；

（2）确认系统产生了单相接地故障后，判明是哪一相产生接地；

（3）检查单相接地故障不在变电站母线及相关设备后，寻找哪一条线路产生接地（选线）；

（4）若接地的线路有多段或多条分支线，寻找接地发生在哪一段或哪一分支线上，进而寻找接地点（定位）。

二、接地故障的判断

在运行中，当发出系统单相接地故障信号时，并不一定都是系统真正产生了接地，当产生所谓"虚幻"接地时，也会发出信号。因此，当运行中出现接地信号时，必须正确区别是发生了接地故障还是其他故障。如果判断错误就会进行错误的处理，从而带来不应有的损失。

（一）电压互感器高压熔断器熔断

当电压互感器的高压熔断器熔断一相或两相时（常因铁磁谐振引起），也可能发出接地信号。正常运行时，电压互感器的激励电抗很大，往往比电网对地电容的容抗大得多，故电压互感器的一次侧电流比电网对地电容电流小得多，如图 7-10（b）所示。电压互感器一相或两相高压熔断器由于某种原因熔断后，熔断相一次侧电流为零，但因网络对地电容电流相对很大，故并不会使电压互感器的一次侧中性点产生明显的位移，在开口三角上就会出现电压。例如，电压互感器的 C 相熔断器熔断，如图 7-10（a）所示（电压互感器的二次侧星形接线未画出）。这时，C 相的对地电压就不能在电压互感器的二次侧得到反映，故 C 相电压表指示为零或很小，A、B 两相电压表的指示基本不变，即等于相电压。由于 C 相二次侧电压为零，故在开口三角上反应的是 A、B 两相对地电压的相量和。如果忽略很小的中性点位移电压，开口三角上的电压 $\dot{U}_{a2}$ 和 $\dot{U}_{b2}$ 相位差为 $120°$，数值都是 $100/3V$，两者的相量和也是 $100/3V$，如图 7-10（c）所示。开口三角上的告警电压一般整定值为 $15\sim20V$，所以会发出接地信号。

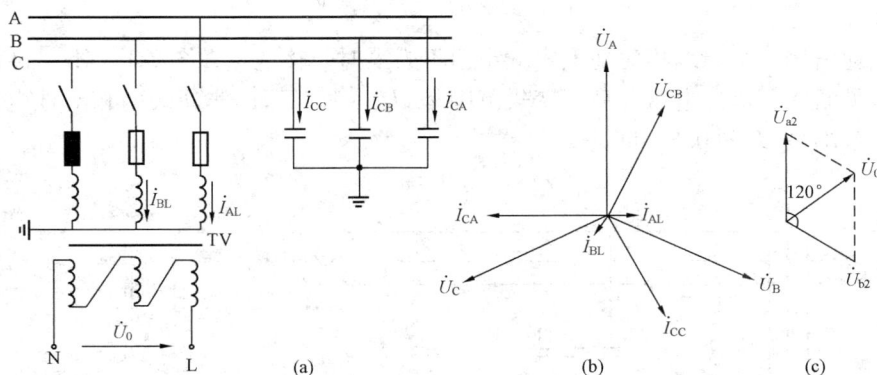

图 7-10　电压互感器的高压熔断器一相熔断的情况

（a）接线图；（b）、（c）相量图

同理，当电压互感器高压熔断器熔断两相时，熔断的两相电压表指示为零或很小，非熔断相电压表指示基本不变（相电压），因而在电压互感器的开口三角上也是测得 $100/3V$ 的电压,也会发接地信号。

电压互感器高压熔断器熔断一相或两相虽然也发接地信号,但是根据其非熔断相对地电压基本不变的特点,就可以与单相接地故障相区别。

(二)线路断线

线路断线是配电线路常见故障,断线有多种情况,如单相断线、两相断线、断线并在电源侧接地、断线并在负载侧接地、断线并两侧都接地、双电源线路断线、双回路线路断线,等等,有些线路断线故障也会发出接地信号,要与不断线的纯单相接地故障相区别。线路单相接地故障也常因断线引起,断线不但影响对用户的供电,还易烧毁电动机等用电设备;断线易产生谐振过电压,损坏电气设备,影响电网运行;断线常伴随接地,威胁人身安全。因此发生断线后,必须迅速将断线线路从电网中隔离(纯单相接地故障可运行一定时间),但10kV 和 35kV 系统属小接地电流系统,断线一般不会引起继电保护动作跳闸。为此,要认真分析和正确判断线路断线故障,以便及时处理。

1. 几种常见的断线情况分析

(1)单电源线路单相断线。设一中性点不接地系统,正常运行时设三相电压对称,则三相对地电压均为相电压,变压器中性点位移电压为零,开口三角电压也为零。当发生线路不接地的一相断线时,由于断线相断点电源侧的对地电容减小,系统中性点就会出现位移电压。假设一个极端情况,该电压级只有一条线路并在电源端 A 相断线,完全忽略电源端 A 相电容,如图 7-11(a)所示(图中 TV 二次侧星形接线未画出)。从电源侧看,由于电压互感器的激励电感比对地电容的容抗大得多,如果认为激励电感为无限大,则接地点就落在线电压 $\dot{U}_{BC}$ 的中点上。这时,A 相对地电压 $\dot{U}_{Ad}$ 的数值为 $1.5U_{ph}$(相电压),B、C 相对地电压 $\dot{U}_{Bd}$、$\dot{U}_{Cd}$ 的数值均为 $0.866U_{ph}$,但方向相反,如图 7-11(b)所示。由于 $\dot{U}_{Bd}$ 和 $\dot{U}_{Cd}$ 相互抵消,$\dot{U}_0$ 只与 $\dot{U}_{Ad}$ 有关,设正常运行时系统为额定电压,则开口三角每一绕组上的电压都为 100/3V、相位互差 120°,断线后开口三角电压为

$$U_0 = \frac{3}{2} \times \frac{100}{3} = 50(\text{V})$$

这会发出接地信号。当断线相对地电容减小但不为零时,接地点在图 7-11(b)的 N1~d 之间变动。可见断线相对地电压升高,变化范围是 $U_{ph} \sim 1.5U_{ph}$;非断线两相对地电压降低且相等,变化范围是 $U_{ph} \sim 0.866U_{ph}$。

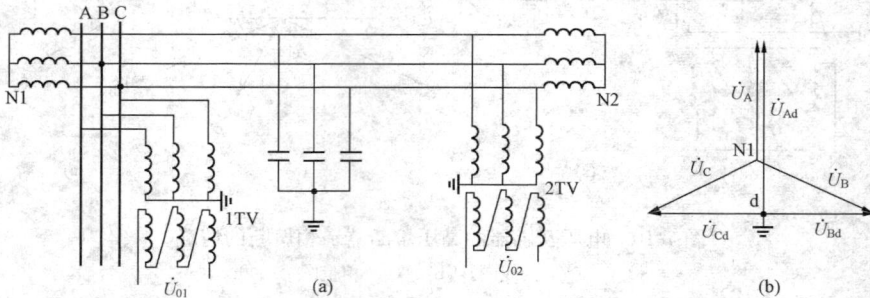

图 7-11 A 相断线不接地的情况
(a)接线图;(b)相量图

需要指出，通常变电站都有数条出线，断线线路占所在电力系统总电容的比例不大时，系统中性点位移电压变化不大，断线相对地电压有所升高，非断线两相对地电压有所降低且相等，电压互感器的开口三角电压不一定能启动报警。

（2）单电源线路断线并在电源侧接地。当线路 A 相断线并在电源侧发生完全接地时，在电源侧，A 相对地电压为零，B、C 相对地电压 $\dot{U}_{Bd}$、$\dot{U}_{Cd}$ 在数值上升高为线电压，二者的相位差为 60°，中性点 N1 的位移电压等于相电压，开口三角上的电压为 100V，与纯单相接地故障相同，故会发接地信号。

在负载侧，变压器中性点 N2 落在相量 $\dot{U}_{BC}$ 的中点上，如忽略 A 相断线负荷侧电容，A 端和 N2 端重合，如图 7-12（a）所示。这时 B、C 相对地电压与电源端一样为线电压，A 相对地电压为 1.5 倍 U_{ph}，U_0 为三个相对地电压反映到开口三角绕组电压的相量和，如图 7-12（b）所示。这时开口三角电压为

$$U_0 = (\sqrt{3} \times \sqrt{3} + 1.5) \times \frac{100}{3} = 150(V)$$

图 7-12　A 相断线并在电源侧接地时
负载侧电压相量图

因而会发接地信号，且接于开口三角上的设备有过电压的危险。

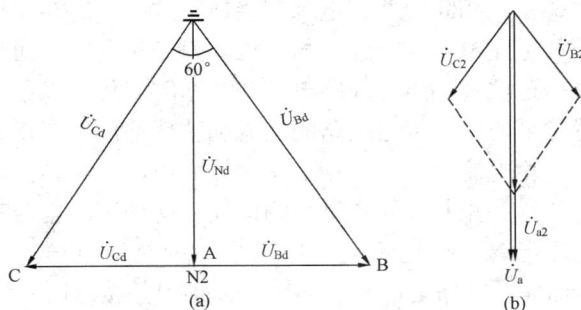

（3）单电源线路断线并在负载侧接地。如图 7-13（a）所示，设 A 相完全接地，如略去线路压降及断线相电容电流在负载变压器绕组上的微小压降，则变压器的中性点 N2 为地电位，接地点 d 在线电压 $\dot{U}_{BC}$ 的中点上，电压相量图如图 7-13（b）所示，所以 B、C 相对地电压为 $0.866U_{ph}$ 且方向相反。在电源侧，A 相对地电压为 $1.5U_{ph}$，系统中性点对地电压 U_{Nd} 为 $0.5U_{ph}$，电压互感器开口三角的零序电压为 50V，可发出接地告警信号。在负荷侧，A 相对地电压为零，电压互感器开口三角的零序电压也为零，不会发接地信号。

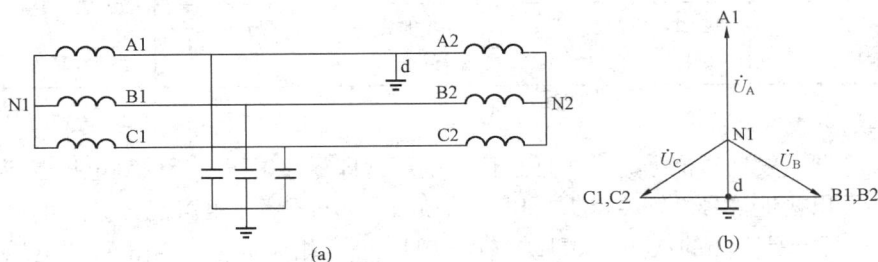

图 7-13　A 相断线并在负载侧接地的情况
(a) 接线图；(b) 相量图

其他断线情况此处不再作分析。

2. 线路断线的判断

假设电网运行于额定电压且不计及线路上的电压降，线路接地都是没有过渡电阻的完全接地，线路为主干线断线。各种断线故障的特征列于表 7-1。现分析常见的单电源线路的几

种断线情况。

（1）单相断线不接地。这种情况可能会发或不发信号，但是在变电站可以检测到断线线路的运行参数有明显的变化，断线相电流为零；非断线两相电流显著减小，线路功率也显著减小。因为负载缺相运行以后，电动机或者缺相保护动作、或者熔断器熔断、或者电机烧毁，单相负载的功率也减小一半。同时，虽然不发信号，三相对地电压也是有变化的：一相升高、两相降低且数值相等，开口三角也会出现一定数值的零序电压。调度员还可以迅速查问用户端的电压和负载运行情况，确认线路断线后立即拉闸。

（2）一相断线并在电源侧接地。这种情况会发接地信号，但在变电站检测到的各相对地电压和零序电压，与纯单相接地故障是相同的，而纯单相接地故障可以运行一定时间，这就要根据这两种故障时线路电流和功率的变化加以鉴别。纯单相接地时，供电的三相电压系统仍然是平衡的，接地线路的电流和功率都没有变化。而断线接地时，断线线路三相电流不平衡，一相电流为零，两相电流大幅减小，有功和无功功率也大幅减小。

（3）一相断线并在负载侧接地。这种情况也会发接地信号，但在变电站检测到的各相对地电压与单相接地不同，这里是一相对地电压升高约为 $1.5U_{ph}$，两相对地电压降低约为 $0.866U_{ph}$，零序电压只有 50V。而纯单相接地时是一相对地电压降低接近零、两相对地电压升高接近线电压、零序电压约为 100V。

表 7-1　　　　　　　　　　　　　各种断线故障的特征

运行情况	电源侧各相对地电压的特征	电流和功率
正常运行	三相对地电压为相电压，U_0 为零	正常值
接地不断线	接地相对地电压为零，非接地相对地电压升高为线电压，$U_0 = 100V$，发接地信号	正常值
一相断线不接地	断线相对地电压有所升高，非断线两相对地电压有所降低且相等，U_0 在 0～50V 范围变化，可能发或不发信号	断线相电流为零，非断线两相电流减小，功率减小
一相断线并在电源侧接地	断线相对地电压为零，非断线两相对地电压升高为线电压，$U_0 = 100V$，发接地信号	
一相断线并在负载侧接地	断线相对地电压为 $1.5U_{ph}$，非断线两相对地电压为 $0.866U_{ph}$，$U_0 = 50V$，发接地信号	

（三）铁磁谐振

电压互感器引发铁磁谐振时，中性点位移电压（即零序电压）反映到电压互感器的开口三角上，会发出接地信号。铁磁谐振可以是基频的（50Hz/s），也可能是分频的（一般约为 25Hz/s），还可能是高频的（如 100Hz/s 或 150Hz/s），相应地系统各相对地电压的变化有各自的特点。运行实践和试验研究表明，发生基波谐振时，一相对地电压降低，另两相对地电压升高，某相可超过线电压；发生分频谐振时，三相对地电压都升高，但升高的数值较小；发生高频谐振时，三相对地电压都升高，且升高的数值很大。根据这些情况就可以判断为产生了铁磁谐振，应采取正确的处理措施。

三、接地相的判别

当发出系统接地信号和三相对地电压指示有变化时，首先要判断是否为接地故障，确认已发生接地以后，就要正确判别是哪一相发生接地，以便有针对性地寻找接地故障点，这时要对各相对地电压进行分析。

如果一相对地电压降低为零，另两相对地电压升高为线电压，显然是发生了金属性完全接地，电压为零的一相为接地相。但是，当通过不同的过渡电阻值发生接地时，情况就比较复杂。

正常运时，三相对地导纳 Y_A、Y_B、Y_C 由式（7-3）计算。设 A 相通过接地过渡电阻 R_d 接地，如图 7-14（a）所示。如认为各相对地泄漏电阻和互感器的感抗为无限大，并且 $C_A=C_B=C_C=C_0$，则式（7-3）各相对地的导纳变为

$$\left.\begin{array}{l} Y_A = \dfrac{1}{R_d} + j\omega C_0 \\ Y_B = Y_C = j\omega C_0 \end{array}\right\} \quad (7\text{-}4)$$

图 7-14 A 相通过接地过渡电阻 R_d 接地

将式（7-4）代入式（7-2）得中性点位移电压为

$$\dot{U}_{Nd}=-\frac{1}{\dfrac{1}{R_d}+3j\omega C_0}\left(\frac{1}{R_d}+j\omega C_0\right)\dot{U}_A + j\omega C_0\dot{U}_B + j\omega C_0\dot{U}_C$$

$$=-\frac{\dot{U}_A}{1+3j\omega C_0 R_d} \quad (7\text{-}5)$$

分析式（7-5）可知，当 R_d 变化时，相量 $\dot{U}_{Nd}$ 始端的轨迹是以接地相的电压 $\dot{U}_A$ 为直径的位于其顺时针一侧的半圆，如图 7-14（b）所示。从图上可见，当没有发生接地故障时，$R_d=\infty$，中性点对地电压 $U_{Nd}=0$；当 A 相发生完全接地时，$R_d=0$，中性点对地电压为 $\dot{U}_{Nd}=-\dot{U}_A$，其数值等于相电压 U_{ph}。当 R_d 在 $0\sim\infty$ 之间变化时，U_{Nd} 的值则在 $U_{ph}\sim 0$ 范围内变动。

用接地系数表示接地的程度，即

$$K=U_{Nd}/U_{ph}$$

K 值在 $0\sim 1.0$ 之间变化，下面分析几种不同 K 值的情况。

（1）$K=0.5$。当 A 相通过某一 R_d 值接地时，$\dot{U}_{Nd}$ 相量的始端正好落在线电压 $\dot{U}_A$ 和半圆的交点 d2 点上，如图 7-14（b）所示。从图可见，$U_{Nd}=0.5U_{ph}$，各相对地电压的数值为，$U_{Cd2}=1.5U_{ph}$，$U_{Ad2}=U_{Bd2}=\dfrac{\sqrt{3}}{2}U_{ph}$。C 相对地电压升高，A、B 两相对地电压降低（相对于相电压而言）且相等，但接地相为 A 相。

（2）$K<0.5$。这时 $\dot{U}_{Nd}$ 相量的始端在 $0\sim$d2 圆弧段变化，如在 d1 点，从图 7-14（b）可见，各相对地电压的关系是 $U_{Cd1}>U_{Ad1}>U_{Bd1}$。同时，C 相对地电压升高，A、B 相对地电压降低而且 B 相对地电压最低，但接地相却是 A 相而不是 B 相。顺便指出，当接地过渡电阻 R_d 过大使开口三角上的电压小于告警电压的动作值时，就不能再发接地信号了。例如，告警电压整定动作值为 20V，当 $K<0.2$ 以后就没有信号了，但三相对地电压的变化仍可从

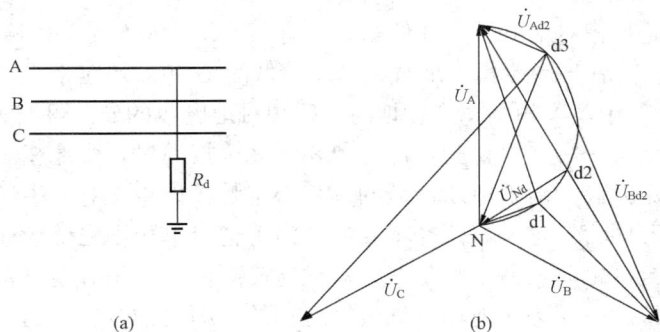

三个电压表的指示反映出来。

（3）$K>0.5$。这时 $\dot{U}_{Nd}$ 相量的始端在 d2 点至 $\dot{U}_A$ 相量末端的一段圆弧变化，如在 d3 点，从图 7-14（b）可知 $U_{Cd3}>U_{Bd3}>U_{Ad3}$。同时 C 相对地电压升高，A 相对地电压降低 B 相对地电压是升高还是降低视 K 值而定。可以证明，当 $K<0.655$ 的范围内 A 相不完全接地，B 相对地电压是降低的；只有当 $K>0.655$ 时，B 相对地电压才会升高。所以，当 $K>0.5$ 以后，接地相才是对地电压最低的 A 相。还应指出，经分析后可以证明，当在 $0.756<K<1.0$、A 相不完全接地时，C 相对地电压的升高可略大于线电压。

有一种看法认为，产生单相不完全接地时，接地相对地电压降低，非接地相的对地电压必定升高，对地电压最低的一相必定是接地相。对于中性点不接地系统全部单相不完全接地情况而言，这种看法是不妥的。由上述对单相不完全接地各种情况的分析可知，发生单相不完全接地时，并不都是一相对地电压降低，两相对地电压升高，而且并不一定都是对地电压最低的一相为接地相。确定接地相的原则是：按电压变化的正相序（即 A 相→B 相→C 相→A 相……），对地电压最高相的下一相为接地相。例如，上述分析的几种情况，不论 K 的数值如何，都是 C 相对地电压最高，所以 C 相的下相 A 相为接地相。如果总认为对地电压最低的一相为接地相，就可能导致错误的判断。

对于中性点经消弧线圈接地的系统的单相不完全接地，欠补偿情况下确定接地相的原则和上述是相同的，在过补偿情况下确定接地相的原则相反，即按电压变化的正相序，对地电压最高相的前一相为接地相。这里不再进行分析。

表 7-2 列出了单相接地故障及其他故障时，各相对地电压的特征及故障相的判别。

表 7-2   单相接地故障与其他故障时各相对地电压的特征及故障相的判别

故障类型		各相对地电压的特征	故 障 相
单相接地	单相完全接地	一相电压为零，两相电压升高为线电压	电压为零的相为接地相
	单相不完全接地	一相电压降低但不到零，两相电压升高但不相等（其中一相可略超过线电压）	电压降低相为接地相
		一相电压升高但不超过线电压，两相电压降低但不相等	中性点不接地和欠补偿网络，电压最高相的下一相为接地相，对过补偿网络，电压最高相的前一相为接地相
电压互感器高压熔断器熔断	一相高压熔断器熔断	一相电压指示降低接近于零，两相电压指示基本不变，接近相电压	电压降低的一相为熔断相
	两相高压熔断器熔断	一相电压指示基本不变，接近相电压，两相电压降低接近于零	电压降低的两相为熔断相
断线	一相断线	见表 7-1	
	断线并电源侧接地		
	断线并负载侧接地		
铁磁谐振	基波谐振	一相电压降低，两相电压升高超过线电压	
	分频谐振	三相电压均升高，过电压数值较小	
	高频谐振	三相电压均升高，过电压数值较大	

四、接地线路的查找（选线）

查找线路接地的方法有人工选线和自动选线两种。

（一）人工选线

采用人为短时拉闸停电方法寻找故障线路，拉闸按下列顺序进行：

（1）试停空载线路；

（2）试停双回线路的其中一回；

（3）试停线路长、分支多、负荷较轻和不重要的线路；

（4）试停以往接地故障较多的线路；

（5）试停重要用户线路，试停前应预先通知用户；

（6）试停网络的联络线路，但应预先考虑网络分割后对潮流、频率、电压和消弧线圈补偿度的影响。

若拉某线路时，接地信号消失，说明接地就在该线路上，若拉开某线路时接地信号仍然存在，说明该线路没有接地，应迅速恢复供电。

（二）自动选线

采用人工拉闸选线的方法时正常线路也会瞬间停电，若自动重合闸动作不成功，停电时间将延长；拉路还会对电网形成冲击，容易产生操作过电压和谐振过电压，可能引起电气设备损坏；对于无人值班变电站，需远方遥控操作，更增加了事故的危险性和设备的负担。因此单相接地故障自动选线对提高供电可靠性，提高供电部门和用户的经济效益，维护电网设备，具有重要的意义。

小电流接地故障选线的主要任务是自动选择故障线路。现有故障选线原理，按照利用信号方式不同可分为利用故障稳态信息、利用故障暂态信息、向电网注入信号三大类。下面举出利用故障稳态信息的中性点不接地系统选线方法，以便使读者对选线原理有所了解。

当电网发生单相接地故障后，电容电流的分布如图 7-15 所示。以 3WL 线路 A 相直接接地为例，接地点接地电流 I_d 等于系统电容电流的总和。如 A 相直接接地 $U_{Ad}=0$，非故障相电压 U_{Bd}、U_{Cd} 均升高 $\sqrt{3}$ 倍，即变为线电压值，中性点位移电压 $\dot{U}_0=-\dot{U}_{AN}$。每一线路的电容电流为非故障相 B、C 对地电容电流的相量和，接地故障线路的非故障相电容电流与故障相流回母线的接地电流方向是相反的。由此可以得出：

（1）零序电流的大小。非故障线路（1WL、2WL…）的零序电流就是该线路电容电流的相量和；故障线路（3WL）的 A 相流过系统电容电流的总和，包括该线路 B、C 相的对地电容电流，但在 3WL 的 B、C 相，该电容电流通过不接地的变压器绕组又流了回来，因方向相反而相互抵消。可见故障线路首端的零序电流不包括本线路的电容电流，其数值上等于系统非故障线路全部电容电流的总和。

（2）零序电流的方向。从图 7-15 可见，非故障线路（1WL、2WL…）的零序电流的方向为由母线指向线路，而故障线路（3WL）零序电流的方向为由线路指向母线，与非故障线路零序电流方向相反。

上述即为中性点不接地系统基波零序电流方向自动接地选线装置软件工作原理，其具体实现如下。

（1）零序电流幅值法。利用故障线路零序电流较非故障线路大的特点，来实现有选择地发出信号（或跳闸）。这是早期小电流接地保护装置采用的方法。这种保护一般使用在有

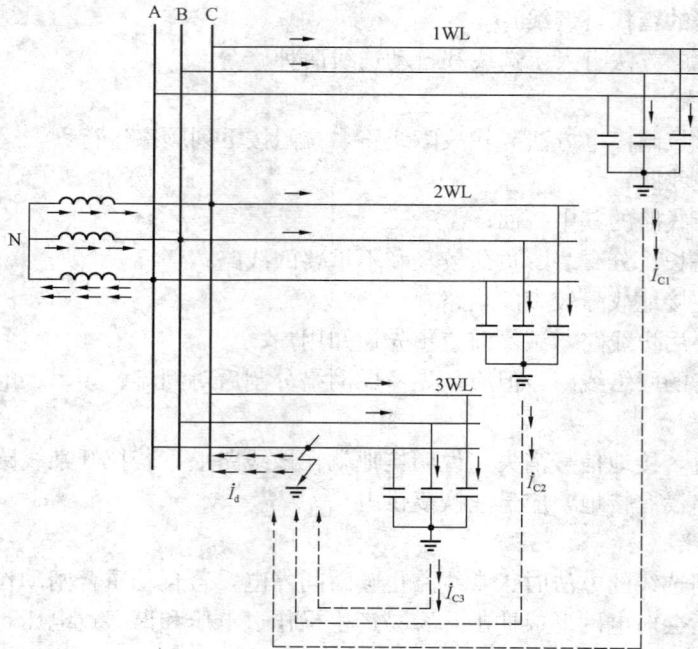

图 7-15　接地时的电容电流分布

条件安装零序电流互感器的线路上，如电缆线路或经电缆引出的架空线路。当单相接地电流较大，足以克服零序电流过滤器中不平衡电流的影响时，保护也可以使用在架空线路三个电流互感器接成的零序过滤器上。保护装置的启动电流按大于本线路的电容电流整定。这种选线方法检测灵敏度较低，除了不能排除电流互感器不平衡影响和不能检测母线接地故障外，还受系统运行方式、线路长短、过渡电阻大小等许多因素的影响，从而导致误选、多选、漏选。这种整定方式还可能导致死区，不能满足系统多变的情况。

　　（2）零序电流比相法。其原理是利用故障线路零序电流由线路流向母线，非故障线路零序电流由母线流向线路的特点，选择与其他线路电流相位相反的线路为故障线路。这种选线方法在经大电阻接地或线路较短时，零序电压、零序电流均较小，容易使相位判断困难，而受电流互感器不平衡电流、受过渡电阻大小、继电器工作死区及系统运行方式的影响，容易发生误判。

　　（3）零序电流群体比幅比相法。其原理是先进行零序电流比较，选出几个幅值较大的线路作为候选，然后在此基础上进行相位比较，如果某条线路零序电流方向与其他线路不同，则其为故障线路，如果所有零序电流同相位，则为母线故障。该方法是中性点不接地系统的常用选线方法，被大多数选线装置所采用。该方法在一定程度上解决了前两种方法存在的问题，但同样不能排除电流互感器不平衡电流及过渡电阻大小的影响。

　　尽管目前已有数十种故障选线方法提出并应用到现场，但从用户实际使用效果来看普遍都不理想，这是因为信号的故障特征不明显和不稳定故障电弧、随机因素的影响。因此，小电流接地故障可靠选线仍然是一个急需解决的问题。

　　五、接地故障定位

　　小接地电流系统接地故障选线确定了接地线路之后，下一步就是确定接地区段（或分支），进而寻找接地点，这就是接地故障定位。目前的故障定位大多还是人工定位，由工作人员沿线路巡视，通过肉眼观察发现故障点，这不仅耗费了大量的人力物力，而且对于绝缘子击穿等隐蔽故障不易发现。因此，迅速、准确的找到故障地点，提高供电系统的运行安全可靠性，已显得尤为迫切。近年来，人们对接地故障分析定位技术进行了大量研究，也取得了可喜的成果，但还处在理论研究和仿真试验阶段，故障分析定位方法由于故障信号获取困难、利用的信号本身很弱、故障判据成立的时间很短、不同监测点信号不能精确同步、故障数据不能批量传输及配电网结构复杂等因素，尚未达到实际应用推广阶段。

第四节 电 流 互 感 器

电流互感器的一次绕组串联于一次电路中，二次绕组则与二次设备的电流回路连接。由于通过电流互感器可将大电流变为小电流，所以其一次绕组匝数仅一匝或几匝，而二次绕组匝数较多。

一、电流互感器的接线方式

根据发电厂和变电站中测量仪表、继电器等二次设备的要求，电流互感器常用的接线方式有以下几种。

1. 单相接线

如图 7-16（a）所示，只能测量一相电流，用于平衡的三相电路中。

2. 星形接线

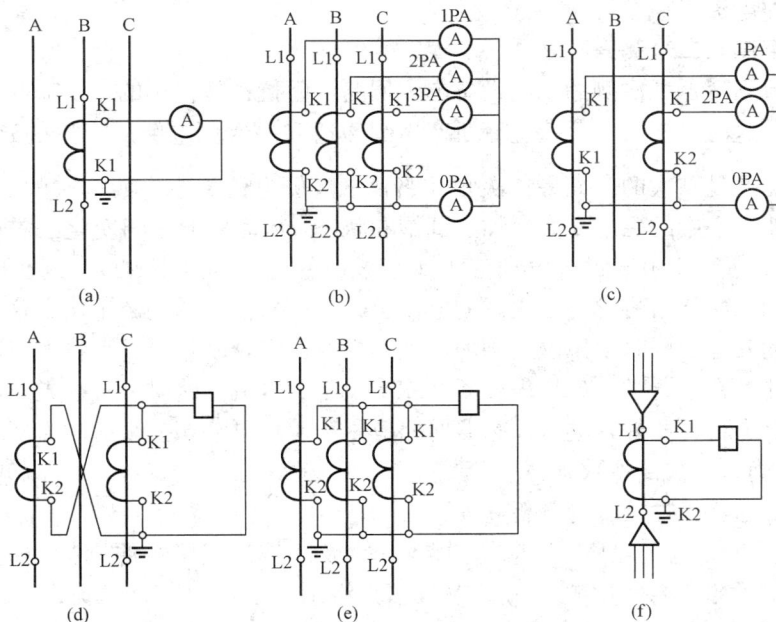

图 7-16 电流互感器的接线方式

（a）单相接线；（b）星形接线；（c）不完全星形接线；

（d）两相电流差接线；（e）零序接线；（f）零序电流互感器接线

如图 7-16（b）所示，能反应各相电流和各种类型的故障电流，广泛用于发电机、变压器和 35kV 以上电力线路的保护和测量。

3. 不完全星形接线

如图 7-16（c）所示这种接线也叫 V 形接线，二次侧公共线流过的电流，正好是未接电流互感器一相的二次侧电流 I_b，即

$$\dot{I}_1 + \dot{I}_2 = -\dot{I}_b$$

这种两相式接线的三只电流表，分别反应了三相电流，节省了一只电流互感器，所以广泛用于小接地电流系统中，供测量和保护用，但不能反应所有的接地故障。

4. 两相电流差接线

如图 7-16（d）所示，这种接线的二次侧公共线中流过的电流等于其他两相电流之差，其值是一相电流的 $\sqrt{3}$ 倍。这种接线不能反应所有的接地故障，一般只用于三相三线制不重要电路的保护中。此外，同步发电机的相复励励磁系统的电流互感器也常用这种接线方式。

5. 零序接线

如图 7-16（e）所示，由三只同型号电流互感器的同极性端子并联后引出，其二次侧公共线流过的电流等于三相电流之和，即 $\dot{I}_a + \dot{I}_b + \dot{I}_c = \dot{I}_0$，反应的是零序电流。这种接线专用于零序保护。

6. 零序电流互感器接线

如图 7-16（f）所示，这种接线一般用于电缆线路，三芯电缆穿过互感器作为一次侧，二次侧反映零序电流。

二、电流互感器二次侧开路

串联于电流互感器二次侧的二次设备电流回路，阻抗都是很小的，电流互感器的工作接近于短路状况。这时，二次侧负荷电流所产生的磁通和一次侧电流所产生的磁通相互抵消，铁心中的合成磁通是不大的。如果二次侧开路，二次侧电流为零，而一次侧电流 $\dot{I}_1$ 仍然保持不变，这就使铁心中的磁通大大增加达到饱和状态，从而使随时间变化的磁通波 ϕ 变为平顶波，如图 7-17 所示。由于感应电动势正比于磁通的变化率（$\mathrm{d}\phi/\mathrm{d}t$），故在磁通急剧变化的时段，开路的二次绕组将感应出很高的电动势 e_2，其峰值可达到数千伏，这会危及二次设备和工作人员的安全。同时由于磁通剧增，铁心损耗增大，发热严重，将损坏电流互感器绕组的绝缘。因此，在运行中，如果需要断开二次设备的电流回路时，必须先将电流互感器的二次侧短接后再进行。此外，电流互感器回路应尽量避免电流切换，如确需切换时（如电流选测回路），要确保二次侧不致开路。

三、电流互感器极性接反的分析

如图 7-18 所示，电流互感器一、二次绕组的极性是按减极性原则标注的，L1 和 K1、L2 和 K2 为同极性端。若一次侧电流 I_1 从同极性端 L1 流入，从 L2 端流出，二次侧电流 I_2 必然从同极性端 K1 流出，从 K2 端流进，电流互感器的极性本质上就是其两侧绕组的绕向。同理，若一次侧电流 I_1 从同极性端 L2 流入，二次侧电流 I_2 必然从同极性端 K2 流出。有人往往只注意电流互感器二次侧的标记，却不注意检查一次侧电流从那一个极性端流入（二次图一般不标出 L1、L2），就可能产生错误接线。下面对图 7-16 中几种接线极性接反的情况

进行分析。

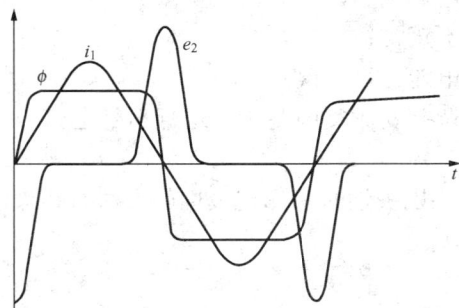

图 7-17 电流互感器二次侧开路磁通和电动势

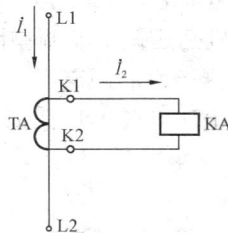

图 7-18 电流互感器的极性标注

1. 星形接线一相极性接反

图 7-16（b）中，设正常运行时电流互感器二次侧电流表 1PA、2PA、3PA 指示都是 4A，则正确接线时的中性线电流表 0PA 的电流值为

$$\dot{I}_0 = \dot{I}_a + \dot{I}_b + \dot{I}_c = 0$$

当 A 相电流互感器一或二次极性接反时，A 相电流反向，1PA、2PA、3PA 指示仍为 4A，但 0PA 的电流变为

$$\dot{I}_0 = -\dot{I}_a + \dot{I}_b + \dot{I}_c$$

从图 7-19 相量图可见，这时 0PA 指示为 8A。

2. 不完全星形接线一相极性接反

如图 7-16（c）所示，正确接线时，1PA、2PA 为 4A，0PA 反映 B 相电流也为 4A。当 A 相电流互感器一次或二次极性接反时，A 相电流反向，1PA、2PA 指示仍为 4A，但 0PA 的电流变为

$$\dot{I}_0 = -\dot{I}_a + \dot{I}_c$$

从 7-20 相量图可见，这时 0PA 指示为 $4\sqrt{3}$A。

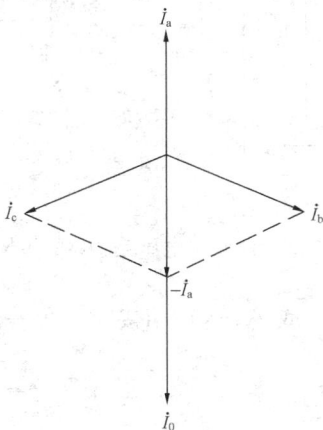

图 7-19 星形接线一相极性
接反相量图

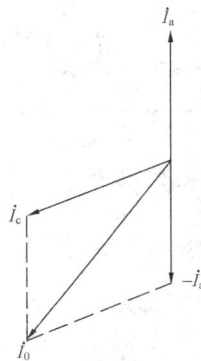

图 7-20 不完全星形接线一相
极性接反相量图

在运行中，由于电流互感器的极性错误而产生异常情况的事例屡见不鲜，例如：

(1) 继电保护装置可能误动或拒动，如发电机或变压器的纵差动保护；

(2) 有功功率、无功功率、功率因数指示不正常；

(3) 有功电能表、无功电能表读数不对，电能计量错误；

(4) 发电机励磁调节器调差回路接反，正调差变成负调差，使运行不稳定。

四、互感器极性的测定

当电流或电压互感器标记掉了或修理后要判别极性时，测定极性的方法有直流法、交流法和比较法。

1. 直流法

最简单和常用的互感器极性测定方法是直流法，其步骤如下：

(1) 先将一、二次绕组上标上＋、一号，作为假定的极性端，如图 7-21 所示。

(2) 将电池的正极接到匝数较多的绕组（电压互感器的一次侧、电流互感器的二次侧）的"＋"端，电池的负极经刀开关 QK 接至绕组的"一"端。

(3) 将一万用表的量程转换到毫安或微安挡，接到互感器另一绕组上。万用表的正表笔接绕组"＋"端，负表笔接绕组的"一"端。

(4) 刀开关 QK 合上的瞬间，如万用表指针正向偏转，说明开始假定的极性是正确的；如指针反转，说明原假定的极性错误。

2. 交流法

交流法测定电压互感器极性的接线如图 7-22 (a) 所示。将电压互感器一、二次侧的一个同名端 X 和 x（或 A、a）连接起来，一次侧加上交流低电压，测量互感器端头 A-X、a-x、A-a 的电压，并分别用 U_1、U_2 和 U_{Aa} 表示。在图 7-22 (a) 中有

$$U_{Aa} = U_1 + U_2 < U_1$$

即不相连的另一对同名端的电压小于外加电压，相量图如图 7-22 (b) 所示。

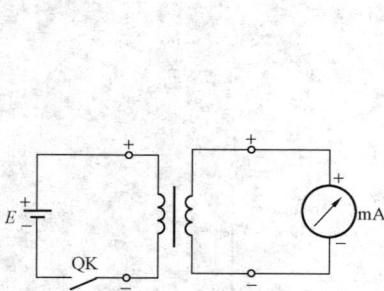

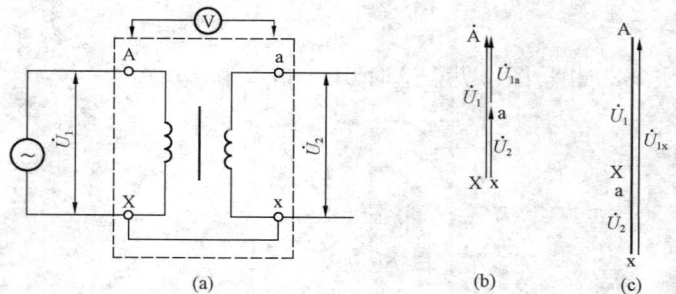

图 7-21　直流法测极性　　　　图 7-22　交流法测定电压互感器的极性

当电压互感器一、二次侧的一个是异名端 X 和 a（或 A、x）相接时，另一对异名端的电压为

$$U_{Ax} = U_1 + U_2 > U_1$$

这种情况的电压相量图如图 7-22 (c) 所示。

因此，比较所测定的三个电压，即可判别电压互感器的极性。

电流互感器极性的测定也可以使用交流法，但接线比较复杂，如操作不当还可能导致电

流互感器二次侧开路，要特别注意。

3. 比较法

比较法就是采用极性和变比已知的标准互感器与被测互感器进行比较以确定极性。图 7-23 示出了利用标准电流互感器 TA1 测定被测电流互感器 TA2 极性的接线。在一次测，TA1-L2 和 TA2-L1 相连；在二次侧，TA1-K1（TA1-K2）与 TA2-K2（TA2-K1）连成闭合回路，两根连线之

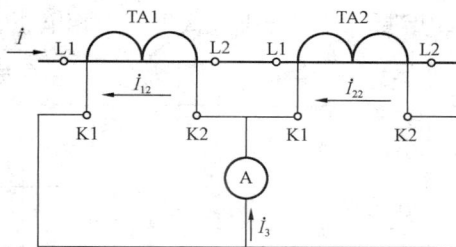

图 7-23　用标准电流互感器测定极性

间接上一只电流表。当电流互感器一次侧通以电流时，对于图 7-23 的接线，电流表中的电流为两互感器二次侧电流之差，即

$$I_3 = I_{12} - I_{22} < I_{12}$$

当电流互感器一次侧的连接不改变，而二次侧为同极性端相连时，电流表中的电流为两互感器二次侧电流之和，即

$$I_3 = I_{12} + I_{22} > I_{12}$$

对电流表读数的大小进行比较，就可以判别被测电流互感器的极性。同理，也可以用标准电压互感器判别另一台电压互感器的极性。

习 题 及 思 考 题

1. 电压互感器和电流互感器二次侧为什么必须一点接地？

2. 用于 10kV 系统的 Vv 接线和星—星—开口三角接线的单相电压互感器的电压比各是多少？

3. 电压互感器二次侧不能短路，电流互感器二次侧不能开路，为什么？

4. 图 7-2（a）和图 7-5（a）接线中，一次侧 A、B 两相熔断器同时熔断，分别说明二次侧三个线电压的数值是多少。

5. 图 7-5（a）接线中，将 1TV、2TV、3TV 的一次侧 A、X 都对调，二次侧三个相电压、三个线电压的数值和相位有什么变化？一次侧电压 $\dot{U}_{AB}$ 与二次侧电压 $\dot{U}_{ab}$ 的相位差是多少？画出相量图进行分析。

6. 图 7-5（a）接线中，将 1TV、2TV、3TV 的一次侧 A、X 和二次侧 a、x 都对调，问二次侧三个相电压、三个线电压的数值和相位有什么变化？一次侧电压 $\dot{U}_{AB}$ 与二次侧电压 $\dot{U}_{ab}$ 的相位差是多少？

7. 某变电站所有线路都拉开，当加电压于空载母线时，电压显著升高，电压互感器出现异声，出现母线接地信号，为什么？在母线上加上电容器（或先带一条线路）能否改善这种情况？

8. 系统正常运行电压为 10.5kV，在图 7-5（a）接线中，求 1TV 二次极性反和 1TV 开口三角一相极性反的情况下二次侧三个相电压、三个线电压和零序电压的数值，并填入表 7-3 中。

9. 系统正常运行电压为 10.5kV，在图 7-5（a）接线中，求 2FU 熔断、4FU 熔断、

5FU 熔断三种情况下二次侧三个相电压、三个线电压和零序电压的数值，并填入表 7-3 中。

表 7-3   电压互感器测量数据（V）

互感器接线情况	线电压			相电压			零序
	U_{ab}	U_{bc}	U_{ca}	U_{an}	U_{bn}	U_{cn}	U_0
正确接线	105	105	105	60.7	60.7	60.7	0
1TV 二次极性反							
1TV 开口三角一相极性反							
2FU 熔断							
4FU 熔断							
5FU 熔断							
1FU、5FU 熔断							
N 不接地，2FU 熔断							

10. 系统正常运行电压为 10.5kV，图 7-5（a）接线中，如电压互感器一次侧中性点不接地，2FU 熔断时分析二次侧三个相电压、三个线电压和零序电压的数值和相位有什么变化，将数据填入表 7-3 中，并与互感器一次侧中性点接地时比较。

11. 系统正常运行电压为 10.5kV，图 7-5（a）接线中，如 1FU 和 5FU 同时熔断，分析二次侧三个相电压、三个线电压和零序电压的数值和相位有什么变化，将数据填入表 7-3 中。

12. 图 7-5（a）接线中，设电压互感器接于 10kV 系统，在校验接于二次侧的保护装置时，1~3FU 已经拔下，但没有将电压互感器二次侧 4~6FU 拔下，当 a、b、c 加上 100V 三相电压时，电压互感器一次侧电压是多少？

13. 图 7-9（b）接线中，电流表 1PA、2PA、3PA 读数都是 5A，0PA 为零，如将三个电流互感器一次极性全都对调后，问电流表的指示各是多少？

14. 图 7-9（b）接线中，当线路三相短路时，电流表 1PA、2PA、3PA 读数都是 10A，如变为 A、C 两相短路，短路电流降为三相短路的 $\sqrt{3}/2$ 倍，问 4 只电流表的指示各是多少？

15. 图 7-9（c）接线中，当线路三相短路时，电流表 1PA、2PA、0PA 读数都是 10A，如变为 A、B 两相短路，短路电流降为三相短路的 $\sqrt{3}/2$ 倍，问三只电流表的指示各是多少？

16. 图 7-9（f）零序电流互感器接线中，其电流比为 30/5A，实际正常运行三相一次电流都是 100A，问电流互感器二次侧电流是多少？当线路 B 相断线时，A、C 一次侧电流降为 20A，问电流互感器二次侧电流是多少？

17. 一个套管式电流互感器，有 0、100、200、300A 几个抽头，问 0~100A 和 0~300A 那一组二次侧的匝数多？如测量仪表接于 300A 抽头，为正确测量其余抽头是短路还是空着？如空着会不会产生高电压？如在 300A 抽头时二次侧电流为 4A，短接其他抽头后，二次侧电流有变化吗？

18. 某变电站 10kV 母线充电或空载时，发接地信号（开口三角电压大于 15V 发信），停电检查母线各相对地绝缘正常，再次充电时又发接地信号，后投入线路送电，接地信号消失，试分析原因。

19. 图 7-24 接线假定是一个 10kV 系统，当带对称三相电压 10.5kV 正常运行时，说明下面各值：

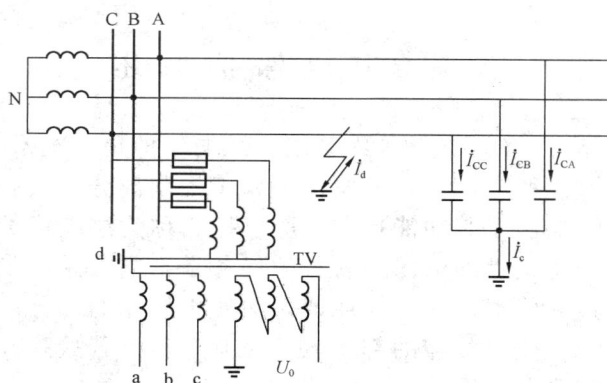

图 7-24 中性点不接地系统接线示意图

（1）如 I_{CA}、I_{CB}、I_{CC} 均为 3A，I_c、I_d 为多少？
（2）系统 A、B、C 三相对地电压分别是多少？
（3）系统中性点 N 对地电压是多少？
（4）TV 二次侧星形 a、b、c 相对地电压分别是多少？
（5）TV 二次侧开口三角电压是多少？

20. 上述系统如发生 C 相直接接地，说明下面各值：
（1）I_{CA}、I_{CB}、I_{CC}、I_c、I_d 分别为多少？（忽略电压互感器 TV 一次侧电流不计）
（2）系统 A、B、C 三相对地电压分别是多少？
（3）系统中性点 N 对地电压是多少？
（4）TV 二次侧星形 a、b、c 相对地电压分别是多少？
（5）TV 二次侧开口三角电压是多少？

21. 从三相对地电压和零序电压简述单相完全接地、电压互感器高压熔断器熔断、线路断线、铁磁谐振等故障的区别。

第八章　继电保护及其接线

第一节　继电保护概述

一般将电力系统分成一次系统和二次系统，继电保护是二次系统的主要组成部分。二次系统包含测量和控制两大部分，继电保护属于控制部分。虽然继电保护是二次系统中的自动控制系统，但由于其功能特殊，所以把它称为继电保护系统。可从任务上对继电保护装置作一个定义：继电保护装置的任务是当电力系统发生故障时，能迅速地发现故障，并且通过断路器，有选择性地切除发生故障的部分；当发生的是瞬间性故障时，还可自动地使发生过故障的部分恢复正常运行；若故障部分不需断开，则应发出信号，反映故障位置和性质。

一、对继电保护装置的基本要求

为了使继电保护装置能及时、正确地完成它所担负的任务，对其有以下四个基本要求。

1. 选择性

当电力系统某部分发生故障时，继电保护装置应只切除网络中的故障元件，称为保护装置的选择性。也就是首先切除靠近故障点的断路器，使停电范围尽量缩小，保证非故障部分的正常运行。

以图 8-1 为例，在各个断路器处都装有保护装置。当 k1 点故障时，因为短路电流经过断路器 1~6QF 流至故障点 k1，则相应的保护装置都有可能动作。但根据选择性的要求，应首先由断路器 6QF 处的保护装置动作，使断路器 6QF 跳开，切除故障线路。若此时保护装置首先使断路器 5QF 跳开，则变电站Ⅲ将全部停止供电，这种情况称为无选择性的动作，一般是不允许的。同理，k2 点短路时，应由断路器 5QF 跳开；k3 点短路时，应将断路器 1QF、2QF 跳开。

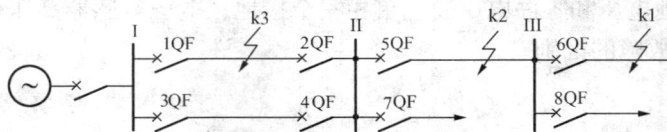

图 8-1　继电保护的选择性动作

2. 快速性

快速切除故障可以减轻短路电流对电气设备的损坏程度，加快系统电压的恢复，为电动机自启动创造有利条件，并可提高电力系统的稳定性。但切除故障的时间越短，往往使继电保护装置越复杂，可靠性将相应降低，因此对不同元件的保护应作具体的分析。

3. 灵敏性

灵敏性是指继电保护装置对故障和不正常工作状态的反应能力。在继电保护装置保护范围内发生故障，不管系统的运行方式、短路点位置和短路性质如何，保护装置都应正确动作；而在保护范围外发生故障时，保护装置又都不应动作。通常用灵敏系数来衡量继电保护装置对故障的反应能力，各种继电保护装置的最小灵敏系数都有具体的规定数值。

4. 可靠性

投入运行的继电保护装置，应随时处于准备状态，当被保护设备发生故障时，继电保护装置应能有选择性的正确动作，不应拒动；而当无故障或故障发生在保护范围外时，则不应该误动作。若不能保证工作的可靠性，保护装置本身便成为扩大事故或直接造成事故的根源。因此要求继电保护装置的设计原理、整定计算、安装调试正确无误，还要求组成继电保护装置的各元件质量好，并需加强运行维护。

继电保护装置在设计、制造和维护时需要以本节提出的性能要求为依据。可靠性的要求主要是表现在继电保护装置的配置方法、硬件要求和维护上，而选择性、快速件和灵敏性则全面地制约继电保护装置工作原理的选择、整定方法和功能结构的设计。可以认为，从原理上看，继电保护装置的设计主要就是如何优化地处理选择性、快速性和灵敏性之间的关系。任何一种继电保护装置动作选择性是必须具备的，它是对继电保护最根本的要求。选择性不可定量，或者是具备选择性，或者是不具备选择性，必居其一。快速性与灵敏性与选择性相比，可以说是第二位的要求，它们的确定应以保证动作选择性为前提，特别在以定量测量为原则的继电保护中，它们之间关系更为明显。

二、继电保护的类型

电力系统发生故障时的特点是电流增大、电压降低、电流和电压间的相位角会发生变化。因此，应用于电力系统中的各种继电保护的绝大多数都是以反应这些物理量的变化为基础，利用正常运行与发生故障时各物理量间的差别来实现的。

根据所反应的上述各种物理量的不同，构成了以下各种不同类型的继电保护：

（1）反应电流改变的，有电流速断、定时限过流、反时限过流及零序电流保护等；

（2）反应电压改变的，有低电压和过电压保护；

（3）既反应电流又反应电流与电压间相角改变的，有方向过电流保护；

（4）反应电压和电流的比值，即反应短路点到保护安装处阻抗（或距离）的，有距离保护等；

（5）反应输入电流和输出电流之差的，有差动保护。

继电保护虽有各种类型，但一般都由测量部分、逻辑部分和执行部分三个基本环节组成，其组成框图如图 8-2 所示。图中各基本部分的作用如下。

（1）测量部分，是测量反映被保护设备工作状态（正常工作状态、不正常工作状态或事故状态）的一个或几个有关的物理量，并与给定值进行比较，给出"是"、"非"、"0"、"1"性质的一组逻辑信号。

参数测量 → [测量部分] → [逻辑部分] → [执行部分] → 跳闸或信号
　　　　　　　　↑整定值

图 8-2　继电保护组成框图

（2）逻辑部分，是根据各测量元件输出量的大小或性质及其组成或出现的顺序，判断被保护设备的工作状态，以决定保护是否应该动作。

（3）执行部分，是根据逻辑部分所作出的决定，执行保护的任务（即给出信号或跳闸，或不动作）。

三、继电保护的发展

早期的继电保护装置都是由电磁型、感应型或电动型继电器组成，这些继电器都具有机械传动部件，统称为机电式继电器。由机电式继电器构成的继电保护装置被称为机电式继电保护装置，这类保护装置体积大、功耗大、动作慢、机械部分可靠性不高、调试维护较复杂，目前一些未经改造的老变电站还在使用。其后出现了晶体管式继电保护装置，其体积小、功耗小、动作快、无机械传动部分，称为电子式静态保护装置。在随后的数十年中，静态继电保护装置逐渐从晶体管式向集成电路式过渡。在 20 世纪 80 年代后，随着微处理器技术的发展，出现了第三代的静态继电保护装置——微机继电保护（简称微机保护）。微机保护具有强大的计算能力，可以实现完善复杂的保护原理；可以实现实时自检，确保工作可靠性；基于相同的硬件能实现不同的保护功能，易于实现装置的标准化；还可以实现事件记录、故障录波等功能。目前，微机保护已经在我国得到广泛应用。

随着智能电网建设的推进，智能变电站不断涌现，它将信息采集、传输、处理、输出过程全部数字化，并通过分层、分布式通信网络传输，能够使全站设备信息共享一个信息平台，这将会对继电保护产生深远影响：

（1）可以简化断路器控制回路的二次接线，将会使保护系统的体系结构发生变化；

（2）来自电流、电压互感器的采样值信息为数字信号，因此保护硬件配置可以减少模数转换设备、输入输出设备，继电保护未来将向纯计算元件方向发展；

（3）继电保护的测试方法将会发生改变，继电保护测试是一种全网络化的测试；

（4）为保护、测控、故障录波功能的一体化集成提供了基础。

第二节　输电线路的继电保护

输电线路有多种类型的继电保护，如电流电压保护、距离保护、高频保护等。这里只介绍输电线路的电流保护和距离保护。

一、输电线路的电流保护

1. 定时限过电流保护

在电力系统中，输电线路发生相间短路故障的特点是，线路中的电流突然增大、电压突然降低。由于电流突然增大而引起电流继电器动作的保护，就是线路的电流保护。

图 8-3 表示单侧电源辐射形网络供电的定时限过电流保护，每一线路的始端均有断路器

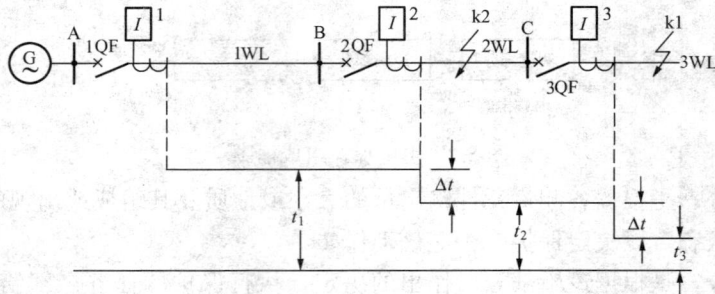

图 8-3　定时限过电流保护的配置及时限特性

和保护装置。当线路 3WL 的 k1 点发生短路故障时，短路电流 I_{k1} 将流过装设在电源至短路点之间所有的保护装置 1、2、3，且当 I_{k1} 大于保护装置 1、2、3 的整定电流时，各保护装置均将启动。但按选择性的要求，只要求距故障点 k1 最近的保护装置 3 动作，跳开断路器 3QF。3QF 跳闸后，保护装置 1、2 的过电流保护都应返回。为了获得过流保护的选择性，各保护装置的动作时限应为

$$t_1 > t_2 > t_3$$

因此可得

$$t_1 = t_2 + \Delta t, \ t_2 = t_3 + \Delta t$$

式中：Δt 称为时限级差，一般取 0.5s。

从图 8-3 的时限特性可以看出，各段保护的动作时限是从用户到电源逐级增大的，即越靠近电源，过电流保护的动作时限越长，这好比一个阶梯，故称为阶梯形时限特性。由于各段保护的动作时限都是分别固定的，而与短路电流的大小无关，所以称这种过电流保护为定时限过电流保护。

每一线路的定时限过电流保护除保护本线路外，还应起与其相邻的下一段线路的后备作用。例如，图 8-3 中的保护 2 应起保护 3 的后备保护作用，即当线路 3WL 发生故障时，由于某种原因，保护 3 不动作或断路器 3QF 拒动时，保护 2 应动作跳开断路器 2QF。同理，保护 1 应起保护 2 的后备保护作用。

定时限过电流保护一次动作电流整定值的计算式为

$$I_{act} = \frac{K_{rel}}{K_r} I_{Lmax}$$

式中：I_{act} 为保护装置一次动作电流；K_{rel} 为可靠系数，一般取 1.15～1.25；K_r 为电流继电器的返回系数，电磁式电流继电器一般取 0.85，对于微机保护取 0.9；I_{Lmax} 为正常工作时被保护线路的最大负荷电流，应根据实际情况来估算，即应考虑电动机自启动、事故过负荷、备用电源自投、环网解列、双回线按单回运行等多种情况下出现的最大负荷电流。

2. 电流速断保护

定时限过电流保护简单可靠，但为了保证其有选择性的动作，必须逐级加上一个 Δt 的延时，因而影响了近电源端保护动作的快速性。为了迅速切除故障，根据越靠近电源发生故障，其短路电流越大的特点，可采用提高电流保护的动作电流值来获得保护的选择性，这就构成了电流速断保护，它可以分为瞬时电流速断保护和延时电流速断保护。

（1）瞬时电流速断保护。瞬时电流速断保护与过电流保护的区别在于，它的动作电流值不是躲过最大负荷电流，而是按躲过被保护线路末端短路时的最大短路电流整定，从而使其保护范围限制在被保护线路的内部，从整定值上保证了选择性，因此可以瞬时跳闸。

瞬时电流速断保护一次动作电流整定值的计算式为

$$I_{act} = K_{rel} I_{SC.max}$$

式中：I_{act} 为保护装置一次动作电流；$I_{SC.max}$ 最大运行方式下，线路末端三相短路时流过保护装置的电流；K_{rel} 为可靠系数，一般取 1.2～1.3。

由此可见，瞬时电流速断保护不能保护线路的全长，只能保护线路的一部分。系统最大运行方式下三相短路，保护范围最大；在最小运行方式及两相短路时，保护范围最小，甚至出现保护范围为零的情况。实际上，在常见的运行方式下，能保护线路全长的 15%～20%，

已经认为是较理想的了。线路不能被保护的区域称为死区。所以瞬时电流速断保护的任务是在线路始端短路时能快速地切除故障。

有一些小型变电站的变压器高压侧不装断路器，高压侧为线路—变压器组的接线方式，这时，线路的瞬时电流速断保护与变压器的电流速断保护相配合，其整定值为

$$I_{act} = K_{rel} I_{act.B}$$

式中：$I_{act.B}$ 为变压器的电流速断保护整定值；K_{rel} 为可靠系数，一般取 1.1。

由于变压器阻抗较大，又是集中阻抗，线路的瞬时电流速断保护就有可能保护线路的全长，还可能将保护范围伸入到变压器绕组内。

(2) 延时电流速断保护。瞬时电流速断保护的最大优点是动作迅速，但只能保护线路首端；而定时限过电流保护虽能保护线路全长，但动作时限太长。因此，常用延时电流速断保护来消除瞬时电流速断保护的死区，要求延时电流速断能保护线路的全长。所以它的保护范围必然会伸到下一段线路的始端去，这样，当下一段线路首端发生短路时，保护也会启动。为了保证选择性的要求，需使它的动作时限比下一段线路瞬时电断保护大一个时限级差 Δt，其动作电流也要比下一段线路瞬时电流速断保护的动作电流大一些。

延时电流速断保护一次动作电流整定值的计算式为

$$I_{act1} = K_{rel} I_{act2}$$

式中：I_{act1} 为本段线路延时电流速断保护装置一次动作电流；I_{act2} 为下一段线路瞬时电流速断保护装置一次动作电流；K_{rel} 为可靠系数，一般取 1.1～1.2。

3. 三段式过电流保护装置

瞬时电流速断保护只能保护线路的一部分，延时电流速断保护虽能保护线路全长，但不能保护下一段线路的全长，所以必须装设定时限过电流保护，以作为本段或下段线路的后备保护，这就构成了三段式过电流保护装置。其常应用于单侧电源的供电线路上，各保护的功能如下。

(1) 在线路的始端，瞬时电流速断保护作为主保护，延时电流速断保护和定时限过电流

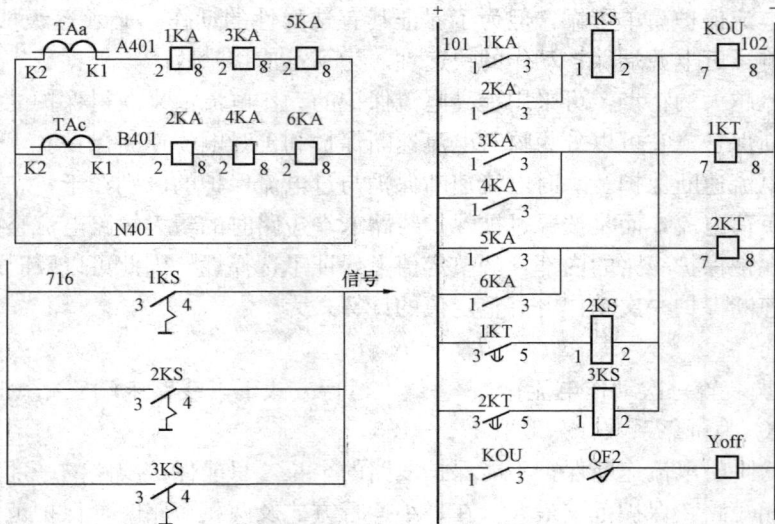

图 8-4　常规三段式过电流保护装置展开图

保护作为后备保护。

（2）在线路的末端，延时电流速断保护作为主保护，定时限过电流保护作后备保护——近后备。

（3）当下段线路短路，下段线路的保护或断路器拒绝动作时，上段线路的定时限过流保护动作跳闸——远后备。

为了使动作过程更清晰，图 8-4 示出了常规三段式过电流保护装置展开图。图中 1KA、2KA、1KS 构成Ⅰ段保护，3KA、4KA、1KT、2KS 构成Ⅱ段保护，5KA、6KA、2KT、3KS 构成Ⅲ段保护，KOU 为保护出口中间继电器。任一段保护动作时，都有相应的信号继电器掉牌，可以知道是那一段保护动作。从保护的动作情况和其他征象可以判断短路故障发生的大致范围。

最后需要指出，输电线路并不一定都要装三段式过电流保护装置，有时只装Ⅰ、Ⅲ段或Ⅱ、Ⅲ段就能满足要求。

定时限过电流保护的动作过程可以表述如下：

线路短路→TA 电流增大→5、6KA 动作→5、6KA 接点闭合→2KT 动作→2KT 接点延时闭合→3KS、KOU 动作→跳 QF，发事故信号

4. 低电压闭锁的电流保护

电流速断保护采取低电压闭锁可以提高保护的灵敏度和扩大保护范围，对于常规保护增加了接线的复杂性，但对于微机线路保护来说，低电压闭锁是不需要增加任何硬件的，完全采用软件来实现，所以微机线路保护一般都设置低电压闭锁。

5. 方向电流保护

双侧电源网络接线及保护方向性要求如图 8-5 所示，如果此时各侧保护只设置三段式电流保护，则过电流保护的时限特性就陷入矛盾中。例如在 k1 发生短路，按选择性的要求，应使

$$t_6 > t_5 > t_4 > t_3 > t_2$$

在 k2 发生短路时，则要求

$$t_2 > t_3 > t_4 > t_5$$

可见，在双侧电源网络中过电流保护不能满足选择性的要求。

为实现保护的选择性，在各侧过电流保护基础上均装设方向性元件，并使线路上短路功率为母线流向线路时方向元件动作，反之不动作，在电磁型常规保护中，方向元件为功率方向继电器，在微机保护中，则由软件来实现。如图 8-5 所示，在 k1 点短路时，保护 1、2、4、6 其方向元件感受到的短路功率方向为母线流向线路而动作，但保护 3、5 的方向元件感受到的短路功率方向为线路流向母线则不动作。

图 8-5 双侧电源供电网络

为实现保护的配合，只要求

$$t_6 > t_4 > t_2$$

同理，当 k2 点短路时，保护 6、5、3、1 能动作，2、4 不动作。为实现保护的配合，只要求

$$t_1 > t_3 > t_5$$

可见上述网络各保护均装设方向元件后，就可以把它们看成两个独立的单侧电源网络的保护，保护 1、3、5 或 2、4、6 分别按阶梯形时限特性来整定动作时限即可。

二、中性点直接接地系统中的接地保护

上述的电流保护和方向电流保护的原理，是利用了正常运行与短路状态下在相电流幅值、功率方向方面的差异。除此以外，正常运行的电力系统是三相对称的，其零序、负序电流和负序电压理论上为零，而多数的短路故障是三相不对称的，其零序、负序电流和电压会很大。利用故障的不对称性也可以找到正常与故障间的差异，并且这种差异是零与很大值的比较，差异更为明显。利用三相对称性的变化特征，可以构成反应序分量原理的各种保护。

当中性点直接接地系统（大接地电流系统）中发生接地短路时，将出现很大的零序电压和电流，利用零序电压、电流来构成接地短路的保护具有显著的优点，被广泛应用在 110kV 及以上电压等级的电网中。

零序电流保护的零序电压由电压互感器的开口三角引出，零序电流的取得有两种方法：以电缆为出线时采用零序电流互感器；以架空线为出线时采用三相电流互感器接成零序电流滤过器的形式，如图 7-16（e）、（f）所示。

零序电流保护的构成和相间电流保护相似，也采用阶梯时限特性，一般也分为三段。

（1）零序电流Ⅰ段（速断）保护。在发生单相或两相接地短路时，也可以求出零序电流随线路长度 L 变化的关系曲线，然后相似于相间短路电流保护的原则进行保护的整定计算。零序电流速断保护的整定原则如下：

1）躲开下级线路出口处单相或两相接地短路时可能出现的最大零序电流，引入可靠系数 K_{rel}，一般取 1.2～1.3，即

$$I_{act} = K_{rel} 3 I_{0.max}$$

2）躲开断路器三相触头不同期合闸时出现的最大零序电流。如果保护装置的动作时间大于断路器三相不同期合闸的时间，则可以不考虑这一条件。

（2）零序电流Ⅱ段保护。零序Ⅱ段保护的工作原理与相间短路限时电流速断保护一样，其启动电流首先考虑与下级线路的零序电流速断保护范围相配合，并带有高出一个 Δt 的时限，以保证动作的选择性。

（3）零序电流Ⅲ段保护。零序Ⅲ段保护的作用相当于相间短路的过电流保护，在一般情况下是作为后备保护使用的，但在中性点直接接地系统中的终端线路上，它也可以作为主保护使用。

在中性点直接接地的高压电网中，由于零序电流保护简单、经济、可靠，作为辅助保护和后备保护获得广泛应用。

三、距离保护

1. 距离保护的提出

电力系统电流保护是最早发展的一种保护，其原理简单，反映的电流量是电力系统基本电量。电流保护基本保护方式是电流速断保护，它是依靠电流整定值取得动作选择性的，由于电流保护是依靠电流的定量测量而取得动作选择性的，而被保护线路上电流测量总会出现测量误差，从原理上不能精确地判断保护线路末端故障情况，所以不能保护线路全长。

为了线路全长都能得到保护，电流保护需要引入其他判据，那就是引入保护动作的延

时，于是就出现电流保护Ⅱ段及Ⅲ段。电流保护的三段式结构是以定量作为故障位置测量保护装置的典型方式，但是以线路电流作为测量性能却很不理想，主要表现在它是以线路短路电流作为反应短路故障位置的量，是一个电气量，与负荷电流一样，受系统运行方式影响很大，所以它的保护性能不稳定，主要表现在以下几个方面：

第一，电流速断保护的保护区受系统运行方式影响大，在最大运行方式时不误动的条件下，系统最小运行方式时，实际保护区可能很小，甚至为零。

第二，电流保护Ⅲ段，虽然系统发生短路时不是依靠短路电流大小，而是依靠动作时限配合来判断短路位置，但要避开最大负荷电流，因此，受系统运行方式变化的影响，当系统属于最小运行方式时，过电流保护灵敏度很小，甚至为零。

所以要提高线路保护性能，必须采用新的保护原理，用新的量反映线路故障的位置。

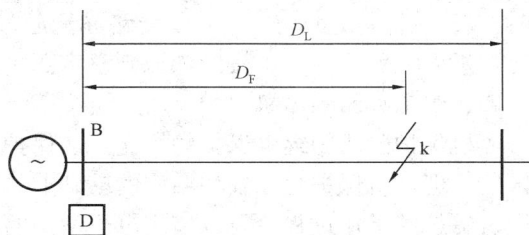

距离保护是从根本上解决电力系统运行方式对继电保护中故障点定位与判别影响的一种方法。如图 8-6 所示，设一条线路全长为 D_L，D_F（短路距离）为故障点至线路首端母线之间的距离，则线路距离继电器的动作条件为

图 8-6 距离保护工作原理图

$$D_F \leqslant D_L$$

或

$$D_F \leqslant D_{act}, \quad D_{act} = K_{rel} D_L$$

式中：K_{rel} 为可靠系数，应小于 1；D_{act} 为整定值。

由上式可以看出，从实现保护原理上看，距离保护与电流保护并无不同之处，但距离保护中用来判断故障位置的量是非电气量距离，而不是受电力系统运行方式影响很大的电流量，因而它的保护区不受电力系统运行方式的影响。式中可靠系数虽不能取为 1，但只需计及距离测量误差，可取较高的值。但是，距离保护仍是一种依靠定量测量判断故障位置的保护，从原理上讲，它仍不能有选择性地判断被保护线路全线故障。因此，与电流保护一样，必经引入附加判据才能构成完整的保护，这个附加判据仍与电流保护一样是动作延时。

2. 距离保护装置工作原理

距离保护与电流保护装置一样，也由三段式构成。

（1）距离Ⅰ段。为瞬时段，与电流速断保护一样，它不带动作延时，依靠阻抗测量取得动作选择性。不同的是，其整定阻抗 Z_{actI} 按保护线路全长的阻抗 Z_L 决定，即

$$Z_{actI} = K_{rel} Z_L$$

式中：K_{rel} 取 0.85～0.9。

所以，距离保护Ⅰ段可以保护全线的 85%～90%。与此相比，电流速断保护整定值避开线路末端短路时最大短路电流整定，实际情况下保护区很短，在系统最小运行方式时，保护区甚至为零。距离保护Ⅰ段保护区较长且较稳定，这是其最大的优点。

（2）距离Ⅱ段。其工作原理同延时电流速断保护。虽然距离保护Ⅰ段能保护被保护线路的大部分（85%）且保护范围稳定，但仍有 15% 范围不被保护，所以距离保护装置仍必须配备后保护段。距离保护Ⅱ段与下一段线路距离保护Ⅰ段配合时，应带有动作时限 Δt，距离保护Ⅱ段实际能对被保护线路距离保护Ⅰ段不能保护的部分起保护作用，自然会带有动

作延时，对被保护线路而言，配备了距离保护Ⅰ段和Ⅱ段后，对全线已能起可靠的保护作用，但是，在一般的线路距离保护装置中仍配备距离保护Ⅲ段。

（3）距离保护Ⅲ段。距离保护Ⅲ段是距离保护中最灵敏的距离测量单元，除了能对下一段线路起远后备保护功能外，也可以启动距离保护装置逻辑程序，实现闭锁、瞬时固定等功能。距离保护Ⅲ段，相当于电流保护中定时限过电流保护，它对短路位置的选择性是由阶段延时取得的。对同一串线路而言，距离保护Ⅲ段与电流保护动作快速性是相同的，但是同电流保护Ⅲ段过电流保护相比，距离保护Ⅲ段保护区较稳定，作为被保护线路近后备，内部故障时有较高的灵敏度，对下一段线路亦能起较好的远后备保护作用。距离保护Ⅲ段动作时限，与过电流保护一样，按阶梯原则整定。

四、输电线路的微机保护

微机保护已成为继电保护的主流。从保护原理和外部接线来说，常规保护和微机保护并无区别，但微机保护是在硬件结构的基础上，其保护原理是用软件实现的。为了简明直观了解微机保护的工作过程，可以借用电子学中的门电路来表示微机保护程序的逻辑关系，这也可以看作是微机保护的"原理接线"，当然这不是真正的电子逻辑电路，由原理逻辑框图可以方便地改为程序流程框图。下面举出两个原理逻辑框图的实例。

1. 三段式方向电流保护程序逻辑原理

与常规保护相同，微机电流保护也是设计成三段式的。Ⅰ段是瞬时电流速断保护，Ⅱ段是限时电流速断保护，Ⅲ段是过电流保护，三段均可选择带方向线路保护或不带方向的保护。为了提高过电流保护的灵敏度及整套保护动作的可靠性，线路电流保护均经低电压闭锁。这样做看起来较复杂，但对于微机线路保护设置低电压闭锁是不需要增加任何硬件，完全采用软件来实现。

由于Ⅰ、Ⅱ、Ⅲ段电流保护的逻辑程序十分相似，这里只以Ⅱ段电流保护的逻辑程序为例。低电压闭锁方向限时电流速断保护Ⅱ段逻辑框图见图8-7。图中用与门、或门、与非门来表示程序的逻辑关系，这几种门电路的特性见表8-1。

表 8-1　　　　　　　　　　　　**几种门电路的特性**

特　性	与　门			或　门			与非门			
逻辑符号										
真值表	a	b	$F=c*b$	a	b	$F=c+b$	p	a	b	F
	0	0	0	0	0	0	0, 1	0	0	0
	0	1	0	0	1	1	0, 1	0	1	0
	1	0	0	1	0	1	0, 1	1	0	0
	1	1	1	1	1	1	0, 1	1	1	1
							1	1	1	0
工作原则	当全部输入变量为1时才有输出，只要有一个输入变量为0，就无输出			只有一个输入变量为1时，就有输出，当全部输入变量为0时，才无输出			只有禁止端为0而全部输入变量为1时才有输出，禁止端为1时无输出			

在微机保护中有两种定值：一种是开关型定值，一种是数值型定值。开关型定值常用定值字符表示，如图8-7中，所有回路投入（ON）表示1态，退出（OFF）表示0态。数值

型定值中，图 8-7 中左侧文字表示的状态为 1 态，即

（1）电流 I_a、I_b、I_c＞I_{act} 分别表示 A、B、C 相电流超过整定值时，对应输入表示为 1 态；反之 A、B、C 相电流小于整定值时，对应输入表示为 0 态。

（2）当 U_{ab}、U_{bc}、U_{ca}＞U_{act} 分别表示相间电压超过整定值时，对应输入表示为 1 态；反之相间电压小于整定值时，对应输入表示为 0 态。

（3）电压互感器 TV 断线时对应输入表示为 1 态，TV 不断线时对应输入表示为 0 态。

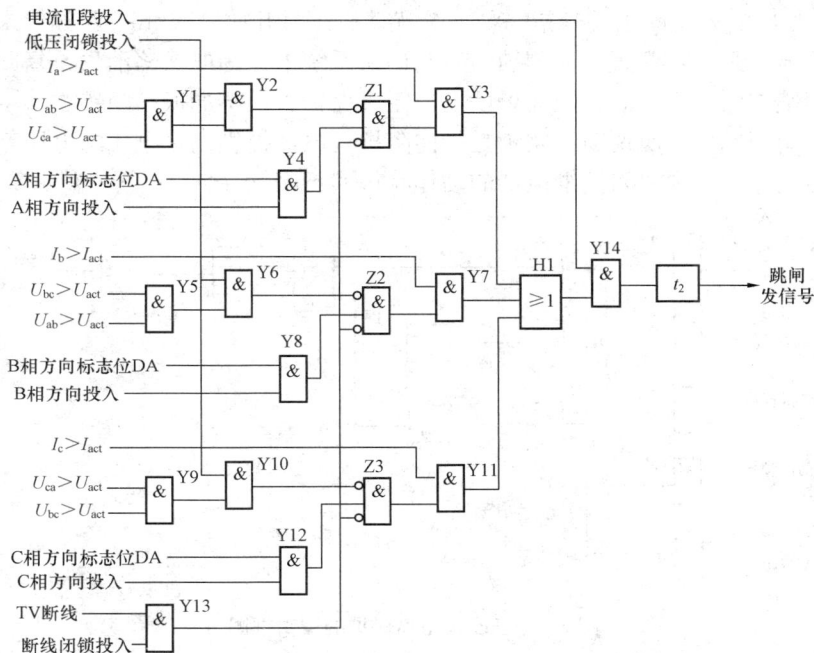

图 8-7　低电压闭锁方向电流速断保护Ⅱ段逻辑框图

下面介绍几种运行情况。

（1）正常运行。以 A 相为例说明，所有回路都投入，开关型定值均为 1 态。U_{ab}、U_{ca}＞U_{act}，与门 Y1 输出为 1 态，与门 Y2 输出也为 1 态，使与非门 Z1 上面的禁止端输入为 1 态，Z1 被闭锁而输出 0 态，使与门 Y3、或门 H1、与门 Y14 均为 0 态，保护Ⅱ段不动作。

（2）产生相间短路。这时，U_{ab}＜U_{act} 或 U_{ca}＜U_{act}，与门 Y1 输出为 0 态，从而与门 Y2 输出也为 0 态，使与非门 Z1 上面的禁止端输入为 0 态，如果这时 TV 没有断线，与门 Y13 输出也为 0 态，使与非门 Z1 下面的禁止端输入也为 0 态，从而使与非门 Z1 闭锁解除，如 DA＝1 正方向元件动作，这时只要满足 I_a＞I_{act} 条件，或门 H1 和与门 Y14 都输出 1 态，限时速断时延启动并经整定时限 t_2 延时，保护动作发出跳闸命令和动作信号。

（3）TV 断线。这时可能有 U_{ab}＜U_{act} 或 U_{ca}＜U_{act}，与门 Y1 输出为 0 态，从而与门 Y2 输出也为 0 态，使与非门 Z1 上面的禁止端输入为 0 态，但由于 TV 断线，与门 Y13 输出为 1 态，使与非门 Z1 被闭锁而输出 0 态，保护不会动作。

2. 三段式距离保护程序逻辑原理

距离保护由下面的元件构成。

（1）启动元件。启动元件的主要作用是在发生故障的瞬间启动整套保护，并且和距离元

件动作后组成与门，启动出口回路动作于跳闸，以提高距离保护装置的可靠性。

（2）距离元件。距离元件的主要作用是测量短路点到保护安装地点之间的阻抗（即距离），Ⅰ、Ⅱ段一般采用方向阻抗继电器，Ⅲ段采用相位特性较强阻抗继电器。

（3）时间元件。时间元件的作用是按照故障点到保护安装地点的远近，根据预定的时限特性确定动作的时限，以保证距离保护动作的选择性。

（4）振荡闭锁元件。振荡闭锁是距离保护装置中一个重要部分，它有很多不同的构成方式。图 8-8 中画出的方框图主要是指一种系统扰动后短时开放（160ms），如果未发现Ⅰ、Ⅱ段区内短路故障，则保护装置进入闭锁，直到确认系统未振荡或振荡消失再复归的振荡闭锁方式。振荡闭锁作用于Ⅰ、Ⅱ快速保护段上，距离保护Ⅲ段不加振荡闭锁。

（5）断线闭锁元件。所谓断线闭锁是指向阻抗继电器提供测量电压的电压互感器回路出现断线失压的故障时，要对阻抗继电器的动作状态实行闭锁。

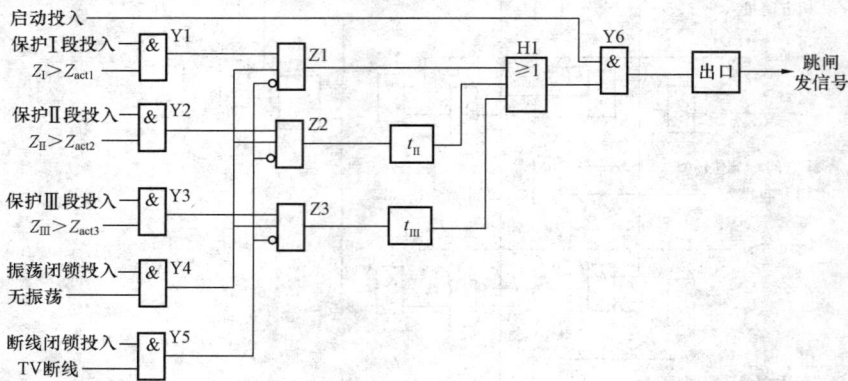

图 8-8　三段式距离保护的逻辑框图

三段式距离保护的原理逻辑框图如图 8-8 所示。现以Ⅱ段保护为例说明动作过程。运行中 TV 没有断线，与门 Y5 输出 0 态，断线闭锁解除；如检测没有振荡，与门 Y4 输出 1 态。若这时产生短路并且 $Z_{II} < Z_{act2}$，且Ⅱ段保护投入，则与门 Y2 输出 1 态，从而使与非门 Z2 输出 1 态，经 t_{II} 延时后或门 H1 输出 1 态，由于启动了保护，与门 Y6 输出 1 态，经出口跳闸并发信号。

第三节　电力变压器的继电保护

变压器是发电厂变电站的重要电气设备，在运行中可能发生各种故障及不正常运行情况，影响系统的运行和供电的可靠性。因此，必须对电力变压器装设专用的保护装置。

电力变压器多为油浸式，其高、低压绕组均在油箱内，故在变压器内部发生相间短路的可能性较小。其常见的内部故障是匝间短路，常见的外部故障是绝缘套管闪络或击穿，这种故障可能引起出线端相间短路或一相碰接外壳。此外，变压器还可能出现外壳损坏而漏油及过负荷等不正常的工作状况。为此，变压器通常需装设下列继电保护装置。

（1）瓦斯保护。瓦斯保护作为变压器内部故障和油面降低的主保护。重瓦斯保护动作于跳闸，轻瓦斯保护作用于信号。

（2）差动保护。变压器采用纵联差动保护作为变压器的内部绕组、绝缘套管及引出线相间短路的主保护。对于变压器微机保护，装设比率制动差动保护和差动速断保护。

（3）过电流保护（或低电压闭锁过流、复合电压闭锁过流）。其作为变压器外部短路及瓦斯和差动保护的后备保护。

（4）零序电流保护。当变压器中性点直接接地时，装设零序电流保护，以提高发生单相接地时保护的灵敏度。

（5）过负荷保护。变压器过负荷时，过负荷保护延时动作发出信号。

一、瓦斯保护

当变压器内部发生故障时，短路电流所产生的电弧将使变压器油和绝缘物分解，并产生大量气体，利用这种气体来动作的保护装置，称为瓦斯保护。瓦斯保护灵敏、快速、接线简单。运行实践证明，变压器油箱内的故障大部分是由瓦斯保护动作切除的。瓦斯保护和差动保护共同构成变压器的主保护。瓦斯保护的主要元件是气体继电器，它装于变压器油箱与油枕之间的连接管道上。

瓦斯保护不能反映变压器油箱外套管和连接线上的故障，因此还要装设纵差动保护或电流速断保护。

二、变压器的差动保护

1. 差动保护的工作原理

首先，用线路的差动保护来说明纵差动保护的一般工作原理，然后再说明变压器差动保护的一些特殊问题。

图 8-9 示出了按环流法构成的线路纵差动保护单相原理接线图。在线路两侧装有型式相同、变比相同的电流互感器，且同极性端相连接。如图 8-9（a）所示，电流继电器接在差流回路内。当正常运行或外部短路的，流经线路两侧的电流相等，即 $I_{I.1} = I_{II.1}$。于是，两个电流互感器的二次侧电流大小相等，方向相同，即 $I_{I.2} = I_{II.2}$。此时流过继电器的电流为

$$I_{act} = I_{I.2} - I_{II.2} = 0$$

因而继电器不会动作。

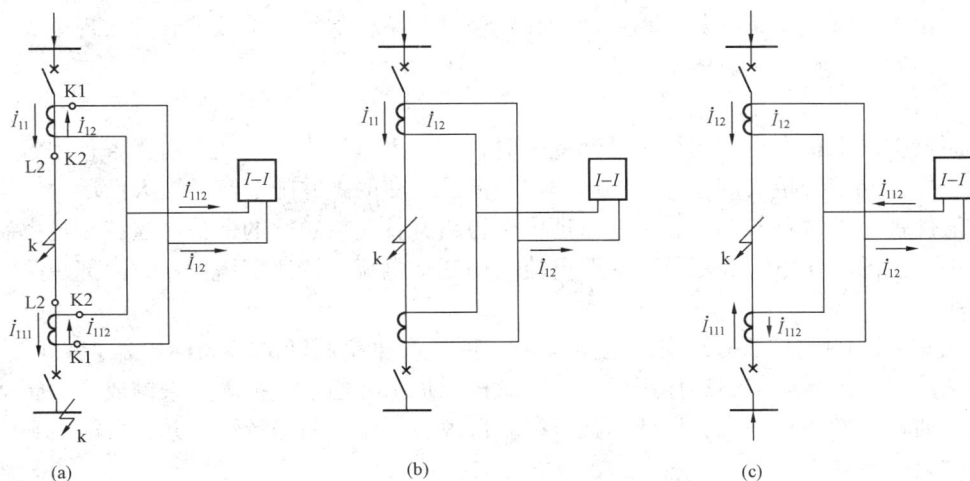

图 8-9 线路差动保护单相原理接线图
（a）正常运行或外部短路；（b）单侧电源内部短路；（c）双侧电源内部短路

当单侧电源线路内部发生短路时，如图 8-9（b）所示，线路的电源侧电流互感器流过短路电流，而线路的负荷侧电流互感器无电流流过，故两组电流互感器二次侧电流大小不相等。由于 $I_{II.2} = 0$，流过继电器中的电流为 $I_{act} = I_{I.2}$，当此电流大于继电器的动作电流时，继电器即动作。

当双侧电源线路内部发生短路时，如图 8-9（c）所示，两侧短路电流的方向都是由电源流向短路点，两组电流互感器二次侧电流在差流回路中方向相同，流过继电器中的电流为两电流之和（即 $I_{act} = I_{I.2} + I_{II.2}$），使继电器动作，将故障元件自两侧同时切除。

由此可见，纵差动保护的保护范围是两侧电流互感器所包括的范围。在保护范围外部故障时，保护装置不动作，因此，不需要与相邻元件保护相配合，故可构成瞬时动作的保护。差动保护广泛用来保护发电机和变压器，当用于保护输电线路时，需要很长的二次辅助导线，因而很少采用。

变压器差动保护的原理与线路差动保护是相同的。但存在两侧电流互感器型式和变比不同，各侧绕组接线方式不同，有励磁涌流、分接头位置改变等特殊问题，要采用相位补偿、躲过励磁涌流等措施。

2. 相位补偿

常规变压器的差动保护，由于双绕组变压器（Yd11）各侧一次接线方式不同，造成两侧电流相位差 30°，从而在变压器差动保护的差流回路中产生较大的不平衡电流。为此要求两侧 TA 二次侧采用电流相位补偿法接线，即在变压器星形接线侧的电流互感器接成三角形，变压器三角接线侧的电流互感器接成星形。而在微机保护中，由于软件计算的灵活性，允许变压器各侧 TA 都按星形接线。在进行差动计算时由软件对变压器星形侧电流进行相位补偿。

3. 电流平衡调整

由于变压器各侧额定电流不等及各侧差动 TA 变比不等，还必须对各侧计算电流值进行平衡调整，才能消除不平衡电流对变压器差动保护的影响。在采用电磁型保护时，是通过整定差动继电器平衡绕组的匝数。在微机保护中，只需根据变压器一次侧额定电流、差动 TA 变比，求出电流平衡调整系数，将系数当作定值送入微机保护，由保护软件实现电流自动平衡调整，消除不平衡电流影响。

4. 比率制动式差动保护

变压器差动保护在正常运行和外部故障时，理论上差流为零，然而由于各种因素（如两侧 TA 型号不同，分接头调整等）的影响，差流是存在的，并随电流的增大而增大。因而要采用既能保证外部短路不误动，又能保证内部短路有较高灵敏度的保护，这就是比率制动式差动保护。它的动作电流是随外部短路电流（即制动电流）按比率增大，而内部短路时制动作用很小。

电磁式 BCH-1（DCD-1）型继电器就是一种具有比率制动的差动继电器，它可以通过改变制动绕组匝数来调节制动作用的大小。微机保护不必通过模拟电路来构成比率制动量特性，只需通过正确的程序算法设计，就可以获得理想的比率制动特性，并有可能做到内部轻微故障时灵敏地动作。

5. 躲过励磁涌流

从理论分析和实践都证实了，当变压器空负荷合闸和外部故障切除后电压恢复时，都会出现数值很大的励磁涌流。这种变压器的励磁涌流仅流经变压器的电源侧，因此反应到差动保护的差电流中是不可能被平衡的，从而形成了较大的不平衡电流，使变压器纵差保护误动作，常规保护的 BCH-2（DCD-2）型电磁式差动继电器装设带有短路线圈的速饱和变流器，就是为了躲过励磁涌流。在变压器微机保护中，要防止这种误动作，首先必须正确鉴别出变压器的励磁涌流。在变压器励磁涌流中含有大量的二次谐波分量，因此可以利用差电流二次谐波所占的比率作为制动系数。当二次谐波分量大于设定值时，闭锁变压器纵差保护，从而防止变压器空负荷合闸时保护的误动。

6．差动速断保护

在变压器微机保护中，一般还配置有差动速断保护。因为在变压器严重内部故障瞬间，短路电流很大的情况下，TA 严重饱和使交流暂态传变严重恶化，TA 的二次侧基波电流很小，高次谐波分量增大，这时比率制动原理的差动保护无法反应区内短路故障，从而影响了比率差动保护的快速动作，所以变压器比率制动原理的差动保护还应配有差动速断保护，作为辅助保护以加快保护在内部严重故障时的动作速度。差动速断保护是差动电流过电流瞬时速动保护，差动速断的整定值按躲过最大不平衡电流和励磁涌流来整定。由于微机保护的动作速度快，励磁涌流开始衰减很快，因此微机保护的差动速断整定值就应较电磁式保护取值大，整定值可取正常运行时负荷电流的 5～6 倍。

三、变压器常规保护接线总图

图 8-10、图 8-11 示出了 35kV 双绕组变压器保护接线总图。变压器装设以下保护装置：

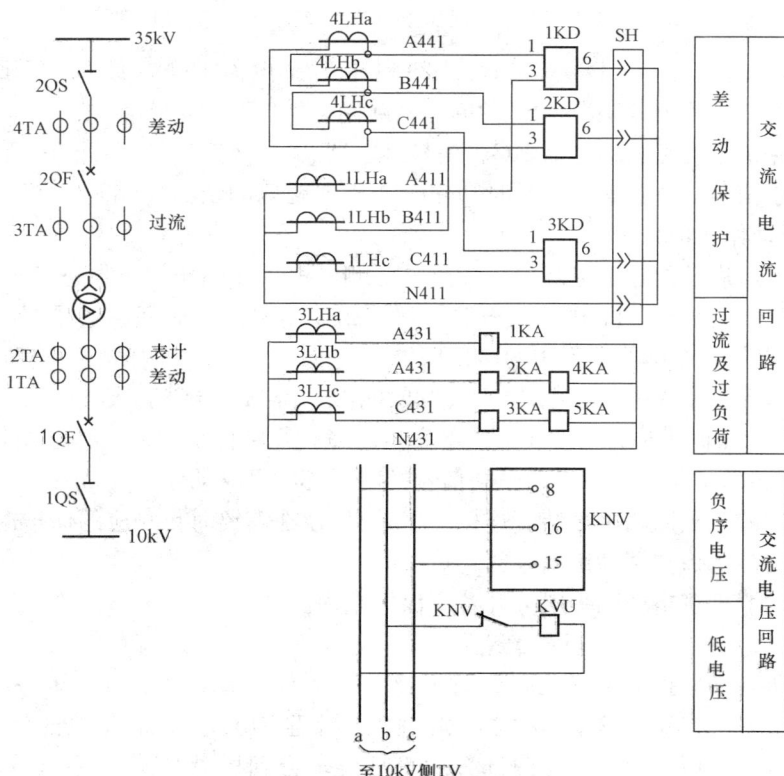

图 8-10　变压器常规保护接线总图（一）——交流回路

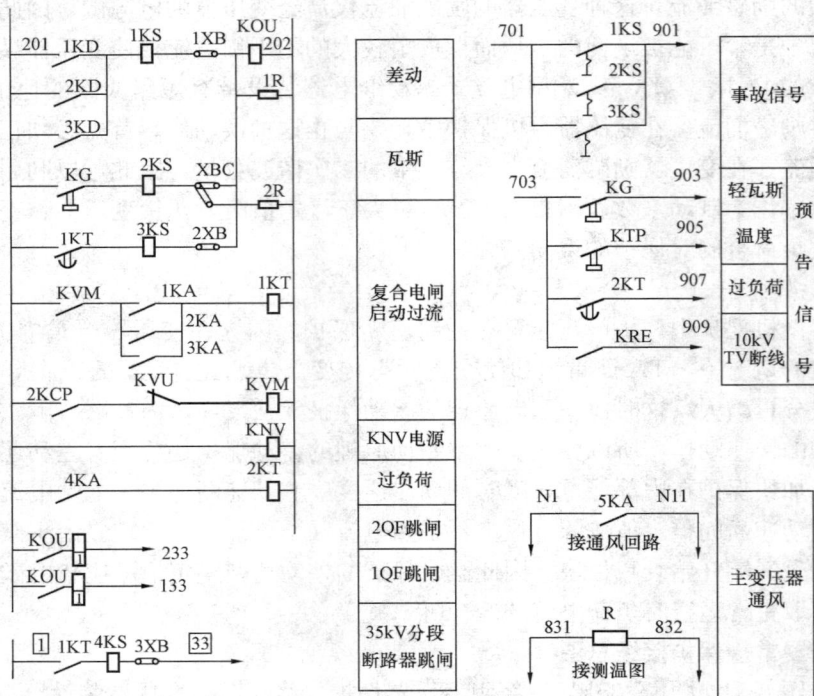

图 8-11　变压器常规保护接线总图（二）——直流回路

（1）纵差动保护：由 DCD-2（或 BCH-2）型差动继电器 1KD、2KD、3KD 和信号继电器 1KS 组成，瞬时动作于变压器两侧的断路器跳闸。

（2）瓦斯保护：由瓦斯继电器 KG、信号继电器 2KS、切换片 XBC 和电阻 2R 组成。轻瓦斯保护动作于信号；重瓦斯保护瞬时动作于变压器两侧的断路器跳闸，也可由 XBC 切换到电阻 2R，只动作于信号。

（3）复合电压启动的过电流保护：装于电源侧，由负序电压继电器 KVN，低电压继电器 KVU，中间继电器 KVM，电流继电器 1KA、2KA、3KA，时间继电器 1KT 和信号继电器 3KS 组成。它作为变压器主保护的后备保护，经延时后作用于两侧的断路器跳闸。

（4）过负荷保护：由电流继电器 4KA 和时间继电器 2KT 组成。经延时后作用于故障信号。附加电阻 1R 的作用是，当变压器内部发生故障，几种保护同时动作于出口中间继电器 KOU 时，保证各保护装置中相应的串联信号继电器都能可靠动作。

在各个保护的跳闸回路中都装有连接片 XB，以便在需要时将相应的保护退出工作。

四、变压器微机保护原理逻辑框图

微机保护的原理逻辑框图一般分开各个保护来画。

1. 变压器微机差动保护逻辑框图

变压器微机差动保护的逻辑框图如图 8-12 所示，保护分为两部分：第一部分是差动速断保护，逻辑上它应与比率差动相独立，由一个逻辑通道出口跳闸；第二部分是二次谐波制动的比率差动保护的逻辑通道。这两部分逻辑都要求分别按 A、B、C 三相实现保护功能。为了防止 A 断线引起保护误动，这两部分都应经 TA 断线闭锁。

通常比率差动元件由多个比率差动判据构成，然后与励磁涌流闭锁判据组成与逻辑形成比率差动保护。如图 8-12 中，SBZD 表示谐波制动分量小于设定值时，输出"1"开放保护；BLCD 表示比率差动元件动作时，输出"1"；SD 表示差动速断元件，有一相速断元件动作时输出"1"；SW1～SW4 为保护投退软开关；TA 二次回路断线时输出"1"，闭锁保护动作。

在图 8-12 中，三个相别的比率差动元件之间构成与或门逻辑关系，即任意两相比率差动元件先构成与逻辑，再组成或逻辑。这是因为变压器各侧电流经 Yd 变换软件相位补偿后，变压器内部任何一相发生故障都会引起两相比率差动元件动作。因此，只有在两相比率差动元件动作时才允许比率差动出口跳闸，这也增加了保护的可靠性。

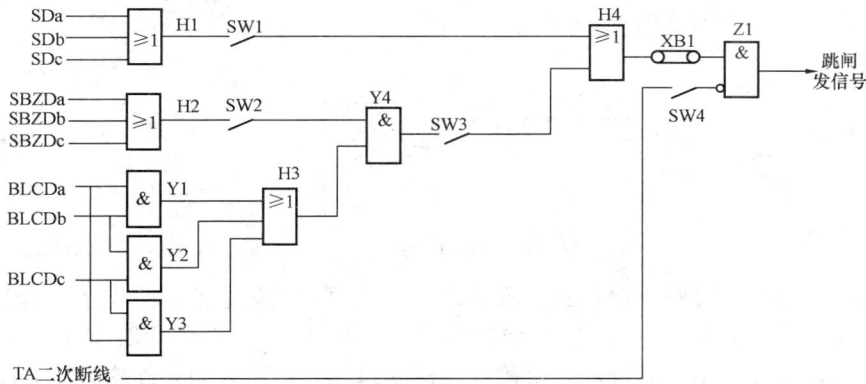

图 8-12 变压器微机差动保护逻辑框图

下面介绍比率差动保护动作过程。运行中，软开关 SWI～SW4 投入，变压器内部故障，比率差动元件 BLCDa、b、c 必有两相输出"1"态，使与门 Y1、Y2、Y3 至少有一个输出"1"态，或门 H3 亦输出"1"态，当谐波制动分量 SBZDa、b、c 至少有一相小于设定值时，或门 H2 输出"1"态，使与门 Y4、H4 输出"1"态，这时若 TA 二次回路没有断线而输出"0"态，闭锁解除而使与非门 Z1 输出"1"态，将断路器跳闸并发信号。

2. 变压器复合电压闭锁的方向过电流保护逻辑框图

为反应变压外部故障而引起的变压器绕组过电流，以及变压器内部故障时作为差动保护和瓦斯保护的后备，变压器必须装设相间短路的、反应外部接地及中性点过电压的保护装置，作为相邻元件以及变压器内部故障的后备保护。根据变压器容量和系统短路电流水平的不同，作为相间短路的后备保护，实现保护的方法有过电流保护、低电压启动的过电流保护、复合电压闭锁的方向过电流保护及负序过电流保护等。微机保护中常采用复合电压闭锁的方向过流保护作为变压器相间短路的后备。

复合电压闭锁元件是利用正序低电压和负序过电压反应系统故障，防止保护误动作的对称电压测量元件。因在变压器后发生不对称短路时，电压启动元件的灵敏度与变压器的接线方式无关，所以复合电压闭锁的方向过流保护在后备保护范围内发生不对称短路时有较高灵敏度。一般在系统正常运行时无负序分量，发生两相短路时负序出现分量；在三相对称短路时虽然不存在负序分量，但在三相短路瞬间通常也是从不对称短路发展到对称短路的，所以在短路初瞬间存在负序分量，虽三相短路稳定后无负序电压存在，但母线电压会降低。因此，利用负序和正序低电压组成的复合电压元件可判断系统发生的相间短路故障。

复合电压闭锁方向过流保护逻辑框图如图 8-13 所示。复合电压闭锁方向过电流保护的电流定值整定得较低，要靠复合电压的识别来启动保护，如果因为电压互感器的二次侧断线而使复合电压启动，就可能使保护误动，所以必须有电压互感器的断线判别逻辑部分，以保证 TV 二次侧断线时保护不会误动。

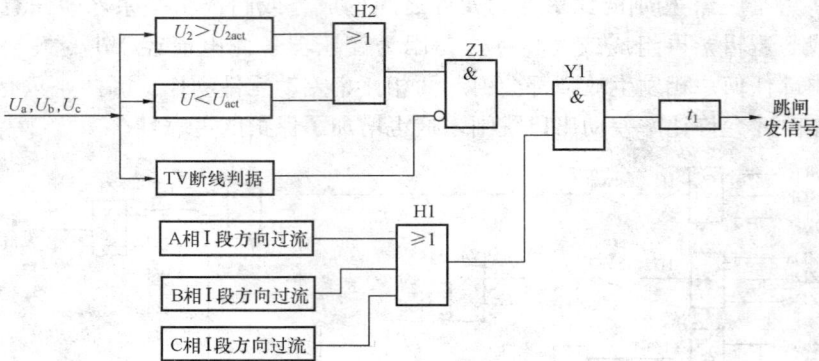

图 8-13　复合电压闭锁方向过流保护逻辑框图

复合电压闭锁方向过电流保护有两段式或三段式两种。其中各段的程序逻辑框图完全相同，不同的仅仅是定值及动作时限。为缩小故障范围，保护动作 Ⅰ 段跳本侧的分段断路器(或桥断路器)，Ⅱ 段跳本侧断路器，Ⅲ 段跳三侧断路器。三段方向元件均可通过控制字单独投退或改变方向，其方向规定指向变压器为正方向。图 8-12 只示出了复合电压闭锁方向过流保护 Ⅰ 段的逻辑框图。

当系统出现故障时，正序电压或负序电压满足条件之一时，或门 H2 输出"1"态，若 TV 二次回路没有断线，闭锁解除而使与非门 Z1 输出"1"态，如果故障电流达到某相的 Ⅰ 段动作值，且方向为正向时，与门 Y1 输出"1"态，经该段的延时时间 t_1 后，如果故障还未消除，则 Ⅰ 段保护动作，将本侧的分段断路器跳开。Ⅱ 段、Ⅲ 段动作原理相同，不同的是 Ⅱ 段跳本侧断路器，Ⅲ 段跳三侧断路器。

3. 过负荷保护逻辑框图

变压器的过负荷电流，在大多数情况下都是三相对称的，因此只需要装设单相过负荷保护，并延时作用于信号。对于无经常值班人员的变电站，必要时过负荷保护可动作于自动减负荷或跳闸。保护由三段构成，Ⅰ段用于发告警信号，Ⅱ段用于启动变压器冷却风扇，Ⅲ段用于闭锁变压器有载调压。变压器的过负荷保护一般装设在电源侧的 B 相上，其逻辑框图如图 8-14 所示。

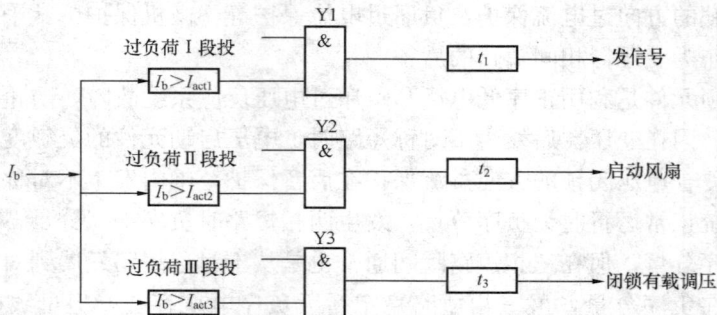

图 8-14　变压器过负荷保护逻辑框图

第四节　同步发电机的继电保护

发电机是电力系统的电源，它的安全运行对电力系统工作的稳定性和用户供电的可靠性，起着决定性的影响。因此，对发电机各种不同类型的故障和不正常工作状态，应装设专门的保护装置。

(1) 纵联差动保护或电流速断保护。容量在 1000kW 以上的发电机，装设纵联差动保护，作为发电机定子绕组及其引出线相间短路的主保护。容量在 1000kW 以下的发电机，当与其他机组或系统并列运行时，可在发电机出口侧装设电流速断保护。如果电流速断保护的灵敏度不满足要求，也可装设纵联差动保护。保护均动作于跳闸、灭磁和停机。

(2) 过电流保护。作为发电机外部短路及纵联差动（或电流速断）保护的后备保护，保护动作于跳闸和灭磁。过电流保护也可以分为单纯的过电流保护、低电启动的过电流保护、复合电压启动的过电流保护、负序过电流保护等。

(3) 过负荷保护。由于过负荷引起发电机定子绕组过电流时，过负荷保护延时动作于信号。

(4) 过电压保护。由于水轮发电机突然甩负荷或励磁调节装置误强励时，会引起发电机定子绕组过电压，过电压保护带延时动作于跳闸和灭磁。

(5) 接地保护。发电机电压网络发生接地故障时，接地保护动作于信号。

(6) 励磁回路一点接地保护。励磁回路产生一点接地时，保护动作于信号。

(7) 失磁保护。发电机励磁消失时，失磁保护动作于跳闸。

(8) 横差动保护。对于定子绕组为双星形接法的大型机组，作为绕组匝间短路的保护动作于跳闸。

图 8-15 示出了水轮发电机常规保护接线总图。

(1) 纵联差动保护：由 DCD-2（或 BCH-2）型差动继电器 IKD、2KD、3KD，电流继电器 5KA、信号继电器 1KS 和保护出口中间继电器 1KOU 组成，瞬时动作于发电机跳闸、灭磁和停机。

(2) 复合电压启动的过电流保护：装于发电机中性点侧，由负序电压继电器 KVN，低电压继电器 KVU，中间继电器 KVM，电流继电器 1KA、2KA、3KA，时间继电器 1KT，信号继电器 2KS 和保护出口中间继电器 2KOU 组成，保护延时动作于跳闸和灭磁。

(3) 过负荷保护：由电流继电器 4KA 和时间继电器 3KT 组成，延时动作于发信号。

(4) 过电压保护：由过电压继电器 1KV、时间继电器 2KT 和信号继电器 3KS 组成，与过电流保护共用出口中间继电器 2KOU，保护延时动作于跳闸和灭磁，但不停机。

(5) 励磁回一点接地保护：由转子一点接地继电器 KLE 构成，动作于发信号。

(6) 失磁保护：由灭磁开关连锁使发电机断路器跳闸，信号继电器 4KS 指示动作掉牌。容量较大的发电机一般应装设专用的失磁保护装置。

在各个保护的跳闸回路中，都装有相应的连接片 XB，以便在需要时将相应的保护退出工作。图中的 1KCP 是发电机断路器合闸位置继电器的动合触点，它们分别串接于低电压启动回路和失磁保护回路中，以防发电机断路器在跳闸状态时保护装置的动作。

发电机微机保护的逻辑原理这里不再介绍。

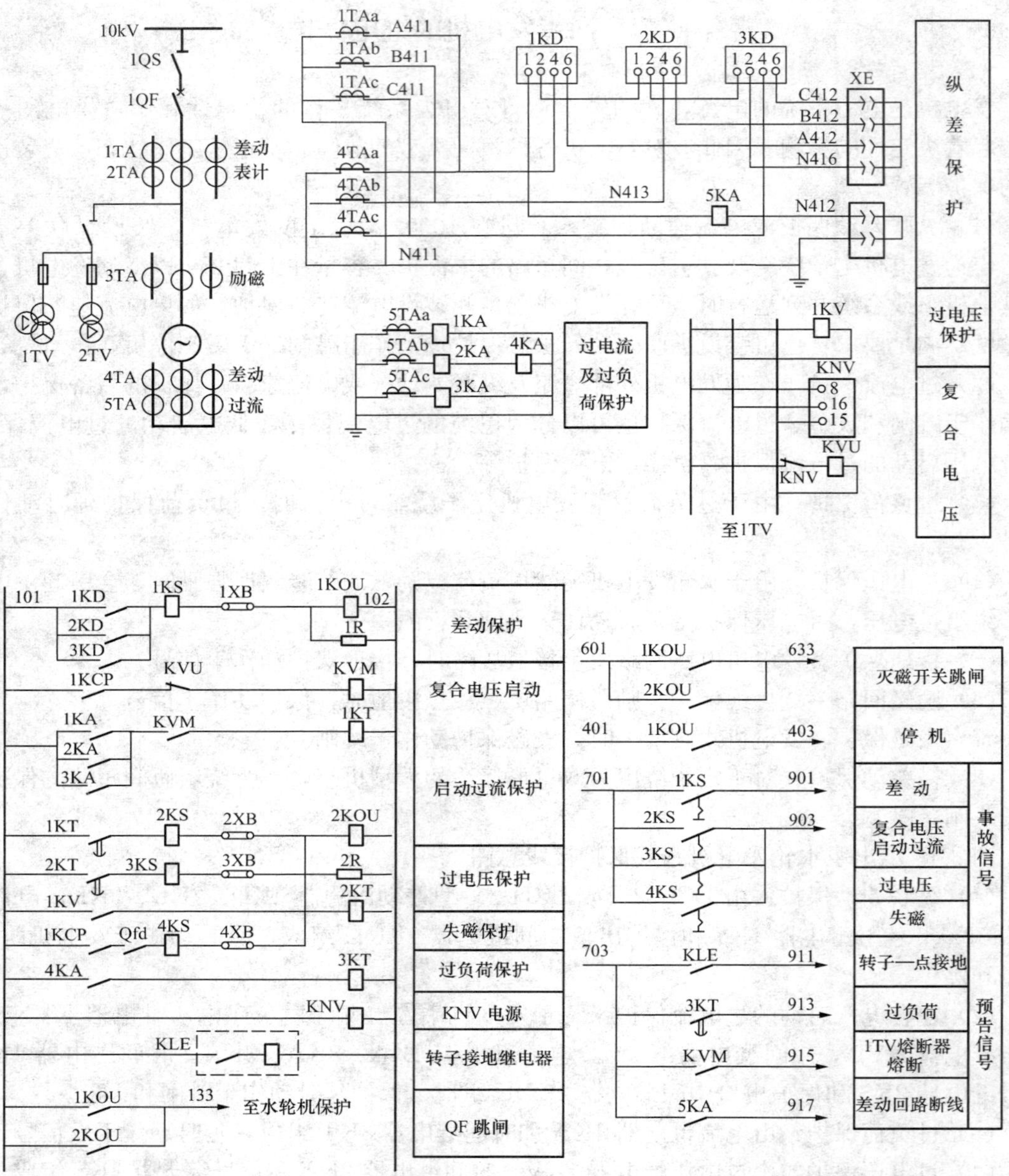

图 8-15　水轮发电机常规保护接线总图

第五节　继电保护故障实例分析

继电保护装置是电力系统的"哨兵",一年 365 天,每天 24 小时站岗放哨,继电保护的正确动作是电力系统安全稳定运行的保证。但是,继电保护不正确动作(拒动或误动)在电网还较为常见,对电网的安全稳定运行危害很大,往往会使事故扩大、大面积停电、设备损坏等，给经济发展和人民生活造成重大损失。下面分析介绍一些继电保护接线方面的事故实例，以使读者提高认识、吸取经验教训。

一、电流互感器极性接反造成保护误动

交流电是一个相量，既有大小、又有方向。互感器有两个以上的具有磁连系的绕组，绕组的极性（实际上是线圈的绕向）表示了绕组的电流或电压之间的相位关系，如果互感器绕组极性接反了，电流或电压的方向就反了（相位差了180°）。在电网中，由于电流互感器极性接反造成保护误动的事故时有发生，要特别注意。

【例一】 某35kV变电站，当10kV线路遭雷击短路时，变压器的差动保护误动使全站停电，扩大了事故，而10kV线路保护没有动作。后对变压器和线路的保护装置及二次回路进行了检查测试，发现变压器10kV侧电流互感器C相极性接反，这样对C相差动而言，外部故障相当于变压器内部故障而动作跳闸。进一步调查得知，在约两个月前，变压器10kV侧C相电流互感器因雷击损坏而更换了，更换后并没有检测变压器差动各侧互感器电流的相位关系，埋下了事故隐患。而对线路保护的测试则没有发现问题，合闸试送成功，分析可能是暂时性短路发生在Ⅰ段保护范围外（Ⅰ段保护范围很小甚至没有），Ⅰ段保护不动作，线路Ⅱ、Ⅲ段保护因有时限也不会动作。

从这一事故中应该吸取的经验教训：应严格执行有关规程的规定，差动保护正式投运时或二次回路变动后，必须先作差动电流互感器的六角图，确保接线正确。

【例二】 某变电站10kV线路没有装设零序电流互感器，后来装设了一套接地保护选线装置，零序电流由各相电流互感器二次绕组并接后引出，如图7-16（e）所示。选线装置投运后，有一条线路出现接地信号，运行人员随即拉开该线路并通知维护人员巡线检查，但未发现有接地征象。试送电成功后当时没有再出现接地信号，但不久线路负荷上来后又产生接地信号，运行人员意识到可能不是真正产生接地故障。于是检测三相对地电压，三者基本相等且为相电压，电压互感器开口三角零序电压也很小，进一步检查发现，各相电流互感器绕组头尾都分别引到端子再并接，而B相电流互感器绕组在端子上调反了，故引出的零序电流是正常运行负荷电流的两倍，引起装置误发信号。

小接地电流系统的单相接地故障一般作用于信号，允许运行一定时间，当出现接地信号时，运行人员不要急于停电，而要进行相关的检测分析，判明是否真正产生接地故障，上述运行人员不经判断就贸然停电的处理是不妥的。

二、接线错误造成保护误动或拒动

正确接线是继电保护正确动作的前提，保护安装调试和定期校验时，不能只重视装置本身而忽略了保护的接线检查，不少保护的不正确动作往往源于二次回路接线错误，要特别注意。

【例一】 某变电站35/10kV变压器装有过电流保护作后备保护，引自35kV侧的套管式电流互感器，互感器有100、200、300A抽头，根据设计保护取100/5A。在接线时，工作人员误认为200A和300A抽头空在那里会引起电流互感器二次侧开路产生高电压，于是将200A和300A抽头短接起来。运行中有一条10kV线路末端两相短路，线路保护虽然动作但真空断路器因机构原因拒绝跳闸，而变压器过电流保护也不动作跳闸，以致引起上一级保护动作，扩大了事故。事后对保护装置进行测试表明是好的，检查二次回路也没问题，最后有人才提出短接线该不该接的问题，咨询了技术主管后才认识到不该加短接线。

事实上，电流互感器二次侧100A抽头已接保护装置形成电流通路，二次侧电流产生的磁通与一次侧电流产生的磁通相互抵消后，互感器铁芯的磁通是不大的，在空着的抽头上不会产生过电压，而抽头短接以后产生电流，致使通过保护装置电流减小了（由于短接的抽头没有负载，电流比不短接时减小一半还多一点），保护灵敏度降低了一半多，而又是线路末端的两相短路，短路电流较小，故保护拒动。

【例二】 某变电站 Yd11 变压器差动保护采取相位补偿措施，变压器星接的 35kV 高压侧电流互感器采用三角接法，三角接的 10kV 低压侧电流互感器采用星形接法。运行中当 10kV 出线短路时，多次引起变压器差动保护越级跳闸，后对保护装置进行测试表明是好的，最后检查是高压侧的电流互感器检修时改动过而又没有认真测试，三角形连接的顺序反了，两侧二次电流相位差了 60°，产生较大的差流，致使保护在外部短路或负荷大时误动作。

【例三】 某变电站一条 110kV 线路因雷击发生绝缘子闪络放电，线路速断保护动作跳闸并重合成功，与此同时，主变压器差动保护误动跳开两侧断路器，使 10kV 用户全部停电。

后来查明，两个月前主变压器 110kV 侧电流互感器进行预防性试验，由试验人员解开互感器二次接线，预试完毕恢复 TA 二次接线时，错将 A 相 TA 的一个二次绕组短接，也就短接了差动保护 110kV 侧 A 相回路，故在外部短路时主变压器差动保护误动作。

在运行中，人为原因造成差动保护断线、短路、极性错、相别错等致使保护误动的事故时有发生，后果往往很严重，要特别注意。为防止上述事故，应采取以下对策：

（1）检修试验需要拆除二次线时，拆前必须做好原接线记录；

（2）工作完成要按记录恢复接线，并签字；

（3）严格执行接线复查制度，恢复接线后要由他人复查签字。

三、保护方案不当造成保护拒动

有些保护方案从原理上看似乎没有问题，但必须经得起运行实践的检验，如果方案设计时对运行中可能出现的问题考虑不周，就可能引起保护不正确动作。

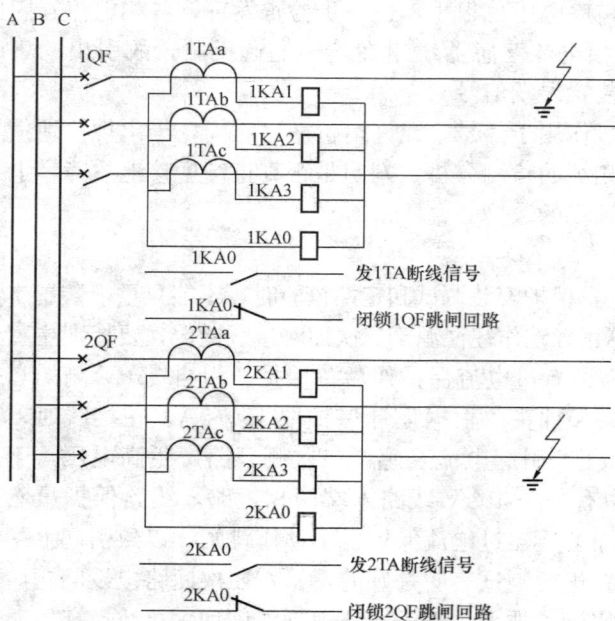

图 8-16　电流互感器断线监视接线

某变电站一 35kV 单电源放射性供电系统为消弧线圈接地系统。雷雨季节，已有一条线路发生 A 相接地，变电站值班人员利用绝缘监视装置，顺序断开线路断路器的方法来寻找接地故障线路，在接地故障线路还没有找到之前；另外一条线路发生 C 相接地短路，变电站主变压器过流保护动作跳闸，造成变电站全停事故。事故后检查，两条接地短路线路保护都有信号，一条是 A 相过流保护动作，另一条是 C 相过流保护动作，但两条线路断路器均未跳闸。

该变电站 35kV 线路均配置有速断、过流保护装置，但保护接线中装有电流互感器断线监视继电器，如图 8-16 所示的 KA0。该继电器主要用于反应小电流接地系统电流互感器二次侧一相断线时，KA0 动合触点发告警信号，KA0 动断触点闭锁保护出口回路防止其误动作。当两条线路异名相发生两点接地短路，故障线路保护均有动作信号，但断路器没有跳闸，越级至变压器后备保护跳闸，引起事故扩大。经过检查分析，两条线路的电流互感器二次侧均没有断线，是断线监视继电器动作原理错误所致。

断线监视继电器动作原理是按 $\dot{I}_A + \dot{I}_B + \dot{I}_C > 0$ 来判断电流互感器二次侧一相断线的。设线路保护中 KA0 整定为 1A 动作，正常运行三相电压和电流都平衡，电流互感器电流比为 200/5A，读者可自行分析下列几种情况：

（1）正常运行时，线路电流从 0～200A 变化，流过断线监视继电器电流 I_{KA0} = _____ A，KA0 是否动作？

（2）线路上发生三相短路时，短路电流为 500A，流过断线监视继电器电流 I_{KA0} = _____ A，KA0 是否动作？

（3）线路上发生两相短路时，短路电流为 430A，流过断线监视继电器电流 I_{KA0} = _____ A，KA0 是否动作？

（4）线路上发生 A 相单相接地时，接地电流为 10A，流过断线监视继电器电流 I_{KA0} = _____ A，KA0 是否动作？

（5）线路正常供电，三相电流均为 100A，A 相电流互感器二次侧断线时，流过断线信号继电器电流 I_{KA0} = _____ A，KA0 是否动作？

（6）线路正常供电，三相电流均为 100A，A、B 相电流互感器二次侧断线时，流过断线监视继电器电流 I_{KA0} = _____ A，KA0 是否动作？

（7）本线路 A 相接地，接于同一母线另一条线路 C 相接地，接地短路电流为 400A，流过断线监视继电器电流 I_{KA0} = _____ A，KA0 是否动作？

四、电流互感器二次开路造成保护拒动

电流互感器二次开路可能产生高电压，危及人身和设备的安全，也可能造成保护拒动。例如，某变电站一条 10kV 线路产生 B、C 两相短路（B 相无电流互感器），该线路保护拒动，造成变压器保护动作使全站停电。后检查是 C 相电流互感器引出的电流试验端子接触不良造成开路，这种故障曾发生数次。检查发现试验端子质量很差，只是点接触，很易造成接触不良。更换质量好的端子后，再没有出现此类故障。电流互感器与保护装置之间引线长，中间接头多，要特别注意防止二次回路开路。

五、两组电压互感器在开关站分别接地引起保护不正确动作

某 220kV 变电站的主接线如图 8-17 所示。图中主变压器 1T 和出线 2WL 运行于备用母线 2WB，主变压器 2T 和其他出线运行于工作母线 1WB，1T、2T 的 220kV 中性点直接接地，母联断路器 QFB 合上运行。某日，对侧接有发电厂

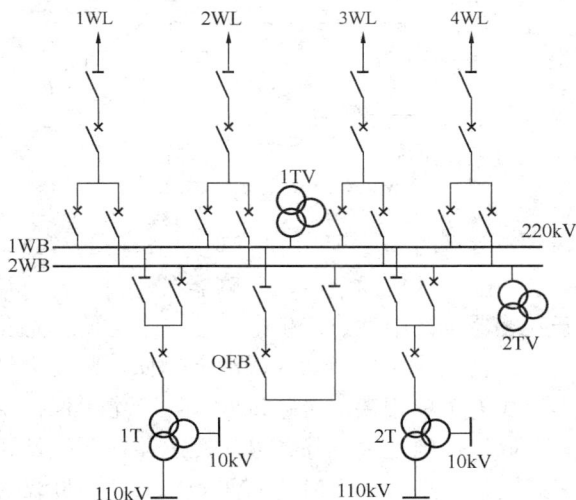

图 8-17 某 220kV 变电站的主接线

的出线 2WL 一杆塔遭雷击，引起 C 相接地短路，保护动作情况如下。

（1）2WL 的发电厂侧保护动作，经 0.12s 使 C 相断路器跳闸，但 2WL 的变电站侧保护拒动，发电厂侧 C 相断路器经 0.94s 重合闸，但因接地短路仍然存在重合不成功，经 0.12s 后加速三相跳闸，故障点未能切除。

（2）经 4.12s 后，接于工作母线 1WB 的主变压器 2T 其 220kV 侧后备零序方向电流保护动作，跳开母联断路器 QFB，220kV 工作母线 1WB 与故障点隔离，恢复正常运行。

（3）经 5.1s 后，接于备用母线 2WB 的主变压器 1T 其不带方向的后备零序电流保护动作，跳开主变压器三侧断路器。

（4）上述保护动作跳相应的断路器后，2WL 的变电站侧保护才动作跳 C 相断路器，故障点熄弧，C 相无压重合成功。

经检查发现故障点绝缘子烧断，多个绝缘子烧伤，瓷体变脆。

这本来是一个出线杆塔遭雷击，引起 C 相绝缘子闪络接地的暂时性故障，如果两侧保护正确动作，单相重合闸成功，很快就消除了故障，对电网运行没有多大影响。但因变电站侧出线保护拒动，扩大了事故范围，延长了事故时间，严重影响了电网运行。

从变电站的录波图显示，事故造成 220V 两组母线互感器 1TV、2TV 二次电压幅值相差很大（母联合上），2TV 二次电压畸变很严重，故障 C 相电压升高，非故障 B 相电压降低，零序电压相位偏移到零序功率方向继电器的动作区之外，造成线路零序方向电流保护都拒动，当母联断路器 QFB 和变压器 1T 三侧跳闸后，两台变压器 220kV 中性接地点与故障点隔离，变电站地网中流过的故障电流大大减小，2TV 二次电压不再畸变而恢复正常，变电站侧的出线保护才正确动作。

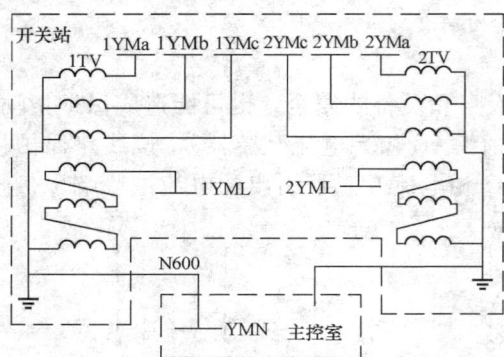

图 8-18 1TV、2TV 二次接线示意图

为什么电压互感器二次电压不正常呢？后来查明，两台电压互感器二次中性点分别在各自的开关站端子箱接地，然后只有 1TV 敷到主控室的二次电缆中的接地中性线 N600 与主控室保护屏上的小母线 YMN 相连，2TV 的接地中性线虽然也拉到主控室，但不知何故而悬空，如图 8-18 所示。事故产生的巨大故障电流，从故障点经变电站地网流回变压器中性点，使地网各点的电位不等，两台电压互感器二次中性点必然产生电位差。根据初步估算，这一电位差使 C 相接地短路时 2TV 的三相电压，从正常运时的 55V 分别畸变为 68、29、71V，相位差也改变了，所以造成保护拒动。

事实上，即使两台电压互感器在开关站各自接地后，中性线在主控室接至同一小母线，由于互感器二次中性点产生电位差，也会使互感器二次电压的幅值和相位发生变化，在某些情况下也会造成保护拒动或误动。例如，某变电站两台电压互感器也是在开关站各自接地，在作出线人工单相接地短路试验时，产生了保护误动。

采取的措施是，拆除各电压互感器在开关站各自接地点，各互感器的中性线独立拉到中控室共同接在小母线 YMN（N600）上，小母线 YMN 在中控室一点接地，这就从根本上消除了各电压互感器中性点之间的电位差。

过去对电压互感器二次接地问题不够明确和重视，变电站应进行认真的检查，是否做到各互感器只在中控室一点接地，如发现问题应及时整改。

六、取消防跳回路造成断路器多次跳合扩大事故

某系统简化一次接线如图 8-19 所示。某日调度令 B 变电站合上 105 断路器使 110kV 线路由备用转供电，运行人员合闸操作时，110kV 线路 26 号杆 A 相绝缘子爆裂，致使导线跌落横担造成永久性接地短路事故，105 断路器经历"合闸—分闸—合闸—分闸—合闸"过程后，断路器液压机构压力降低闭锁分闸，三合两分总时间为 2s，由于故障没有隔离，3.42s 后 A 变电站 220kV 线路零序Ⅳ段保护动作跳开 2248 断路器，4s 后 B 变电站 1 号变压器 110kV 侧方向过流保护动作跳开 101 断路器，事故造成多个 110kV 变电站大面积停电。

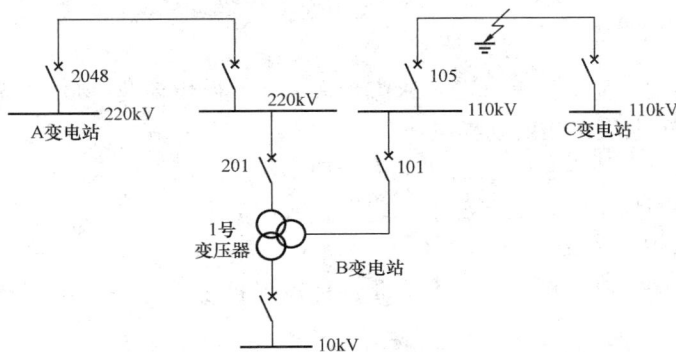

图 8-19　系统简化一次接线图

105 开关为 SF_6 断路器，配置 CY 型液压机构，线路采用 PXH-112X 四统一保护屏，断路器控制回路接线如图 8-20 所示。虚线框内为液压机构设备，SPT 为行程开关触点，KL1、KL2 为压力监视继电器触点，当压力下降低于定值时触点断开，上述 105 断路器三合两分后不再分闸就是这种情况，K2 是机构内的防跳继电器。这一接线具有双重的防跳功能：在操作机构外部，有专用防跳继电器 KTB（电流、电压双线圈），当上述 105 断路器合于永久性故障且不松手时，由 KTB（I）动作、KTB（U）自保持，断路器只"合闸—分闸"即隔

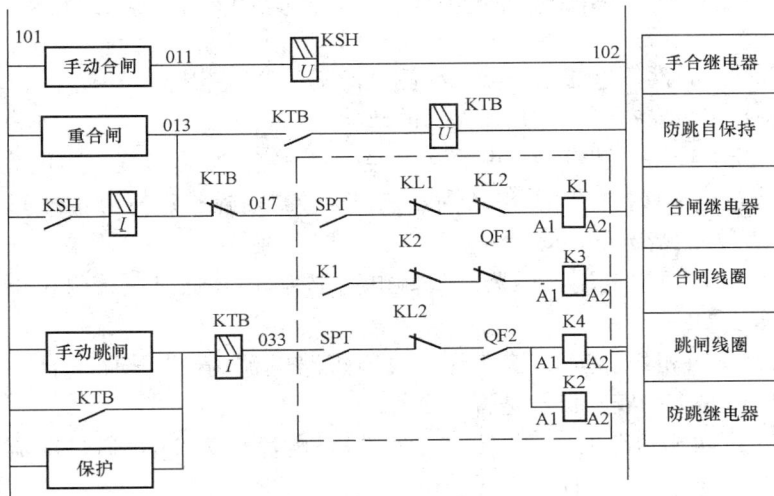

图 8-20　断路器控制回路接线图

离故障。在操作机构内部，有防跳继电器 K2，断路器跳闸的同时，K2 启动，其动断触点断开了合闸线圈回路。

为什么断路器会多次分合呢？后来检查发现，变电站设计人员并没有按图 8-20 正确接线，而是将"手动合闸"后 011 点直接接到合闸线圈 K3 的 A1 点，并且又错误地断开机构内防跳继电器 K2 的 A1 点，使断路器完全失去了防跳功能。

事故的教训是深刻的，断路器防跳回路一定要认真对待，确保其正确接线，KTB 的两个线圈是有极性的，必须保证电流都从同极性端流入。某变电站就发生过 KTB 极性接法错误失去防跳功能，导致断路器跳跃而扩大事故的情况。

习 题 及 思 考 题

1. 一条线路最大负荷电流是 90A，末端最大三相短路电流是 500A，分别算出瞬时电流速断保护和定时限过电流保护的动作电流。

2. 线路第Ⅲ段过电流保护在什么情况下会动作？

3. 瞬时电流速断保护在什么情况下可能没有保护范围？

4. 一个 35/10kV 单台变压器的变电站，10kV 母线短路，是什么保护动作？

5. 变电站运行中，某 10kV 线路Ⅰ、Ⅱ、Ⅲ段保护都动作，而由变压器后备保护动作跳闸，试分析事故原因。

6. 运行中，变压器油箱内线圈产生相间短路，什么保护可能动作？变压器套管产生相间短路，什么保护可能动作？

7. 一台 35/10kV 变压器装有差动保护，假定正常运行时三相平衡，两侧电流互感器二次侧的电流相等，差动保护整定电流为 1A，问：

（1）正常运行时，两侧电流互感器二次侧电流都为 3A，差流是多少安？

（2）正常运行时，两侧电流互感器二次侧电流都为 3A，但 10kV 侧 A 相电流互感器极性接错，A 相差流是多少安？分析对差动保护的影响。

（3）正常运行时，两侧电流互感器二次侧电流都为 3A，但 10kV 侧 A、B 相电流互感器相别对调了，A 相差流是多少安？分析对差动保护的影响。

（4）正常运行时，两侧电流互感器二次侧电流都为 3A，当 10kV 侧 A 相电流互感器断线了，A 相差流是多少安？分析对差动保护的影响。

8. 有一条 10kV 线路，装有两相电流互感器接成不完全星形接线，由电流继电器 1KA、2KA、3KA 组成过电流保护，如图 8-21 所示。设电流继电器整定值为 6A。

（1）在接线完好的情况下，问：

1）正常运行时，两侧电流互感器二次侧电流都为 3A，通过电流继电器 1KA、2KA、3KA 的电流是多少安？

2）线路 A、B 两相短路时，互感器二次侧短路电流为 9A，通过电流继电器 1KA、2KA、3KA 的电流是多少安？保护是否动作？

3）线路 A、C 两相短路时，互感器二次侧短路电流也为 9A，通过电流继电器 1KA、2KA、3KA 的电流是多少安？保护是否动作？

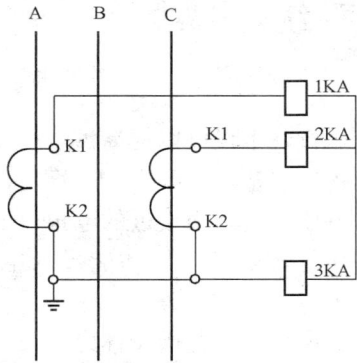

图 8-21　电流互感器不完全星形接线

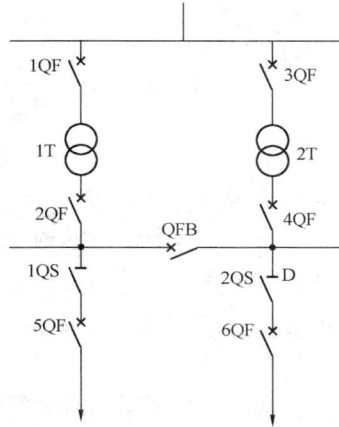

图 8-22　10kV 单母分段接线

（2）运行中当 3KA 断线时，问：

1）通过电流继电器 1KA、2KA 的电流是多少安？

2）当线路 A、B 两相短路时，通过电流继电 1KA、2KA 的电流是多少安？保护是否动作？

3）当线路 A、C 两相短路时，通过电流继电 1KA、2KA 的电流是多少安？保护是否动作？

9. 某 35kV 变电站有两台主变压器，10kV 侧为单母分段接线，如图 8-22 所示（变压器回路的隔离开关未画出），当分段断路器 QFB 合上将两台主变压器并列运行时，隔离开关 2QS 静触点处 D 点产生短路，指出保护动作需要跳闸的断路器和跳闸顺序。

10. 一条线路装有瞬时电流速断保护，其在最大运行方式下的保护范围为 85%，最小运行方式下的保护范围为 5%，如果这条线路改装为距离保护，其在最大运行方式下的保护范围也为 85%，问最小运行方式下的保护范围是多少。

11. 图 8-10 中，变压器差动保护由电流互感器 1TA 和 4TA 构成，如由 1TA 和 3TA 构成时保护范围有什么差别？

第九章　同期系统接线

多台发电机、多个电力系统相互连接起来并列运行，不仅可以提高供电可靠性，改善供电质量，而且可以使负荷分配更加合理，减少系统备用容量，达到安全、稳定、经济运行的目的。然而，只有当待并发电机与电力系统同相的电压相量以很接近的电角速度旋转，而且彼此的相角差不超过允许的限值，归算电压近似相等时，发电机才能投入电力系统并列运行。

在发电机投入电力系统列运行时必须完成一定的操作，这种操作称为并列（并网）操作或称同期（同步）并列。

同期并列有手动、自动和半自动三种。手动同期时，发电机投入系统的所有并列操作，包括调节机组的转速、调节发电机的电压和断路器合闸等，均由运行人员手动进行；自动同期时，所有这些操作均由自动装置完成；有时也采用半自动同期并列，即一部分操作由运行人员手动完成，而另一部分的操作则由自动装置完成。

第一节　同期方式和同期点的选择

一、同期方式

通常采用两种同期方式，即准同期方式和自同期方式。无论哪一种同期方式，必须首先使得待并发电机相电压的旋转方向与工作的发电机（或系统）相电压的旋转方向相同，即相序相同。这一条件可在发电机安装时予以解决。

1. 准同期方式

准同期方式是发电机在并列前已励磁建压，然后在一定的条件下，即发电机的电压、频率、相位分别与投入系统的电压、频率、相位相同或接近相同时，将发电机断路器合闸，合闸瞬间发电机定子冲击电流很小。

在正常情况下，准同期方式的优点是：只有较小的冲击电流，不至于降低系统电压。但准同期方式也有缺点：装置比较复杂；准同期过程比较长，尤其是在系统事故情况下，系统频率和电压急剧变化时并列过程更长；并且由于各种原因有可能造成非同期并列，严重者将导致发电机损坏。

大、中型电厂发电机的正常并列一般采用准同期方式。通常设有自动准同期和手动准同期两种装置，并均带有非同期闭锁。

2. 自同期方式

自同期方式是在发电机转速升高到接近系统同期转速（或接近已运行发电机的转速）时，将未加励磁的发电机投入系统，然后给发电机迅速加入励磁，从而产生转矩，在同步转矩的作用下，将发电机拉入同步。

自同期方式的优点是：并列快，不会造成非同期合闸，特别是系统事故时在低频率、低电压情况下，能使机组迅速并入系统。自同期的缺点是：冲击电流大，振动较大，可能对机组的某些部位有一定影响。在水轮发电机定子绕组的绝缘及端部固定情况良好，均可采用自同期并列方式。

二、同期点及同期方式的选择

为了达到并列运行的目的，发电厂内有些断路器必须进行同期并列操作，这些有同期并列任务的断路器叫做同期点。同期点的选定原则如下：

（1）发电机的同期。所有发电机出口断路器以及发电机—变压器组高压侧断路器（当发电机出口无断路器时）均需作为同期点。大中型发电机一般采用自动准同期作为正常的同期并列方式，以手动准同期作为备用的同期并列方式，自动自同期作为系统事故情况下的同期并列方式。

（2）变压器的同期。作为升压的三绕组变压器或具有三级电压的升压自耦变压器与电源相连接的各侧断路器均应作为同期点。作为升压的双绕组变压器或联络变压器，一般有一侧断路器作为同期点即可。但某些主接线，如有一侧为多角形接线的联络变压器，则有时将变压器两侧断路器均作为同期点。

单元接线的变压器高压侧断路器和与发电机直接连接的变压器低压侧断路器，其同期点的同期方式应与发电机断路器的同期方式相同。

（3）线路和母线的同期。接在单母线上的线路断路器在设计中一般均考虑作为同期点。

对于双母线的接线曾经只考虑利用母线联络断路器进行并列，线路断路器不作为同期点。但对要分裂成两个单独系统运行的双母线和 110kV 及以上电压等级系统的主要联络线，则线路断路器应作为同期点。带有旁路母线的线路断路器以往也不作为同期点，只将旁路断路器作为同期点。这样做虽然可在线路侧不设电压互感器，但在进行同期前和同期后均需倒换有关隔离开关，增加了操作，故 110kV 及以上的接在双母线上或是接在带有旁路母线上的线路断路器均作为同期点为宜。

多角形接线和外桥形接线中，与线路相关的两个断路器均需作为同期点。一个半断路器接线的运行方式变化较多，一般断路器均作为同期点。

第二节　同期电压接线

一、对同期电压接线的要求

在设计准同期接线时，需满足下列要求。

（1）各同期点均需装置单独的同期用的切换开关 SAS。为了防止运行人员的误操作，所有同期切换开关应公用一个可抽出的把手，此把手只在"断开"的位置时才能抽出。不然，有可能将几个同期切换开关同时投入，使同一同期小母线引入几种电压造成电压互感器二次回路短路，或者造成错误同期。

对于采用按钮带继电器的接线，各同期点需装置各自的按钮和继电器。为防止上述误操作，在接线中必须考虑电气闭锁，使得操作一个按钮选定某一同期点后，未经复归，如再操作其他按钮均不起作用。

（2）所有引至同期回路的电压互感器二次侧 B 相是通过一个公用的小母线 WVBb 接地的。这是因为发电机电压互感器往往采用 Vv 接线，需 B 相接地。而且也简化了同期系统的接线和减少同期切换开关的挡数。

（3）由于电力变压器通常采用 Yd11 接线，星形与三角形接线两端的电压向量相差 $30°$。

　　为此，对于星形侧为小接地电流系统的，通常用接线为 Yd1 的中间转角变压器接在变压器高压侧的电压互感器的二次侧作为补偿。

　　对于星形侧为大接地电流系统的，则高压侧的同期电压可取自电压互感器的第三绕组（开口三角绕组），使其相位与低压侧对应。

　　（4）各同期点断路器的手动合闸回路必须经过相应的同期切换开关连接点（或继电器触点）加以闭锁，以消除在接通同期装置之前就有合闸的可能性。对于集中装设一套同期闭锁装置而出现全厂共用的同期闭锁小母线的情况，在接线中还要考虑消除将一个断路器的控制开关切至合闸位置时，使几个断路器同时合闸的可能性。为此一般同期闭锁小母线两侧均经同期切换开关的连接点（或继电器触点）闭锁。这样，操作某一断路器的控制开关进行合闸时，只有选定的断路器才能投入。

　　（5）对于只有一侧作为同期点的双绕组变压器，其不作为同期点的断路器合闸回路，须增设另一侧断路器的动合辅助触点加以闭锁。

　　（6）为防止准同期操作时的非同期合闸事故，必须对非同期合闸加以闭锁。

二、典型的同期电压接线图

为了进行同期，同期点两侧必须引接同期电压，下面介绍一些典型的同期电压接线图。

1. 发电机作为同期点的接线

在发电机电压系统具有母线、扩大单元、升压三绕组变压器或升压自耦变压器等主接线的情况下，均以发电机断路器作为同期点，其接线图如图 9-1 所示。同期电压由断路器两侧的电压互感器二次侧，经同期开关 SAS 引至各同期小母线。

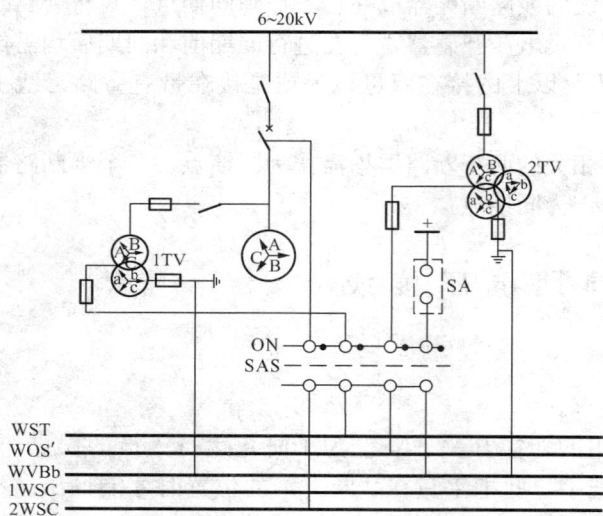

图 9-1　发电机作为同期点的接线

2. 大电流接地系统的变压器高压侧断路器作为同期点的接线

经星形—三角形变压器后大电流接地系统的断路器作为同期点的接线，如图 9-2 所示。由于经 Yd11 接线的变压器后，星形与三角形两侧电压向量相差 30°，因此引入同期装置的电压向量差必须加以补偿，对于大电流接地的 110kV 及以上系统，从变压器高压引至准同期装置的电压，由电压互感器第三绕组取得。这样，就不必增加中间转角变压器。即使遇到有些 110kV 及以上的线路继电保护，要求电压互感器的二次侧中性点接地时，也不会由于和同期接线 B 相接地产生矛盾，而不得不采取隔离措施。因为继电保护可以由电压互感器的第二绕组供电，与第三绕组无关。

3. 小接地电流系统的变压器高压侧断路器作为同期点的接线

经星形—三角形接线变压器后，小接地电流系统的断路器作为同期点的接线，见图 9-3。目前在我国 35kV 及以下的系统均为小接地电流系统。因为小接地电流系统有可能在一相接地情况下运行，根据不同的接地情况，各相的电压值可从零至线电压值之间变化，不能在所

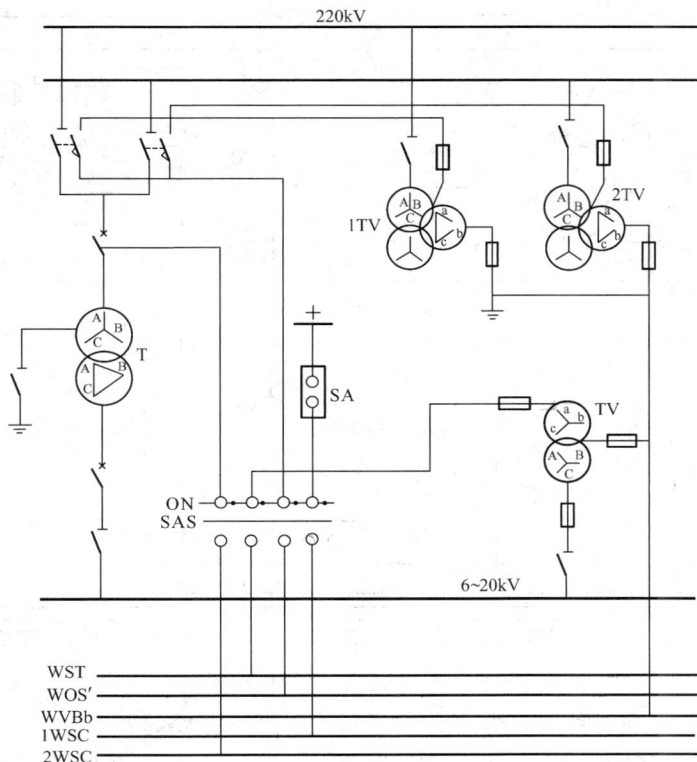

图 9-2　大接地电流系统变压器高压侧断路器作为同期点的接线

有运行方式下保持不变。而且为了满足零序电压保护的要求，其电压互感器第三绕组的额定电压为 100/3V。因此利用上述从电压互感器第三绕组抽取同期电压的办法，不论是在系统故障还是在正常运行时都是行不通的。在这种情况下为了补偿角度偏差，需要装设中间转角变压器 TR。

　　4．三绕组变压器（或自耦变）各侧断路器同期接线

　　一般在变压器低压侧不装设电压互感器，低压侧同期电压取自低压母线电压互感器二次侧星形绕组，高、中压侧同期电压取自高、中压母线电压互感器二次侧开口三角绕组，接线如图 9-4 所示。但当中压侧为小电流接地系统时，须装中间转角变压器。

　　5．线路和旁路断路器的同期接线

　　为了同期的需要，一般在线路上或旁路母线上各装设一台单相的电压互感

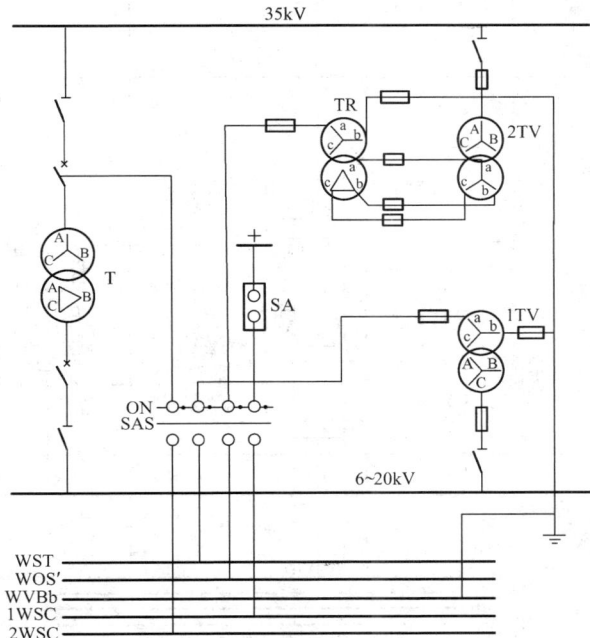

图 9-3　小接地电流系统变压器高压侧断路器作为同期点的接线

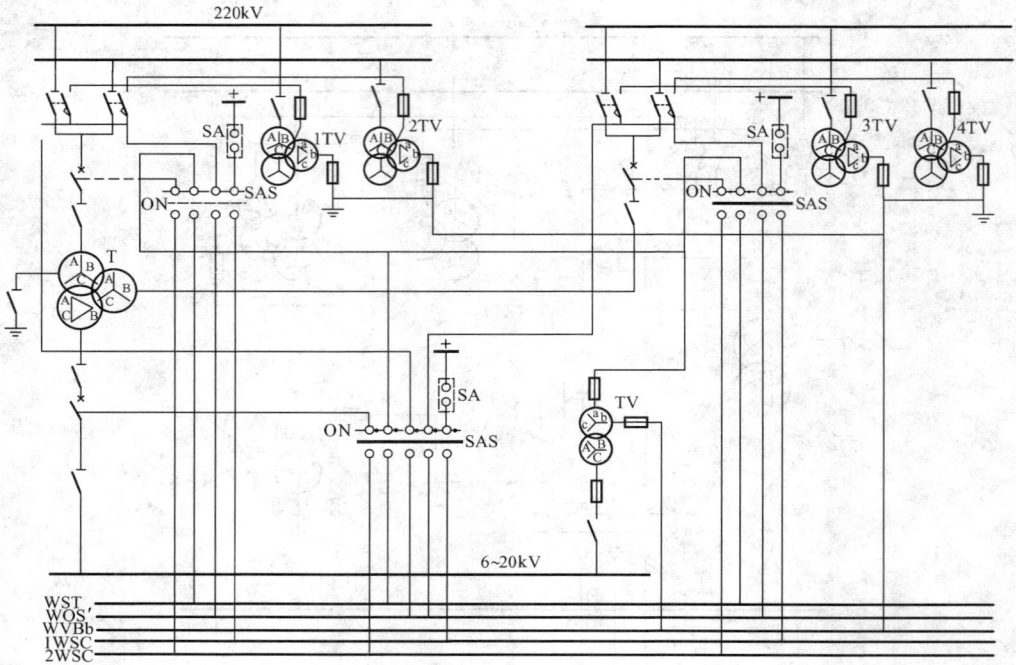

图 9-4 三绕组断路器的同期接线

器。对于 35kV 及以下的小电流接地系统，该电压互感器是跨接在相间上，利用其第二绕组供同期电源。对于 110kV 及以上的大电流接地系统，该电压互感器是跨接在某一相上（相—地），同期电源由电压互感器的第三绕组抽取。具体接线如图 9-5 所示。母联断路器的

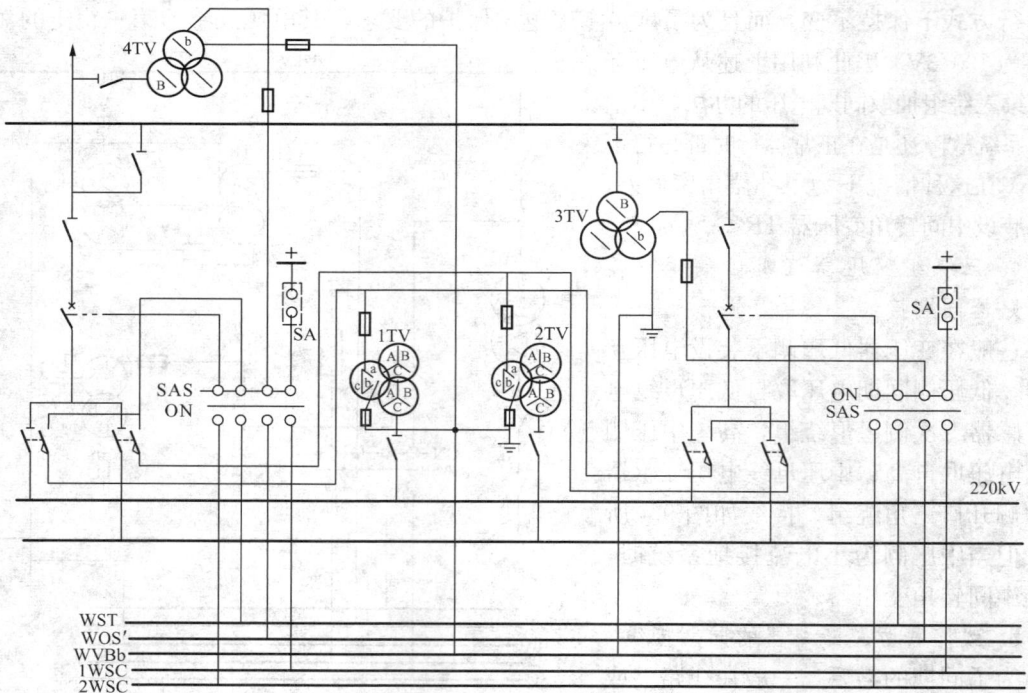

图 9-5 线路和旁路断路器的同期接线

同期电压分别从两段母线的电压互感器引出，在此不再画图。

第三节 常规自动准同期装置的接线

在发电厂中，同期仪表、自动准同期装置、同期闭锁继电器和有关的转换开关一般都是公用的，装设于中央控制室。同期装置接线和同期电压接线组成完整的同期系统接线图，两接线之间是用同期电压小母线作联系桥梁的。自动准同期装置有常规（模拟）型和微机型两类。本节论述常规准同期装置的接线。

当一台发电机需要投入系统并列运行，其准同期并列的理想条件是：①相位相同；②频率相同；③电压相同。然而，要绝对准确地满足理想条件实际上是不可能的。在同期时往往存在一些差值，根据运行经验，这些差值一般不应超过下列数值：相位角差不超过 $10°$；电压差不超过额定值的 $10\%\sim20\%$，最好控制在 $5\%\sim10\%$ 的范围内；频率差不超过额定值的 $0.1\%\sim0.5\%$，即 $0.05\sim0.25\mathrm{Hz}$。

目前，大部分电厂采用集中自动准同期方式接线，即全厂装设 $1\sim2$ 台自动准同期装置，对所有发电机进行自动并列，其接线如图 9-6 所示。

自动准同期并列的操作步骤如下：

（1）如全厂装设两台自动准同期装置，则首先操作切换开关 SAH，选好 1ZZQ 或 2ZZQ 准备投入运行。

（2）操作待并系统（发电机）断路器相应的同期切换开关 SAS，将发电机的电压和系统电压经 SAS 的触点加到同期小母线 WST、WOS 上。

（3）待并机组升速到一定值后，将切换开关 1SASC 切到"手准"（SY）位置，将同期表投入工作。

（4）将切换开关 2SASC 切到"试验"（TE）位置，将小母线 WST、WOS 上的电压经继电器 1KC 触点加入自动准同期装置，使它投入工作，并经 2SASC 的触点准备点亮白色信号灯 HW，2SASC 的另一触点断开引至 1WSC 的合闸回路。

（5）自动准同期装置投入工作后，根据机组转速高低，装置发出减速或增速脉冲（通过小母线 1WADJ 作用于机组调速器的调速机构或频率给定机构），同时根据机端电压的高低发出降压或增压脉冲（通过小母线 3WADJ 作用于机组自动励磁调节器给定机构）。

（6）当机组与系统的频率差缩小至自动准同期装置的整定值时，装置按给定的导前时间发出合闸脉冲使白色信号灯 HW 点亮。如在 HW 点亮的同时，同期表指针接近同期指示位置，则说明装置工作正常。此时可将开关 2SASC 切到"投入"（ON）位置，发出合闸脉冲将断路器投入。

（7）发电机与系统并列后，需将切换开关 2SASC、1SASC 和同期开关 SAS 切到"断开"位置，使回路全部复原。

同期闭锁继电器 KSY 的作用是，当待并发电机电压与系统电压的相位差小于其整定值（$20°\sim30°$）时，KSY 的动断触点才闭合，接通同期合闸小母线 1WSC 和 2WSC，同期点的断路器才能进行合闸，防止了非同期合闸事故。当系统没有电压而建压的发电机断路器需要合闸时（无压合闸），同期闭锁继电器 KSY 线圈只加有发电机一侧电压，其触点是断开的，这时要将 1SASC 开关扳向"无压"（SC）位置，才能使断路器合闸。

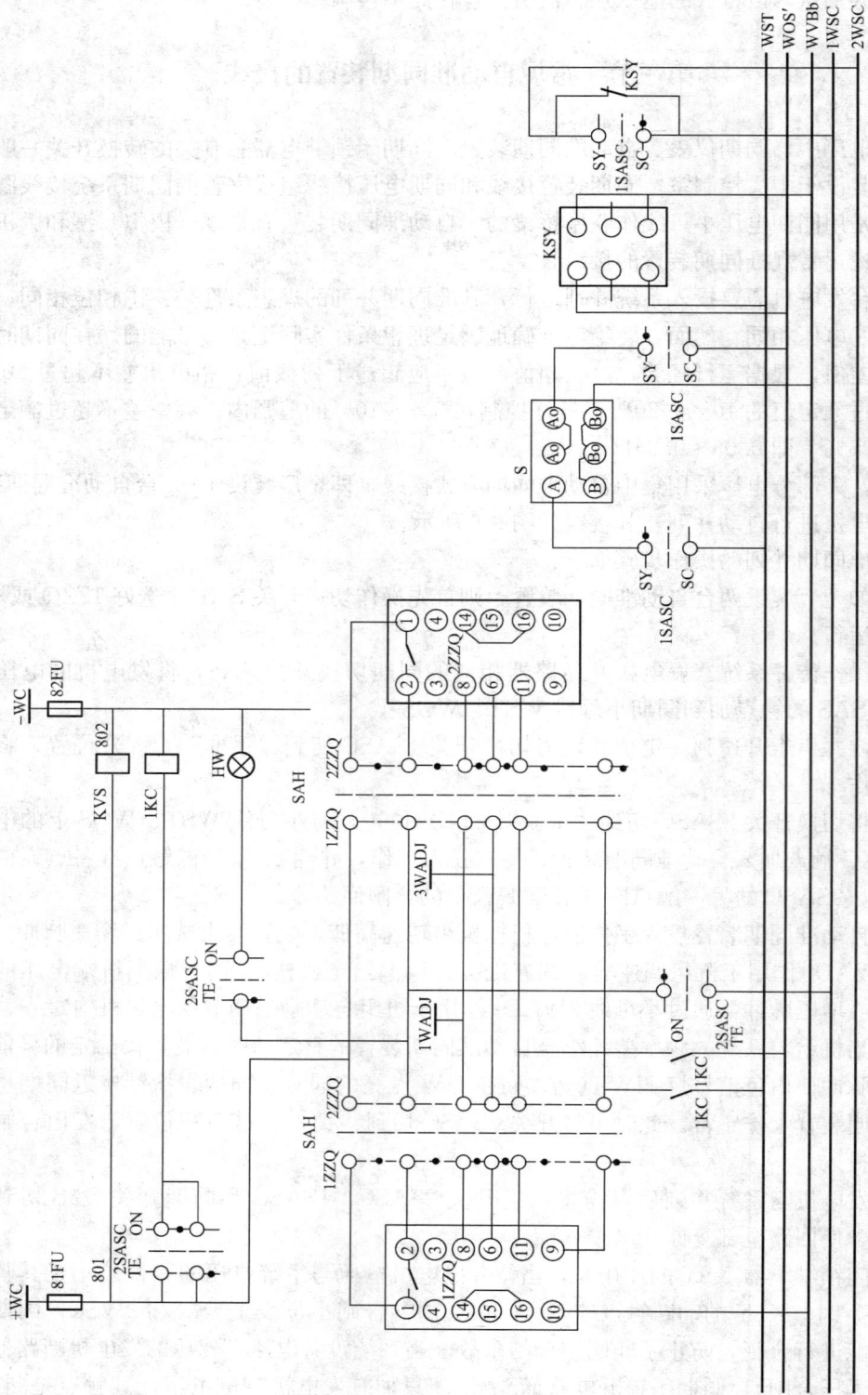

图 9-6 常规自动准同期装置接线图

准同期合闸回路的展开式原理图如图 9-7 所示。

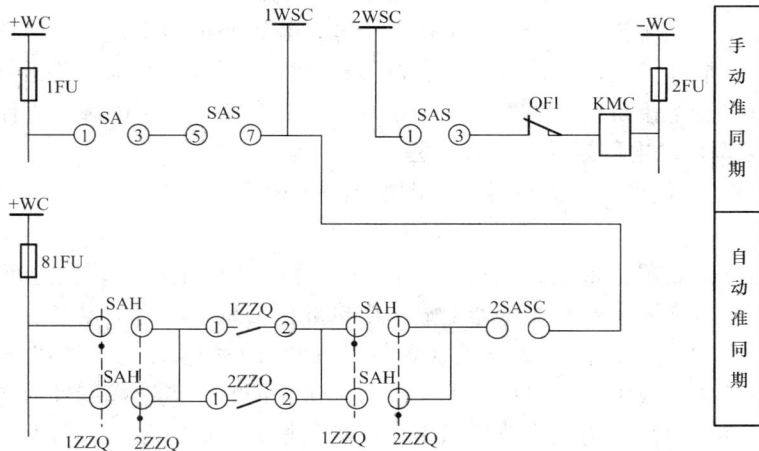

图 9-7 准同期合闸回路的展开式原理图

第四节 微机自动准同期装置接线

一、微机自动准同期装置的功能

过去，发电厂和变电站大多使用 ZZQ-5、ZZQ-3A 型等模拟式自动准同期装置，模拟装置存在导前时间不稳定、同步操作速度慢、元件参数漂移等诸多问题。随着计算机技术的发展，国内已研制成功各种类型的微机自动准同期装置，它具有原理判据精确、功能齐全完善、技术指标先进、操作简单可靠、检修调试方便等一系列优点，不但新厂可采用，也可以取代老产品。

微机自动准同期装置的基本功能是：

（1）具有良好的均频与均压控制品质；

（2）确保在相角差为零度时实施同期，无冲击电流；

（3）捕获第一次出现同步时机，实现快速同期；

（4）及时消除同期过程中的同频状态；

（5）自动在线测量并列点断路器的合闸时间；

（6）具有与发电厂和变电站计算机监控系统通信的功能；

（7）适应电压互感器不同相别和电压值，具有转角功能；

（8）具有低压和高压闭锁功能，防止误同期；

（9）调试校验功能。

现以国内应用比较广泛的 SID-2V 型微机自动准同期装置为例进行介绍。

二、SID-2V 型自动准同期装置应用范围及特点

SID-2V 型自动准同期装置是供给一台发电机或不超过 15 台发电机复用，进行全自动差频并网的同期装置，也可用于只存在差频并网方式的输电线路检查同步自动并网。这种装置的特点是：在结构上采用了全封闭式和严密的磁屏蔽措施；对输入信号采用光电或电磁隔离，并进行数字滤波；按模糊控制算法实施自动均频及均压控制，具有促成同步条件快速实现的良好控制品质；在软件上采取快速求解计算频差及其一阶、二阶导数的微分方程，实现

精确的零相角差并网；建立在机组运动方程基础上理想导前合闸角的预测算法，能万无一失的捕捉到第一出现的同步时机，使准同步并网速度达到自同步的水平；在软件及硬件上对合闸控制采用了多重冗余闭锁，误合闸概率接近于零；装置面板提供的智能化整步表及数码显示器，使运行人员能非常直观地监督并网全过程；装置内部自备可调频的工频信号源，简化了调试设备；可接受上位机以开关量形式的投入和切除命令；装置电源交直流两用。

三、SID-2V 型自动准同期装置软件流程

SID-2V 型自动准同期装置的软件流程图如图 9-8 所示。

1. 主程序

装置接入后（或装置在带电状态接到复位命令后）CPU 工作，首先进行装置的主要部件自检，如出错，将在 8 位数码显示器上显示出错部位信息，并启动报警继电器报警。如各部件正常，则进入到检测工作/设置开关（W/T）的状态，如检测为工作状态 W，则检测外部各并列点同步开关（或由上位机控制的继电器）送来的并列点选择信号，如无并列点选择信号或选择信号多于一个，则显示器显示出错信息并报警，此时在显示器上交替显示并列点出错信息和系统侧频率值。如检测到一个特定的并列点信号，则打开定时中断程序，装置进入同步工作状态。如在自检后测到 W/T 开关在参数设置的"T"状态，则程序转向查整定参数的 KG 及 KP 按键状态，KG 键每闭合一次，就自动调出下一个待整定参数，KP 键每闭合一次就将待整定参数值增加一个分度（即步距）值。SID-2V 型自动准同期装置通过 KG 及 KP 键整定的参数含每一并列点的导前时间、允许频差、均频控制系数、均压控制系数。因并列点最多可达成 15 个，所以整定的参数共 $15 \times 4 = 60$ 个。允许压差的整定使用 4 个多圈精密电位器整定，15 个并列点共用一组允许压差定值。

2. 定时中断子程序说明

由于同期装置在并网过程中必须在准同期的三个条件中压差及频差达到允许值时，才能去捕获第三个条件，即相角差为零的时机。因此装置需要及时地检测压差及频差，尽管在某个时刻压差及频差已满足要求，程序已进入捕获相角差的过程中，也可能又再次出现压差或频差超出允许值的情况，此时装置必须再重新检测压差及频差，以确保在三个条件都同时满足时才进行并网操作。因此，同步装置的并网程序采用定时中断的方式进行。

在主程序进入"工作"方式后即打开定时中断子程序。程序的起始部分是根据外部输入 TV 信号经变换后提取频差、压差及相角差的信息，进而计算出 Δf、ΔU 及 φ。如果发电机侧或系统侧的 TV 二次侧电压低于整定的低压闭锁值，表明可能是 TV 二次断线或熔断器熔断，或 TV 一次侧电压本身就很低，这都不适于发电机并网。因此，装置将报警并停止执行并网程序。如并列点两侧的 TV 二次侧电压均高于整定的低压闭锁值，则装置面板上由软件驱动的相位表将按滑差角频率旋转，且程序进入检查 Δf 和 ΔU 是否越限程序段。如任一项或两项都越限，且整定时已选择了需要同期装置具备自动调压和自动调频功能，则装置将依据原整定的均压控制系数和均频控制系数按模糊控制算法进行调压和调频。如未选择自动调压和调频，则装置只显示压差及频差的越限提示符，而不进行调压和调频。如 Δf 及 ΔU 均在允许范围内，程序下一步将检查断路器两侧是否同频（$\Delta f \leqslant 0.05\,\text{Hz}$），如出现同频，装置将自动发出加速控制命令，使待并发电机加速，以破坏同频的僵持状态，促成同步条件的出现，因同频而引起的加速控制和选择自动调频无关。在 Δf、ΔU 均满足要求后，程序准备进入并网阶段，测量当前的相角差 φ，如 φ 处在 $0° \sim 180°$ 区间，则不存在并网机会，直到 φ 进入 $180° \sim 0°$ 区间，就开始检

主程序

复位　接入

自检出错？　Y　N

设置参数或工作

设置　工作

查KG、KP键按下？　N　Y

查并列点？　=0　>1　=1

设置参数定值

调用各整定值

开定时中断

报警、显示

合闸

回收辅助触点变位信号？

计算断路器合闸时间

经 $2t_{dq}$ 后断开合闸回路

显示合闸时间

断电

定时中断子程序入口

测频、测压、测相差、计算 Δf、Δu

断路器两侧压低闭锁？　Y　N

驱动相位表

Δf、Δu 越限？　>115%U_c

Δf 越限　Δu 越限

持续降压

选自动调速？　N　Y

选自动调压？　N　Y

模糊算法的均频控制

显示频差

显示压差

模糊算法的均压控制

调速器

加速控制

励磁调节器

同频？　Y　N

计算当前相角差 φ

φ 在 $0°\sim180°$ 区间？　N　Y

$\dfrac{\mathrm{d}\Delta f}{\mathrm{d}t}$ 越限？　Y

计算理想导前角 φ_{dq}

$\Delta\varphi$ 过大　$\Delta\varphi=\varphi-\varphi$　=0

$\neq0$

预测合闸时刻

即将合闸

为时尚早

计算等待时间

返回

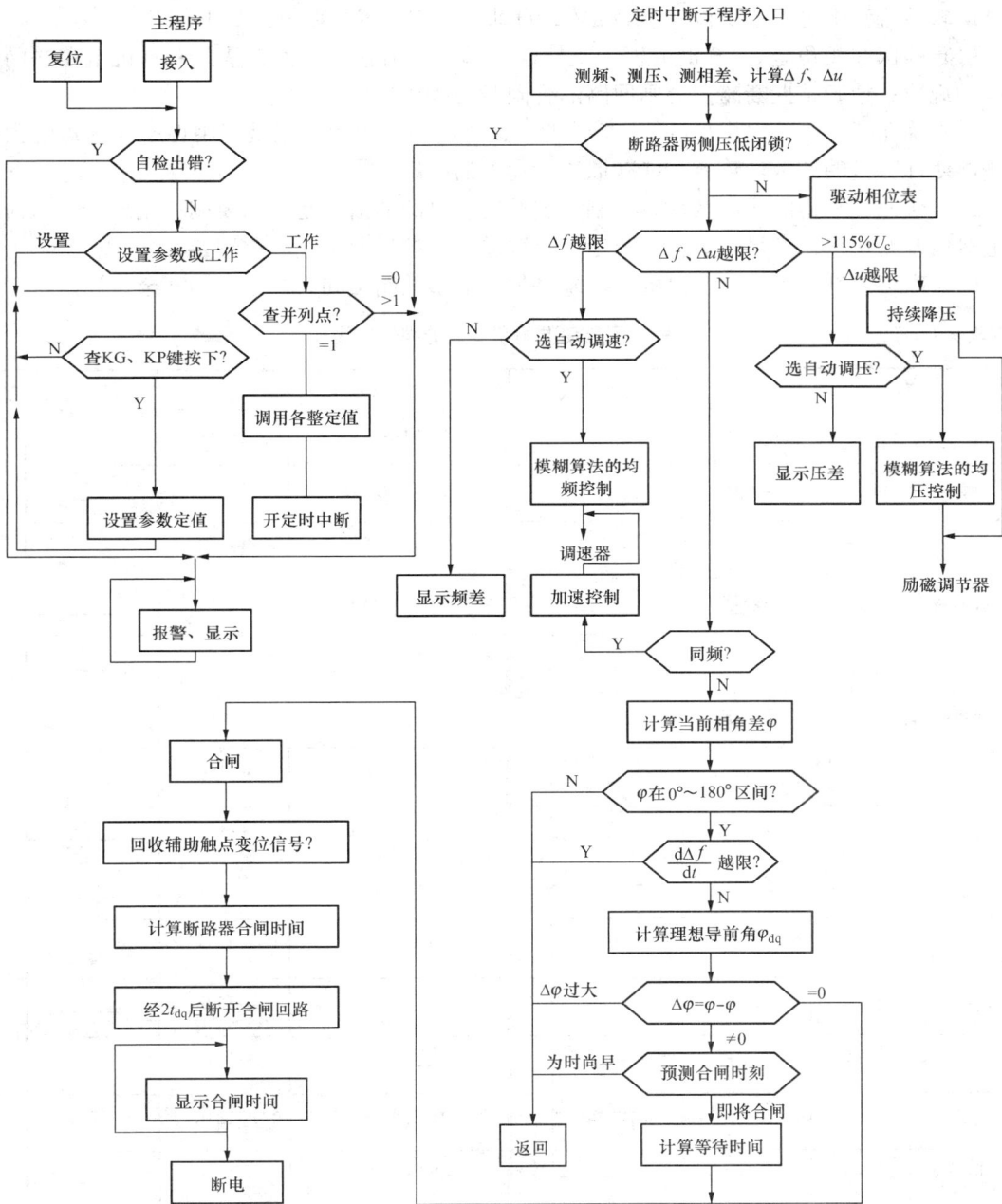

图 9-8　SIV-2V 软件流程图

查频差变化率 $\dfrac{\mathrm{d}\Delta f}{\mathrm{d}t}$ 是否越限，如未越限，程序进行理想导前角 φ_{dq} 的计算，并不断查看当前相角差 φ 是否与 φ_{dq} 一致，如出现 $\varphi=\varphi_{dq}$，即 $\Delta\varphi=\varphi-\varphi_{dq}=0$ 时，可发出合闸命令，确保在 $\varphi=0°$ 时断路器主触头闭合。如 $\Delta\varphi\neq0$ 则进行合闸时机的预测，当预测的时刻到来，即发出命令实行并网。这样就能确保能捕捉到第一次出现的合闸机会，使并网速度达到极值。发出合闸脉冲后，装置将进行合闸回路动作时间的计算，并显示。

从软件流程中可以看出设计 SID-2V 型自动准同期装置主要解决如下问题：

（1）确保在相角差 $\varphi=0°$ 时并网。支持这一目的的措施是，精确掌握发电机组在并网前的运动规律；精确掌握断路器合闸回路的合闸时间。

（2）确保捕获第一次出现的 $\varphi=0°$ 时机。支持这一目的的措施是利用理想合闸角的预测算法，使计算机的离散计算方式能获取连续运算的结果。

（3）快速、平稳的均压及均频控制。支持这一目的的措施是使用模糊控制理论，以偏差的绝对值及变化率为变量，进行高速运算获取适应被控对象工况的控制量。

（4）高可靠性。支持这一目的的措施是软件的多重闭锁和硬件超常的冗余设计。

表 9-1　　　　　　　　　　SID-2V 型自动准同期装置的端子接线表

外接信号	接线号	信号形式	外接信号	接线号	信号形式
系统 TV B 相	3-6JK		1F 同步开关	4-1JK	
系统 TV A 相	3-4JK		2F 同步开关	4-2JK	
发电机 TV A 或 TV B 相	3-5JK		3F 同步开关	4-3JK	
发电机 TV A 相	3-3JK		4F 同步开关	4-4JK	
待并机短路辅助触点	3-1JK		5F 同步开关	4-5JK	
待并机断路辅助触点	3-2JK		6F 同步开关	4-6JK	
合闸控制	2-1JK		7F 同步开关	4-7JK	
合闸控制	2-12JK		8F 同步开关	4-8JK	
加速控制	2-2JK		9F 同步开关	4-9JK	
减速控制	2-3JK		10F 同步开关	4-10JK	
均频控制公共	2-13JK		11F 同步开关	4-11JK	
升压控制	2-5JK		12F 同步开关	4-12JK	
降压控制	2-4JK		13F 同步开关	4-13JK	
均压控制公共	2-14JK		14F 同步开关	4-14JK	
报警	2-10JK		15F 同步开关	4-15JK	
报警	2-17JK		远方复位	4-16JK	
失电	2-11JK		+5V 公共端	4-17JK	
失电	2-19JK		工作电源	1-2JK	+ 或 ~
直流工作电源负极	3-7JK		工作电源	1-3JK	− 或 ~

四、SID-2V 型同步装置的二次接线

表 9-1 为 SID-2V 型自动准同期装置的端子接线表，给出装置各对外引线的端子号。

图 9-9 为 SID-2V 型自动准同期装置用于发电厂的一个典型的同期二次接线图，分为交流回路和操作控制回路两部分，现分述如下：

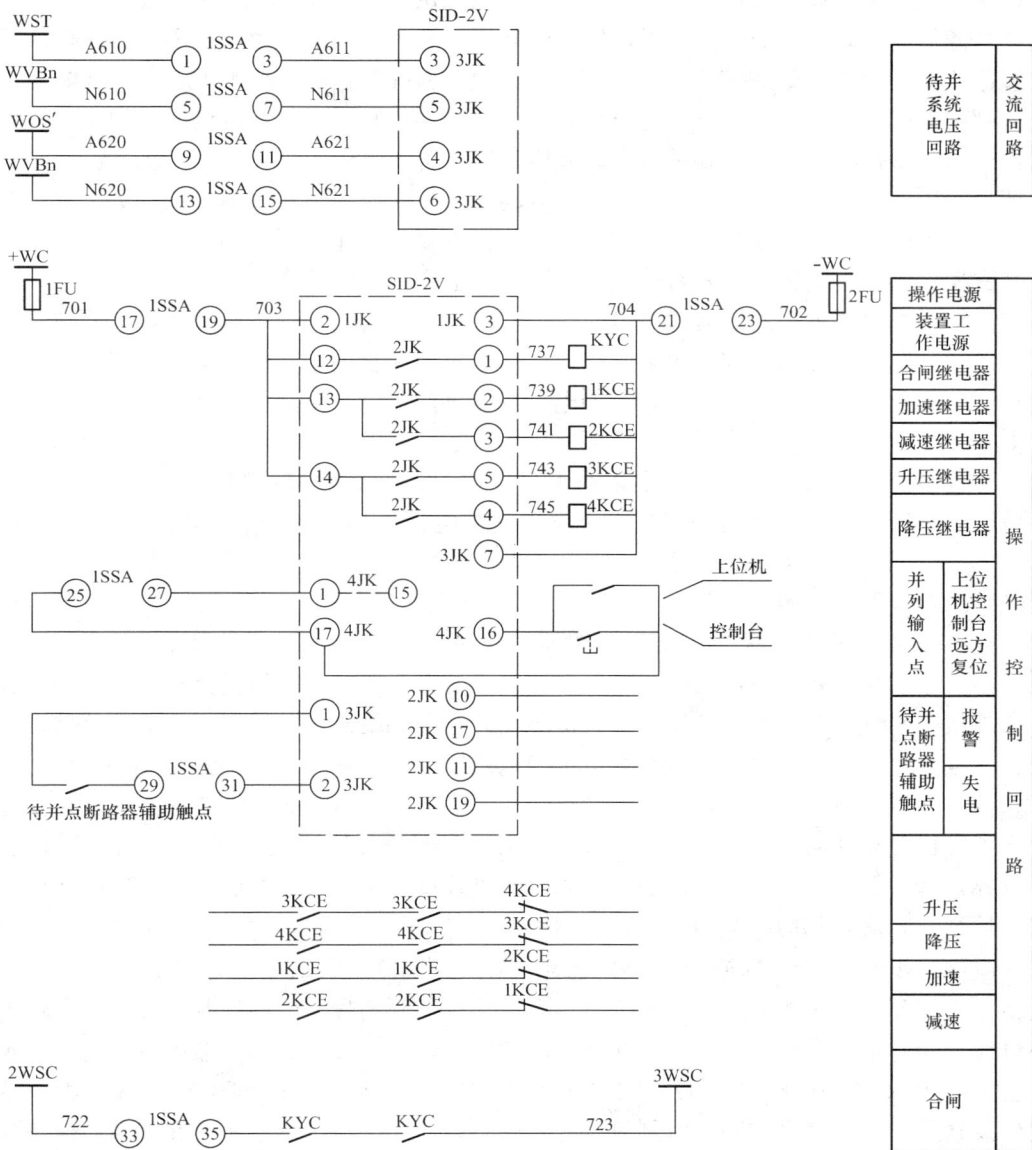

图 9-9　SID-2V 型自动准同期装置典型的同期二次接线图

1. 交流回路

交流回路主要是并列点断路器的 TV 二次侧电压输入回路，两个电压可以有公共端（JK3-5 与 JK3-6 连通），也可没有。图 9-9 中的 SSA 开关可以是手动同步开关，也可以是由上位计算机控制的继电器组，如同期装置为多个并列点共用，则同步开关或继电器组的数量

等于并列点数量，编号为 SSA1，SSA2，…，SSA15。

2. 操作控制回路

操作控制回路可分供电回路、输出控制回路、并列点选择回路、断路器辅助触点输入回路、信号回路、上位机远方复位控制回路。现分述如下：

（1）供电回路。装置可使用直流电源或交流电源供电，图 9-9 示例为直流电源供电。当用直流电源供电时要求 1-2JK 接正极，原因是装置内有为外接电磁中间继电器线圈用的续流二极管，要求 1-3JK（或 3-7JK）接负极性。如装置使用交流电源，且外接中间继电器也是交流的则不需续流二极管，也就没有极性要求，但在选用装置时需加以说明。同步装置一般采用不工作时不带电方式，需要进行自动并网时通过合上 SSA 同步开关，同步装置即带电，并立即执行程序。如采用经常带电方式，则启动装置工作应通过在面板上按一下"复位"按钮，或在远方由上位机经 4-16JK 和 4-17JK 进行远方复位操作，同期装置即投入工作，直至完成并网操作，此时装置一直停留在显示断路器实测合闸时间状态。

应该特别指出，不论同期装置是由"带电"启动或是由"复位"启动，都必须在 TV 二次侧电压及并列点选择信号都已给上，且与"带电"或"复位"同时给上时，同步装置才能正常工作。因此，在设计时务必做到"上电"或"复位"操作不能早于其他信号施加到同步装置上。

（2）输出控制回路。同步装置是以小型中间继电器作为对外控制的接口，主要进行加速、减速、升压、降压、合闸等控制。小型中间继电器输出的是动合空触点，触点容量为 AC220V，5A 或者 DC220V，0.5A，如触点容量许可直接驱动被控对象，则无需外接大容量电磁中间继电器。一般老式调速器和励磁调节器是通过驱动电动机进行均频、均压控制的，因此有外接中间继电器的必要，如图 9-9 中的 KYC、1KCE、2KCE、3KCE、4KCE；而微机型调速器和励磁调节器则仅仅靠一对空触点的开、闭时间长短进行控制，这种情况就不需要外接中间继电器，可由同期装置直接驱动调速器和励磁调节器。但一般断路器合闸回路的驱动电流较大，因此，需外接大容量中间电磁继电器，或使用 MOS 固态继电器。

（3）并列点选择回路及断路器辅助触点输入回路。由于 SID-2V 型同期装置可供多达 15 个并列点进行自动并网用，因此在选择多机共用一台同期装置时就存在并列点的选择问题。这种选择是通过同步小母线来实现的，在同步小母线接上了同步装置的输入 TV 二次侧电压信号、均频控制信号、均压控制信号、合闸控制信号，还有装置电源。各个并列点都有一个与之对应的同步开关 SSA（或由上位机控制的继电器组），用来在该并列点实施并网操作时，将相应的 TV 二次侧电压、均频控制信号、均压控制信号、合闸控制信号及电源送上同步小母线，同时将并列点选择信号、断路器辅助触点信号直接送到同期装置的 4-1JK（或 4-2JK 至 4-15JK 中的一个）、4-17JK 及 3-1JK、3-2JK。各并列点的同步开关 SSA 或继电器组在硬件及软件设计上确保在同一时刻只可能有一个接通，保证了同期装置在某时段服务对象的唯一性。不难看出，同期装置此时是分时服务的，而且同期接线设计复杂，切换触点很多。因此，这种集中同步方式只适用于小型发电厂，且机组数量不多的场合。

对于中、大型发电厂逐步在进行分布式控制系统（DCS）改造，或设计时就采用了 DCS 模式，根据 DCS 的权力下放、物理分散设计原则，采用每一同期点均设置自动准同期装置的分散同步方式，同期装置就成为每台发电机的专用智能终端。此时同期装置的并列点选择信号可固定连接，例如 1 号机的同期装置将 4-1JK 和 4-17JK 接通，2 号机的同期装置将 4-

2JK 和 4-17JK 接通，依此类推。同样其他信号，诸如辅助触点、输出控制信号等都可以接死，需要并网操作时只需将 TV 二次侧电压送上，及同期装置上电即可。并网结束后断开工作电源及 TV 二次侧电压，TV 二次侧电压不宜经常施加在装置上。

断路器辅助触点是作为测量断路器合闸时间用的，由同期装置的 3-1JK 的 3-2JK 端子输入。在使用集中同期方式时需要通过各并列点的同步开关将其辅助触点接入到同期装置去，如使用一台发电机专用一台同期装置时则可将辅助触点固定接到 JK3-1 和 JK3-2 上，这种测量合闸时间的方法因断路器主触头和辅助触点的不同步会带来测量误差，在 SID-2C 型自动准同期装置中则使用计算法进行测量，彻底解决了测量准确度问题。

（4）信号回路。信号回路由报警继电器和失电继电器组成，它们分别由同期装置的 2-10JK、2-17JK 及 2-11JK、2-19JK 两个空触点输出。在装置软件或硬件出现故障或不正常情况时，除在装置面板上显示器有相应的提示外，都会引起报警继电器启动，以触发中央信号，同时切断同期装置的合闸回路。当装置发出报警时就进入报警死循环程序，只有进行复位操作后装置才可能重新启动，如故障仍未消除，装置再次进入报警死循环程序，这是为避免在装置故障时引起误并网。

如果同期装置的其他信号都已施加到装置的相应端子上，而工作电源突然中断，此时失电继电器发出失电信号。同期装置在断电不工作时，应将失电信号输出回路切断，否则会持续报警。

（5）上位机远方复位控制回路。其功能有两点，一是在同期装置发出报警后，重新复位一次，检验装置是发生永久性故障，或是受短暂突发性干扰所致。另一功能是在同期装置按长期带电方式工作时，由上位机通过一个按键型开关量对装置进行复位，启动装置投入工作。复位信号由 4-16JK、4-17JK 输入，信号形式是动合触点短暂闭合 1～2s 后释放。

需要指出，采用分布式计算机监控系统（DCS）的发电厂，往往采用一个同期点设一套微机自动准同期装置（同期板），同期装置成为 DCS 的一个智能终端接入网络总线，由 DCS 发出指令完成开机并网的全过程。

第五节　同期回路接线的检查分析

为避免非同期并列对发电机产生很大的冲击，机组新安装或同期回路检修后，除认真核对接线外，必须对同期回路进行通电检查，以确保同期接线的正确无误。通电检查的方法是：将发电机三相接线从出口处拆开，但机端电压互感器不能切除，合上发电机出口隔离开关和断路器，将系统电压加到发电机端电压互感器上，合上同期切换开关 SAS 投入同期表，根据同期表各端钮间电压的测值及同期表指针的位置判断同期接线是否正确；如果接线错误，也可以分析判断出错误所在。

一、三相组合式同期表

当前微机同期装置已逐步取代模拟式同期装置，但往往保留手动同期方式。同期接线中采用的三相组合式同期表，由电压差表、频率差表和同步表三部分组成。同步表有两组交叉的固定绕组和一个单相励磁绕组，交叉绕组接通待并发电机的三相电压时，产生旋转磁场，可动单相励磁绕组接系统线电压，产生脉动磁场。当两侧电压的频率不同时，单相绕组会带动指针旋转；当发电机频率高于系统频率时；指针顺时针方向旋转；当两侧频率完全相同时

（如并网后），指针固定不动。

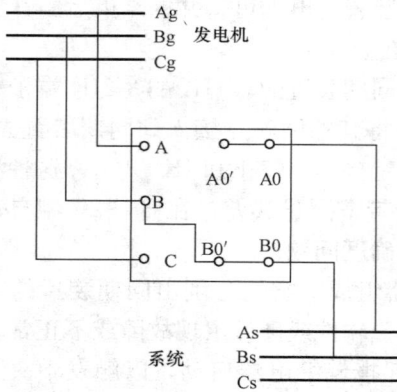

图 9-10　MZ-10 型同期表的正确接线图

二、正确接线

MZ-10 型同期表的正确接线如图 9-10 所示。发电机三相电压通过电压互感器分别接同期表 A、B、C 端，系统 A、B 相的电压通过电压互感器分别接同期表 A0、B0 端，如果同期不分粗细调，将 A0 和 A0′、B0 和 B0′连起来。同期接线中，B 相是公共端，故 B 和 B0 已在仪表内部连起来。可以认为发电机 $\dot{U}_{ABg}$ 电压相量固定在同期表的零位上，系统 $\dot{U}_{ABs}$ 电压相量固定在同期表的指针上，两者的夹角就是两个电压的相位差。同期表也可采用单相的，但三相同期表对读者掌握相量分析这一重要方法更有帮助。

同期表正确接线时的电压三角形如图 9-11 所示。图 9-11（a）表示发电机三相电压三角形△AgBgCg，三相电压分别接入同期表的 A、B、C 端，如图中括号所示。图 9-11（b）表示系统三相电压三角形△AsBsCs，As、Bs 分别接入同期表的 A0、B0 端，如图中括号所示。由于同期表两侧通过互感器接于同一系统而同期表的 B 和 B0 端是连在一起的，两个电压三角形重合，如图 9-11（c）所示。因此，A-A0 间的电压为零，C-A0 间的电压为线电压 100V（设主回路加上额定电压，下同），因为电压相位差为零且频率相同，同期表指针固定指在零位上。

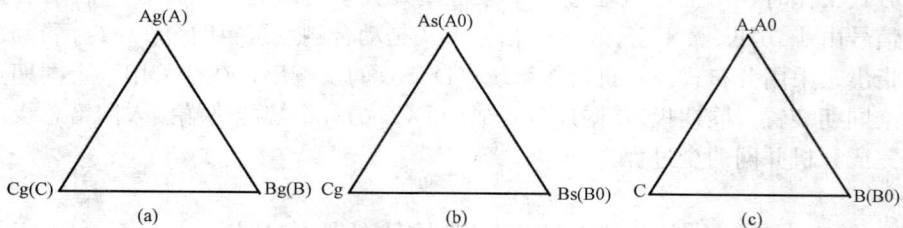

图 9-11　同期表正确接线时的电压三角形

(a) 发电机侧；(b) 系统侧；(c) B-B0 为公共点

三、错误接线

（1）发电机侧电压线 Ag、Cg 对调。如图 9-12（a）所示，接在同期表 A、C 端的电压线对调了，则图 9-11（a）括号内 A、C 对调，如图 9-12（b）所示，加于同期表为反相序电压。系统电压三角形没有变化，如图 9-12（c）所示。而 B 和 B0 端仍连在一起，两个电压三角形通过公共点放在一起就得到图 9-12（d）。可见，A-A0 间的电压为 100V（正确接线为零），C-A0 间的电压为零（正确接线为 100V），并且同期表两侧对应电压相量 $\dot{U}_{AB}$ 和 $\dot{U}_{A0B0}$ 相位差为 60°，同期表的指针停在超前 60°的位置上。从同期表端钮间电压的测值可以认定接线错误，并根据相量分析可以找出错误所在。

说明：从图上看同期表指针应为落后 60°，但由于相序反了，变为超前 60°，同时，由于三相同期表内部接线的关系，在反相序时同期表的指针位置是不准确的。

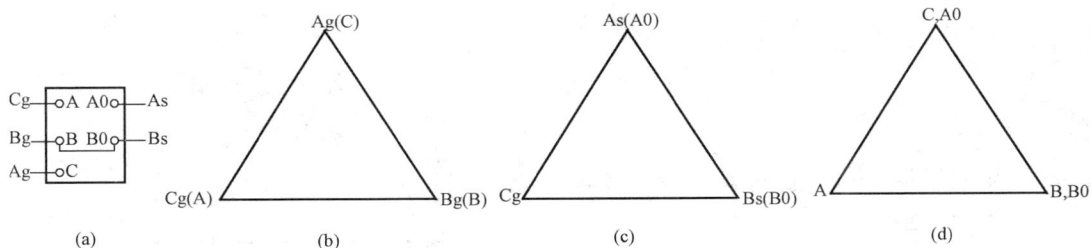

图 9-12 Ag、Cg 对调时的电压三角形

(a) 同期表接线；(b) 发电机侧；(c) 系统侧；(d) B-B0 为公共点

（2）同期表 A0 错接系统侧电压线 Cs。如图 9-13（a）所示，接在同期表 A0 端的电压线变成了 Cs，发电机和系统电压三角形分别如图 9-13（b）、（c）所示。从图 9-13（d）可见，A-A0 间的电压为 100V（正确接线为零），C-A0 间的电压为零（正确接线为 100V），并且同期表两侧对应电压相量 $\dot{U}_{AB}$ 和 $\dot{U}_{A0B0}$ 相位差为 60°。

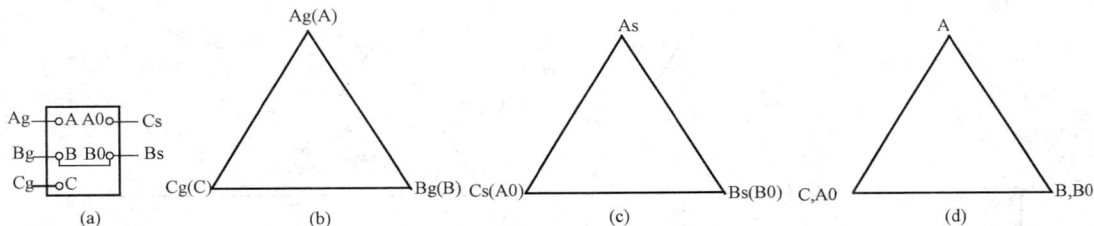

图 9-13 As、Cs 对调时的电压三角形

(a) 同期表接线；(b) 发电机侧；(c) 系统侧；(d) B-B0 为公共点

（3）互感器公共点错相。引至同期回路的两侧电压互感器二次侧 B 相是连在一起接地的，如果相别连错了，也是一种错误接线。例如，系统电压互感器二次侧 A 相和发电机电压互感器二次侧 B 相连在一起作公共点。这时相当于同期表系统侧的两根接线对调，如图 9-14（a）所示。发电机和系统电压三角形如图 9-14（b）、（c）所示，两个三角形以 B-B0 公共点放在一起就得到图 9-14（d）。可见，A-A0 间的电压为 200V（正确接线为零），C-A0 间的电压为 $100\sqrt{3}$ V（正确接线为 100V），并且同期表两侧对应电压相量 $\dot{U}_{AB}$ 和 $\dot{U}_{A0B0}$ 相位差为 180°，同期表的指针停在 180°的位置上。

（4）电压互感器极性接反。电压互感器极性接反以后，同期表的指示和端钮之间的电压都不对，是一种错误接线。例如，同期表端钮接线正确，如图 9-15（a）所示，但系统侧电压互感器的极性接反了，二次侧三个"a"端连起来作中性点，三个"x"端作引出。这时，二次侧的电压相量就会反向，电压三角形倒 180°，如图 9-15（c）所示。将图 9-15（b）发电机侧电压三角形和系统侧电压三角形以 B-B0 为公共点放在一起，就得到图 9-15（d）。可见，A-A0 间的电压为 200V（正确接线为零），C-A0 间的电压为 $100\sqrt{3}$ V（正确接线为 100V），并且同期表两侧对应电压相量 $\dot{U}_{AB}$ 和 $\dot{U}_{A0B0}$ 相位差为 180°，同期表的指针停在 180°的位置上。

需要指出，同期回路的错误接线是多种多样的，以上只是分析了几个典型例子，目的是

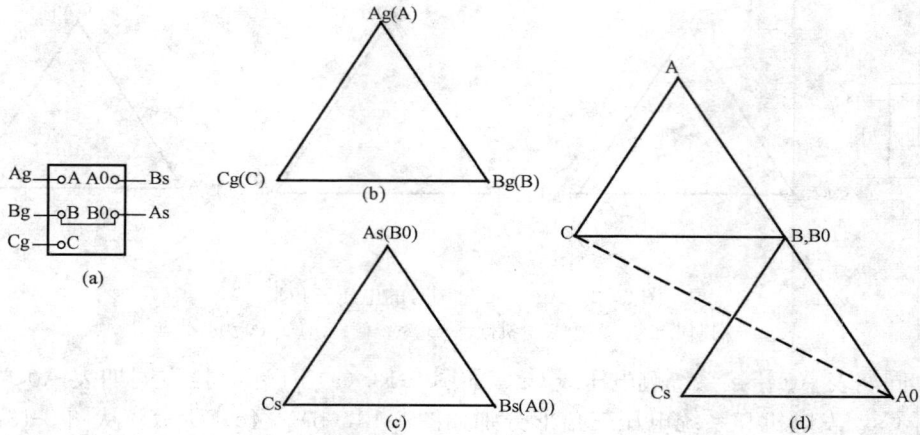

图 9-14　As、Bs 对调时的电压三角形
（a）同期表接线；（b）发电机侧；（c）系统侧；（d）B-B0 为公共点

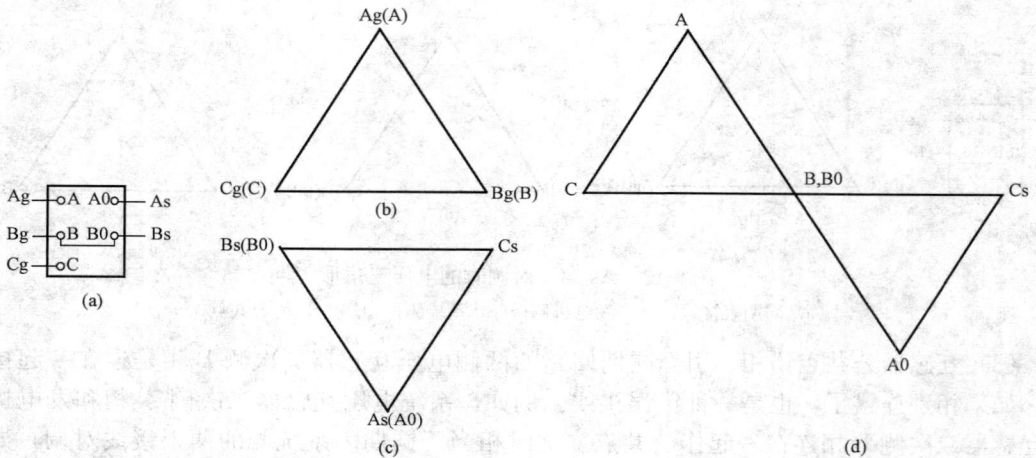

图 9-15　2TV 极性接反时的电压三角形
（a）同期表接线；（b）发电机侧；（c）系统侧；（d）B-B0 为公共点

使读者掌握相量分析方法，提高分析解决工程实际问题的能力，这样对具体的错误接线就能进行正确的分析。

习 题 及 思 考 题

1. 图 9-3 所示接线需要转角变压器，而图 9-2 所示接线不用转角变压器，为什么？

2. 图 9-1 中，发电机检修后将原绕组出口引出线 A、B、C 误接成了 C、A、B，同期接线不改动，能否进行同期？

3. 图 9-1 中，发电机检修后将原绕组出口引出线 A、B、C 误接成了 B、A、C，能否进行同期？

4. 有一台小型汽轮发电机组，汽轮机和发电机间装有变速箱，汽轮机顺时针、发电机反时针转动并网运行，后来更换为与发电机同速的汽轮机，取消了变速箱，发电机变为顺时针转动，如果接线不改动，能否进行同期？

5. 线路断路器同期接线中，线路外侧的电压互感器可以采用单相的，如图 9-5 所示。单相电压互感器用于 35kV 和用于 110kV 线路时电压比分别是多少？

6. 水轮发电机允许采用自同期方式，而汽轮发电机一般不允许采用自同期方式，为什么？

7. 自动同期装置一般都具有同频调节功能，此功能的作用是什么？

8. 一个水电厂有甲、乙两回出线在对侧和同一系统相连，投产之初，当水电厂乙出线断路器断开时，水电厂甲出线断路器可以同期并网，当水电厂甲出线断路器断开时，水电厂乙出线断路器也可以同期并网，在水电厂甲出线断路器同期并网后，运行人员不经检查直接合乙出线断路器，结果产生非同期合闸事故，试分析事故原因。

9. 一个环网在解环处装有三相组合式同期表，解环前同期表的 ΔU、Δf、$\Delta \delta$ 指针都在零位，解环后同期表的 ΔU、Δf、$\Delta \delta$ 指针指示有变化吗？

10. 同期表发电机电压侧顺序错相，即 Cg 接同期表的 A、Ag 接同期表的 B、Bg 接同期表的 C，试画出相量图分析。

第十章　水轮发电机组自动控制接线

　　水轮发电机组自动控制及其接线，与机组的型式、辅助设备的设置以及机组的运行方式有密切的关系。当前，计算机监控系统是水电厂综合自动化的发展方向，水轮发电机组自动控制装置成为监控系统的智能终端。但是，了解由"有形"设备组成的常规控制系统，是掌握计算机控制的基础，现以机组自动化程度较完善的立轴机组为例，选择比较典型的水轮发电机组常规自动控制接线进行介绍。图 10-2～图 10-7 所示为水轮发电机组自动控制接线图。为便于叙述和读图，在控制接线图的每个回路后（即图的右侧）加上回路号。

第一节　水轮发电机组开机操作

一、开机条件

　　机组开机程序如图 10-1 所示。

　　水轮发电机组在开机前应具备下列条件：

　　（1）发电机断路器在跳闸位置，断路器动合辅助触头 QF1 在断开位置（见图 10-3 回路 28），断路器位置重复继电器 1KC 的动断触点在闭合位置（见图 10-2 回路 3）。

　　（2）发电机制动闸内无压力，制动闸在落下位置，制动闸位置开关 1SRV～4SRV 在闭合位置（见图 10-3 回路 34），制动闸位置重复继电器 3KC 的动合触点在闭合位置（见图 10-2 回路 3）。

　　（3）水轮发电机组无事故，机组事故停机继电器 1KOU 未动作，开机回路中的动断触点 1KOU 闭合（见图 10-2 回路 3）。

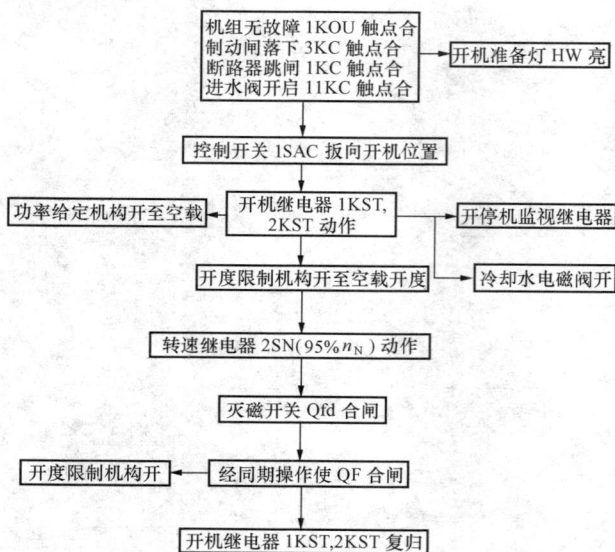

图 10-1　机组开机程序图

　　（4）水轮机进水阀已打开，进水阀全开位置重复继电器 11KC 的动合触点闭合（见图 10-2 开机准备回路 3 虚线框内触点）。

　　当上述开机准备条件具备后，机组开机准备灯（白色信号灯）HW 点亮（见图 10-2 回路 2）。允许机组运行人员进行开机操作。

二、机组开机操作

　　在中控室将机组开停机控制开关 1SAC 扳向开机方向，其触头 1、2 接通（见图 10-2 回路 5），或在机旁屏上将机组开机按钮 SBST 按下，SBST 动合触头闭合（见图 10-2 回路 4），发出开机命令，机组开机继电器 1KST、

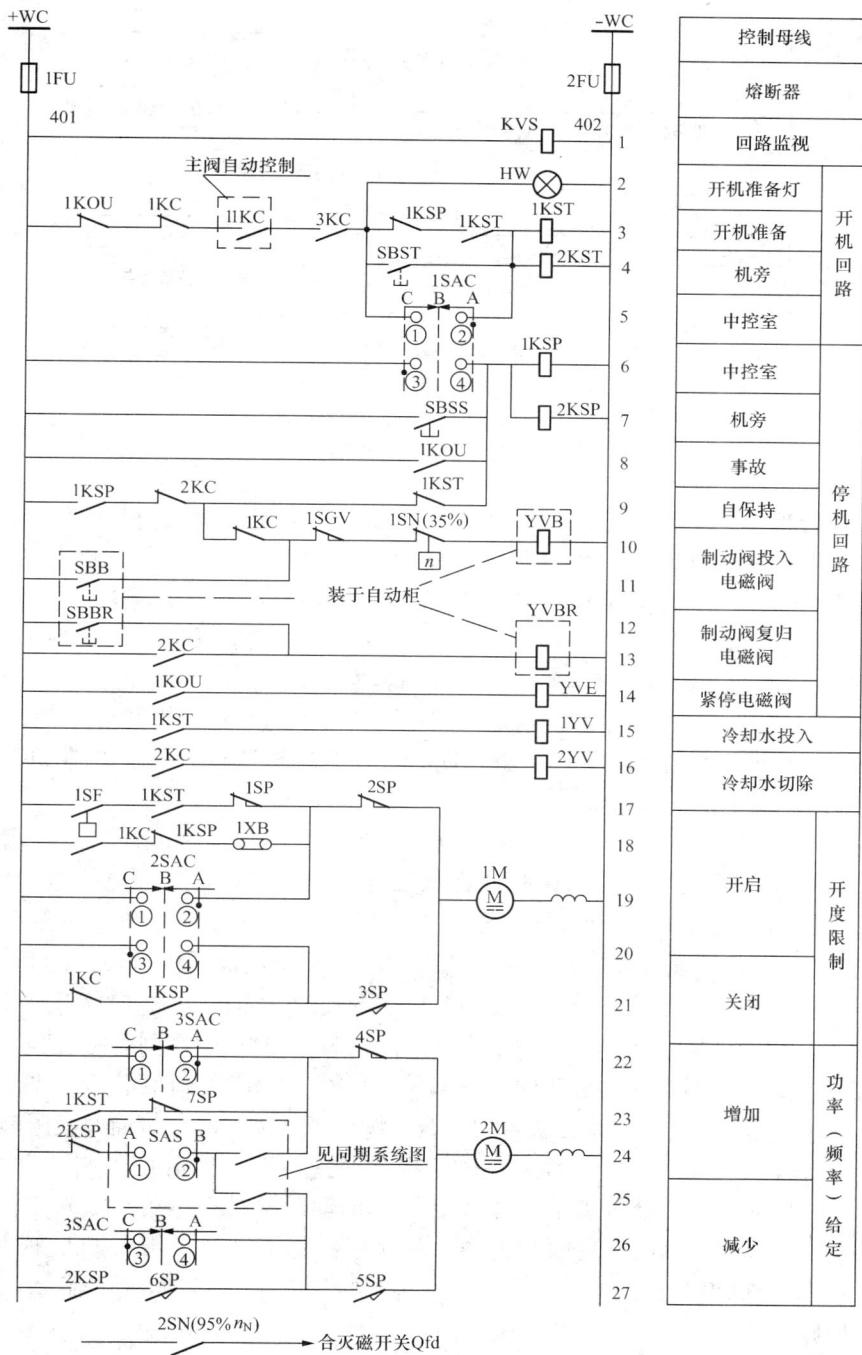

图 10-2　水轮发电机组自动控制接线（一）

2KST 动作并自保持（见图 10-2 回路 3、4），完成以下操作：1KST 动合触点闭合，使 1YV 电磁阀线圈通电，开启冷却水投入电磁阀 1YV（见图 10-2 回路 15），投入机组冷却水，同时示流信号器 1SF 动合触点闭合（见图 10-2 回路 17）；由于此时开机继电器 1KST 的动合

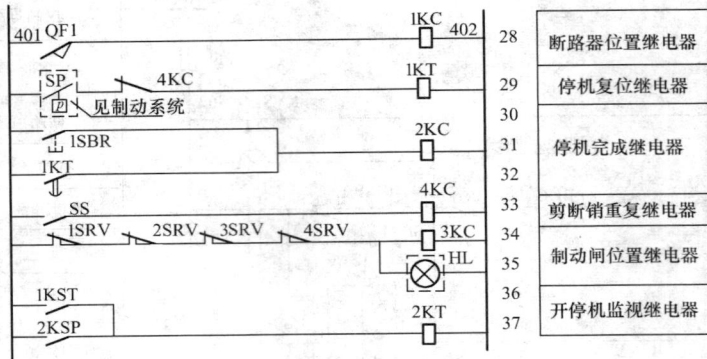

图 10-3　水轮发电机组自动控制接线（二）

触点已闭合，行程开关动断位置触头 1SP 和 2SP 闭合，接通开度限制开启控制回路，电动机 1M 正转，将开度限制开至空载开度，行程开关位置触头 1SP 断开，切断开度限制开启回路电动机 1M 的电源，使电动机 1M 停转（见图 10-2 回路 17）；由于开机继电器 1KST 动合触点闭合，而行程开关动断位置触头 4SP、7SP 处于闭合状态，接通功率（频率）给定增加控制回路电动机 2M 的电源，电动机 2M 正转，将功率给定调至空载位置后，由行程开关动断位置触头 7SP 断开，切断功率给定增加回路电动机 2M 的电源，使电动机 2M 停机（见图 10-2 回路 23）；开机继电器 1KST 动合触点闭合，使开停机监视时间继电器 2KT 线圈通电而启动（见图 10-3 回路 37）。

在水轮机导叶打开后，机组启动，转速增加，当机组转速达到 95%n_N（额定转速）时，转速继电器 2SN 触点闭合，发出合闸脉冲将灭磁开关 Qfd 合闸，使发电机激励建压。然后将同期开关手柄插入同期开关 SAS 并扳到投入位置，此时同期开关 SAS 的触头①-②接通（见图 10-2 回路 24），接通自动准同期装置的增、减速回路，根据机组转速的高低，自动准同期装置发出机组增速或减速命令，自动调节机组的转速。当待并机组与运行系统之间的频率差、电压差、相位差均小于整定值时，自动准同期装置即发出合闸脉冲，使断路器 QF 合闸。断路器合闸后，断路器的动合辅助触点 QF1 闭合（见图 10-3 回路 28），断路器位置重复继电器 1KC 通电动作，1KC 动合触点闭合（见图 10-2 回路 18），接通开度限制开启回路，将开度限制开至全开位置后，由行程开关动断位置触头 2SP 断开开度限制开启回路（见图 10-2 回路 18）。同时，断路器位置重复继电器 1KC 的动断触点断开（见图 10-2 回路 3），使机组开机继电器 1KST、2KST 复归（见图 10-2 回路 3、4）。并使开停机监视时间继电器 2KT 线圈回路中的机组开机继电器 1KST 的动合触点断开，使时间继电器 2KT 断电复归（见图 10-3 回路 37）。

在开机过程中，若机组未能在开停机监视时间继电器 2KT 整定的延时时间内完成开机（见图 10-3 回路 37），机组开机继电器没有复归，时间继电器 2KT 延时闭合的动合触点闭合，使信号继电器 6KS 动作（见图 10-4 回路 56），发出机组开停机未完成信号。

机组并网后，可以操作控制开关 3SAC 来增减机组负荷（见图 10-2 回路 22、26）。控制开关及导叶位置触头图如图 10-5 所示。

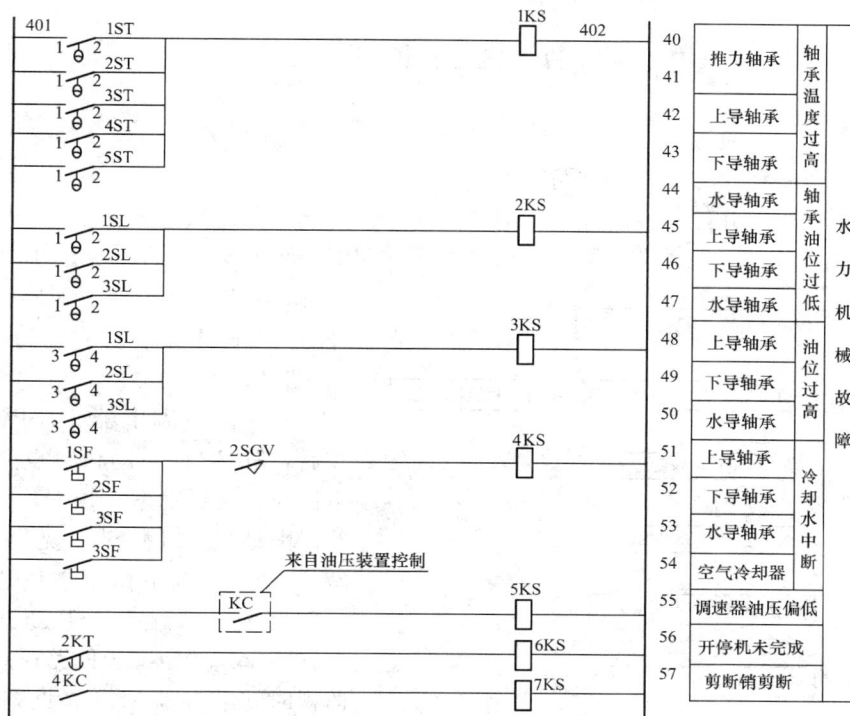

图 10-4　水轮发电机组自动控制接线（三）

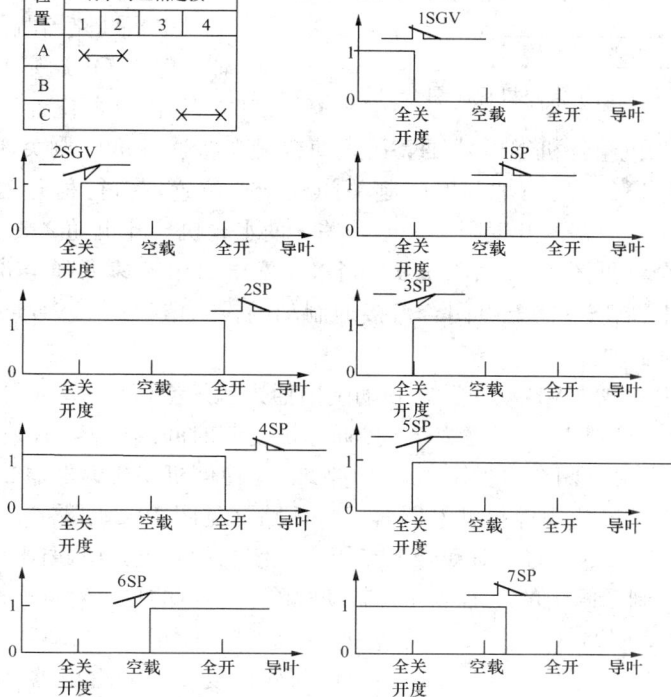

图 10-5　控制开关及导叶位置触头图

第二节　机 组 停 机 操 作

一、机组正常停机操作

机组正常停机程序如图 10-6 所示。

在中控室将机组开停机控制开关 1SAC 扳向停机方向，其触头③-④接通（见图 10-2 回路 6），或在机旁屏上将机组停机按钮 SBSS 按下，SBSS 动合触头闭合（见图 10-2 回路 7），发出停机命令，机组停机继电器 1KSP、2KSP 动作并自保持（见图 10-2 回路 6、7、9）。

机组停机继电器 1KSP、2KSP 动作后，2KSP 两对动合触点闭合完成以下操作：接通功率（频率）给定减少回路，电动机 2M 反转（见图 10-2 回路 27），使机组卸负荷至空载开度时，由行程开关位置触头 6SP 断开，切断功率（频率）给定减少回路；启动开停机监视时间继电器 2KT（见图 10-3 回路 37）。当导叶开关至空载位置时，触头 1SP 接通，使发电机断路器跳闸（见图 4-5 中"来自水机保护"）。

发电机断路器跳闸后，断路器的动合辅助触点 QF1 断开（见图 10-3 回路 28），使断路器位置重复继电器 1KC 复

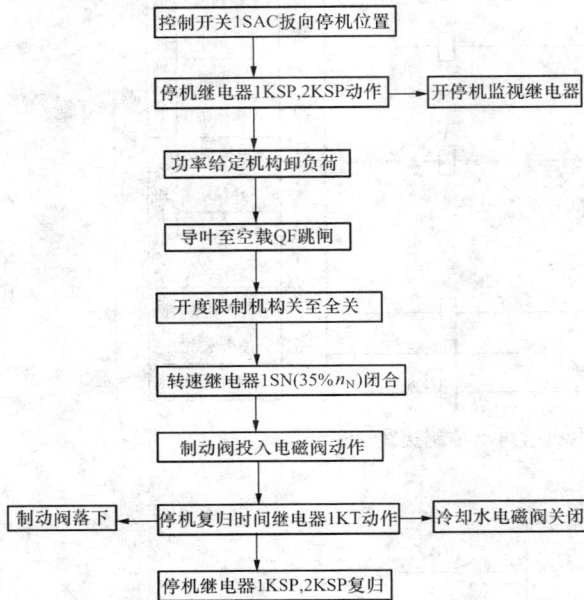

图 10-6 机组正常停机程序图：

控制开关1SAC扳向停机位置 → 停机继电器1KSP,2KSP动作 → 开停机监视继电器 → 功率给定机构卸负荷 → 导叶至空载QF跳闸 → 开度限制机构关至全关 → 转速继电器1SN(35%n_N)闭合 → 制动阀投入电磁阀动作 → 停机复归时间继电器1KT动作 → 制动阀落下 / 冷却水电磁阀关闭 → 停机继电器1KSP,2KSP复归

归，1KC 动断触点和机组停机继电器 1KSP 的动合触点接通开度限制关闭回路（见图 10-2 回路 21），使电动机 1M 反转，把开度限制关闭到全关位置，由行程开关位置触头 3SP 断开，切断开度限制关闭回路；开度限制关至全关，使水轮机导叶也随之关至全关位置，导叶位置触头 1SGV 闭合（见图 10-2 回路 10），当水轮发电机组转速下降至 35％额定转速（可整定）时，转速继电器 1SN 的触点闭合，接通制动闸投入电磁阀 YVB 回路（见图 10-2 回路 10），使机组加闸制动。

当制动闸投入电磁阀 YVB 动作后，制动闸中通入压缩空气使制动闸顶起，压力信号器 SP 的动合触点闭合（见图 10-3 回路 29），接通停机复归时间继电器 1KT；经过延时后，时间继电器 1KT 的动合触点闭合（见图 10-3 回路 32），使停机完成继电器 2KC 动作：2KC 的一对动断触点断开，切断机组停机继电器自保持回路（见图 10-2 回路 9），使机组停机继电器 1KSP、2KSP 复归；2KC 的一对动合触点闭合，使制动闸复归电磁阀 YVBR 动作（见图 10-2 回路 13），排除制动闸中的压缩空气，制动解除；2KC 的另一对动合触点闭合，接通冷却水切除电磁阀 2YV 回路（见图 10-2 回路 16），将冷却水切除。制动闸落下后，压力信号器 SP 的动合触点断开（见图 10-3 回路 29），切断停机复归时间继电器 1KT 回路，时间继电器的动合触点断开（见图 10-3 回路 32），使停机完成继电器 2KC 复归；2KC 复归后，其

一副动合触点 2KC 断开，切断制动闸复归电磁阀 YVBR 回路（见图 10-2 回路 13），另一副动合触点 2KC 断开，切断冷却水切除电磁阀 2YV 回路（见图 10-2 回路 16）。

在机组停机过程中，当开停机监视时间继电器 2KT 到达整定的时间（见图 10-2 回路 37），机组还未能完成停机，机组停机继电器 2KSP 没有复归，时间继电器 2KT 的动合触点闭合，使信号继电器 6KS 动作（见图 10-3 回路 56），发出机组开停机未完成信号。

二、机组事故停机

当水轮发电机组出现事故时，将使事故停机继电器 1KOU、3KOU 动作（见图 10-7 回路 58、63）。3KOU 动作后，其动合触点闭合（见图 10-2 回路 8），接通机组停机继电器 1KSP、2KSP，使动作于机组停机；事故停机继电器 1KOU 动作后，其动合触点闭合，接通调速器紧急停机电磁阀 YVE（见图 10-2 回路 14），使水轮机导叶迅速关闭至全关位置，不经过先卸负荷后停机的程序，以加快机组停机的速度，避免机组事故扩大。

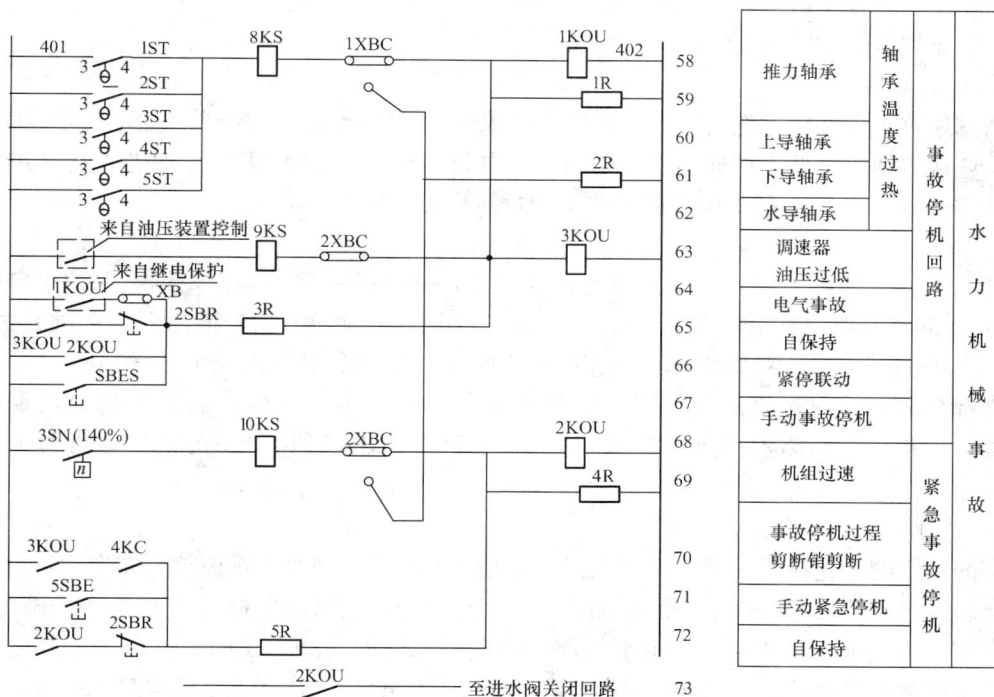

图 10-7 水轮发电机组自动控制接线（四）

三、机组紧急事故停机

当机组过速达到 $140\%n_N$（额定转速）时，转速信号器 3SN 的动合触点闭合（见图 10-7 回路 68 所示），使紧急事故停机继电器 2KOU 动作，2KOU 有三对动合触点：一对自保持（见图 10-7 回路 72）；另一对使事故停机继电器 1KOU、3KOU 动作停机（见图 10-7 回路 58、63）再一对使进水阀关闭（见图 10-7 回路 73）。当机组事故停机过程中，导叶剪断销剪断，剪断销信号器 SS 的动合触点闭合（见图 10-3 回路 33），使剪断销重复继电器 4KC 动作，4KC 动合触点闭合（见图 10-7 回路 70），使紧急事故停机继电器 2KOU 动作（见图 10-

7 回路 68），紧急停机并关闭进水阀。当机组出现重大事故而水力机械保护不动作关机时，可按下手动紧急停机按钮 5SBE，使 2KOU 动作紧急停机（见图 10-7 回路 71）。

第三节　水 力 机 械 保 护

水轮发电机组的水力机械保护分为三类：①作用于机组故障信号的保护；②作用于机组事故停机的保护；③作用于机组紧急事故停机的保护。

一、作用于机组事故停机的保护

1. 轴承温度过热

水轮发电机组的轴承包括推力轴承、上导轴承、下导轴承、水导轴承等。在机组运行过程中，若轴承温度超过 65℃（有的机组定为 70℃），温度信号器 1ST～5ST 中的一个或几个动合触点闭合，使事故停机继电器 1KOU 动作（见图 10-7 回路 58～62），作用于机组事故停机，防止烧毁轴承的轴瓦。

2. 调速器油压过低

当调速器出现油压过低情况时，调速器对水轮机导叶就会失去控制，机组必须立即事故停机。调速器油压过低，调速器油泵控制回路中的继电器动合触点闭合，使事故停机继电器 1KOU、3KOU 动作（见图 10-7 回路 63），作用于机组事故停机。

3. 电气事故

电气事故有两种情况：一种是机组内部事故，这时差动保护动作，继电保护出口继电器 KOU1 的动合触点闭合（见图 8-15 的 1KOU 回路），除跳开出口断路器和灭磁开关外，还使机组停机继电器 1KOU 动作（见图 10-7 回路 64），作用于机组事故停机；另一种是机组外部事故，这时过电流保护或过电压保护等动作，为了使事故后机组能更快重新投入系统，保护只跳断路器和灭磁开关（见图 8-15 的 2KOU 回路），机组只卸负荷至空载而不停机。

4. 水润滑水导轴承润滑水中断

有的机组的水轮机导轴承采用水润滑，在轴承润滑水中断时，示流信号器启动，投入备用水，若经过一定时间，轴承润滑水仍没有，则作用于机组事故停机（图 10-7 中未画出）。

当水力机械出现事故时，机组事故停机继电器 1KOU、3KOU 的触点作用于开度限制机构减少回路和紧急停机电磁阀 YVE 回路，加快停机过程。当导叶关至空载开度时，联动跳发电机出口断路器，以防止机组在事故停机过程中甩负荷引起机组过速。

在机组事故停机过程中，也使得相应的信号继电器 8KS、9KS、10KS 动作掉牌（见图 10-7 回路 58、63、68），作用于发出事故音响和点亮光字牌 41HL、42HL（见图 10-8 回路 74、75），并指出事故性质和事故原因。

作用于机组紧急停机的保护已在上一节介绍。

二、作用于机组故障信号的保护

1. 机组轴承温度过高

在机组运行过程中，若轴承温度超过 60℃（有的机组定为 65℃），温度信号器 1ST～5ST 中的一个或几个动合触点闭合，启动信号继电器 1KS（见图 10-4 回路 40～44），作用于发出故障音响和点亮光字牌 43HL、44HL（见图 10-8 回路 76、77），并指出故障性质和故障原因。

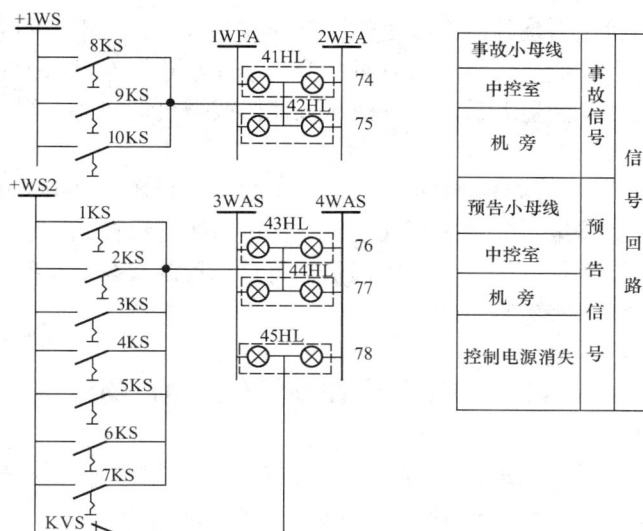

图 10-8　水轮发电机组自动控制接线（五）

2. 轴承油位过高或过低

水轮发电机组的轴承油位过高或过低时，油位信号器 1SL、2SL、3SL 中的一个或几个动合触点闭合，启动信号继电器 2KS 或 3KS（见图 10-4 回路 45～50），作用于发出故障音响和光字信号，并指出故障性质和故障原因。

3. 冷却水中断

机组运行过程中，机组轴承或发电机空气冷却器中的冷却水中断，示流信号器 1SF～4SF 中的一个或几个动合触点闭合，启动信号继电器 4KS（见图 10-4 回路 51～54），作用于发出故障音响和光字信号，并指出故障性质和故障原因。

4. 调速器油压偏低

调速器油压偏低，调速器油泵控制回路中的继电器的动合触点闭合，给机组控制回路发出调速器油压过低信号，启动信号继电器 5KS（见图 10-4 回路 55），作用于发出故障音响和光字信号，并指出故障性质和故障原因。

5. 机组开停机未完成

在机组开停机过程中，经过一定的时间延时，机组未完成开停机，机组开停机监视时间继电器 2KT 的动合触点闭合，启动信号继电器 6KS（见图 10-4 回路 56），作用于发出故障音响和光字信号，并指出故障性质和故障原因。

6. 剪断销剪断

在机组正常运行过程中，若导叶剪断销剪断，剪断销信号器 SS 的动合触点闭合（见图 10-3 回路 33），剪断销重复继电器 4KC 动作，动合触点闭合，启动信号继电器 7KS（见图 10-4 回路 57），作用于发出故障音响和光字信号，并指出故障性质和故障原因。

7. 水润滑水导轴承备用润滑水投入

有的机组的水轮机导轴承采用水润滑，在轴承润滑水中断时，示流信号器启动投入备用水，当备用水投入后，须发出故障音响和光字信号，并指出故障性质和故障原因。

上面阐述的水力机组自动控制系统是较典型的控制系统，对于不同的水轮发电机组和不同的附属设备，其自动控制系统接线会有某些变化。如水轮发电机组为卧轴机组，自动控制系统就较为简单；再如调速器若采用电气液压调速器或微机调速器，则在自动控制接线上也有所不同。

这里只介绍了水力机械的自动控制接线。在水电厂中，还有机组辅助设备和全厂公用设备的自动控制系统。如压缩空气系统自动控制、油压系统自动控制、供水系统自动控制、进水阀自动控制、闸门自动控制等。只要掌握了机组自动控制接线，这些自动控制系统接线就不难掌握，需要时读者可参考有关的资料。

第四节　可编程序控制器在水电厂的应用

在水电厂中，机组及其辅助设备的自动控制基本上是一种顺序逻辑控制，使用可编程序控制器是非常合适的，并正在逐步得到推广应用。

一、可编程序控制器的功能和特点

可编程序控制器简称为 PLC。PLC 是可编程序控制器的缩写，即 Programmable Controller，为了与个人计算机 PC 区分，人为地增加了 L，即 Logical。1982 年国际电工委员会（IEC）在颁布可编程序控制器标准草案中所用的定义是，可编程序控制器是一种专为在工业环境下，应用与设计的数字运算操作的电子系统。它采用一种可编程序的存储器，在其内部存储执行逻辑运算、顺序控制、定时、计数和算术运算等操作的指令，通过数字式或模拟式的输入输出来控制各种类型的机械设备或生产过程。

1. PLC 的特点

（1）通用性好，功能强。在自动控制领域中，传统的控制器，无论是采用电磁继电器或者电子电路，都是一种硬接线的控制器，一旦制造出来，其性能和操作就固定下来。可编程序控制器采用了计算机控制技术中突出软件控制的思路。在其一定的硬件支持下，实现微型化和智能化，功能更强大，控制更灵活。

（2）环境适应性好，抗干扰能力强，可靠性高。工业生产一般要求控制设备具有很强的抗干扰能力，能在恶劣环境下可靠地工作。平均无障间隔时间长和修复时间短。PLC 内部处理过程不依赖于机械触点，软件上还有故障诊断和处理功能，平均无故障工作时间高达 10 万小时以上。这对于存在雷电干扰、电磁干扰、电场干扰、操作过电压干扰等复杂电磁环境的发电厂尤为适合。

（3）PLC 采用面向生产过程的"梯形图"语言编程方法。这种电气控制直观易懂，与人们习惯的电磁控制接线图十分相似。且使用灵活，当调整控制方案时，只须改变用户程序即可，而且编程简单、易于掌握。

（4）PLC 的接口简单，使用、维护方便。PLC 的接口电路一般为模块式，输出接口有较强的带负载能力，一般可以直接驱动执行部件的线圈。输入、输出接口都可直接与现场强电相接。当控制端口不够用时，还可增加只含有输入输出的扩展箱来扩充点数。

（5）性能较强的 PLC 还具有定时、计数、步进、数据处理等功能，以及 A/D、D/A 转换功能以完成对模拟量的控制和调节。

2. PLC 的主要功能

PLC 的种类较多，功能也不尽相同，但一般都具有下列基本功能。

（1）能对开关量实现顺序控制，而且顺序扫描速度很快。

（2）能实现多路定时、计数和移位控制。

（3）具有数据处理、算术运算、模拟量控制、高速计数及通信联网等功能。

（4）具有断电记忆功能和故障自诊断功能。

（5）编程显示采用梯形图，有的 PLC 可采用软件在计算机上离线编程，并在计算机上进行模拟调试。对于一些大型、高档的 PLC，还具有如中断控制，过程控制等复杂的高级功能，即具有一定的计算机控制系统的功能。

3. PLC 的编程

在 PLC 的编程中，梯形图和指令语句表联合使用是最常用的方法。图 10-9（a）、（b）表示了电器控制电路与 PLC 的梯形图以及两者的对照关系。

图 10-9（b）所示的梯形图除了在接点排列的顺序上稍有不同外，与图 10-9（a）所示的电器控制图基本相同，而且它们的操作控制功能也是相同的，所不同的只是接点和线圈的表示符号不同而已。

图 10-9（b）中的各符号所代表的意义见表 10-1。

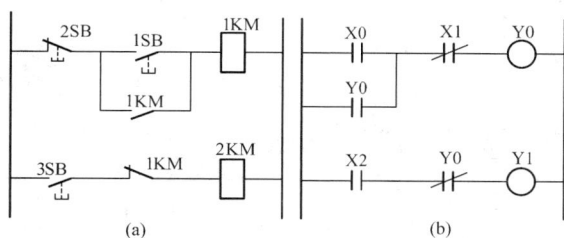

图 10-9　电器控制电路与 PLC 梯形图对照
（a）电器控制电路；（b）PLC 梯形图

表 10-1　PLC 梯形图各符号代表的意义

符　号	意　义
╫	表示动合触点
╫	表示动断触点
○	表示元件的线圈

图 10-9（a）所示的电器控制电路的控制过程如下。当按下动合按钮 1SB 时，接触器线圈 1KM 通电动作，1KM 的动合触点闭合使接触器 1KM 自保持，其动断触点断开，使 2KM 线圈不会得电。按下停止按钮 2SB 时，线圈 1KM 断电，1KM 的动合触点断开，自保持作用消失，而 1KM 的动断触点闭合，为 2KM 线圈通电作准备。当按下动合按钮 3SB 时，线圈 2KM 通电，为断续控制作准备。在 2KM 断续控制期间，若按下 1SB，则 1KM 线圈通电并自保持。这时 1KM 动断触点断开，2KM 线圈立即断电。

图 10-9（b）所示的 PLC 的控制过程如下。当 PLC 的输入接点 X0 接通时，则输出继电器的线圈 Y0 通电，并且 Y0 接点自保持。同时，Y0 的动断接点断开，互锁输出继电器线圈 Y0 不通电。当 PLC 内的输入接点 X1 断开时，输出继电器线圈 Y0 断电，Y0 的自保持作用去掉，Y0 动断触点接通，为 Y1 线圈通电作准备。当 PLC 内的输入接点 X2 闭合时，输出继电器线圈 Y1 通电。若这时输入接点 X0 闭合，输出继电器线圈 Y0 通电并自保持。由于 Y0 的动断触点被断开，则输出继电器线圈 Y1 立即断电。可见图 10-9（a）、（b）两者的控制功能是相同的。

PLC 的指令系统和编程方法读者可参阅有关资料。

二、PLC 在水电厂的应用

随着计算机在工业控制领域的不断应用，PLC 被公认为是真正的工业控制计算机。20 世纪 90 年代末期水电厂开始进行无人值班少人值守的设计，同时也掀起了常规大中水电厂的自动化改造热潮。PLC 在水电厂的应用也日渐广泛，已经由初期的用于逻辑控制场合代替继电器控制盘而进入到包括过程控制、位置控制等场合的所有控制领域。PLC 是一种集逻辑过程控制、数据采集、图形工作站等功能；集经济合算、小巧玲珑、设计调试方便等诸多优点于一身，已经在新电站设计和已有电站常规控制改造中得到越来越广泛的应用。

1. 顺序控制

PLC 的顺序控制应用主要体现在对水轮发电机组的自动控制上。如上所述，传统的水轮发电机组的自动控制是由中间继电器和时间继电器等硬件构成的，控制系统比较复杂，维护检修不便，需要改动很困难。而 PLC 具有逻辑功能强、控制灵活方便、可靠性高的特点，特别适合取代传统的继电器控制方式。PLC 还可以与水电厂的计算机监控系统通信，只要上位机给一个开机或停机命令，PLC 就可以根据指令逐条结算，按照预先设计好的梯形图把要做的工作一项一项自动做完；而且完全按照顺序，不会落项更不会丢项直至达到机组运行要求；顺序控制不仅涉及开关量信号，还存在一些模拟量信号参与控制；同时具有水机保护功能，即温度、压力、液位等机械保护信号进行处理，当越限时进行报警或自动停机。采用 PLC 进行流程控制体现了自动化程度及高可靠性。

从接线上来说，采用 PLC 的水轮发电机组自动控制接线，只要将上述采用常规控制的水轮发电机组自动控制接线的继电器线圈和触点改为相应的梯形图语言即可。

2. 逻辑控制

PLC 还广泛应用于机组辅助设备和全厂公用设备逻辑控制，如全厂的压油泵、水泵、气泵等电机控制中。原常规水电厂这部分控制从设计上均由各种继电器形成逻辑判断回路并分散安装于各自现地，逻辑继电器量大，动作频繁的电机逻辑继电器的维护量特别大，且经常出现接点粘连等情况，有些盘柜现场环境较差维护更不方便，故障率高。采用 PLC 改造后，一个 PLC 代替了构成逻辑判断的继电器屏，仅从现地接来压力、液位等信号即可，其他工作如启动停止，主备用轮换及检修设置等所有工作都由 PLC 通过事先编好的逻辑梯形图来实现。辅机电动机少的还可集中在一柜控制，不但减少继电器又节约空间，机组多的也可分散控制。逻辑控制还可应用于其他单一设备的分合操作如阀门、闸门、高压开关电器等的控制。

3. 数据采集

PLC 具有丰富的模拟量模块，可接受传感器传来的 4～20mA 或 0～5V 模拟量，同时具有 RTD 等温度模块，可直接将 PT100 或 Cu50 热电阻接入，监控部分重要温度量，全厂各处所需监视的电气或非电气模拟量，如水位、油位、压力等均可通过 PLC 进行采集并送到计算机处理。

4. PID 算法控制

PID 算法控制属于 PLC 的高级应用。主要用于发电机组调速器及励磁调节器的控制，采用模拟电路来实现 PID 调节，运行中容易出现电子元件的老化、漂移等不稳定因素，即使采用一般单片微机构成的数字调速器和励磁调节器，也存在抗干扰能力低、外围元件多等缺点，降低了工作可靠性。采用 PLC 作为调节控制核心，根据被控设备性能由开发人员设计出调节算法，根据几个重要开关量点进行配合使用，如机组出口开关位置接点或导叶空载开度位置接点等，进行调用不同的 PID 算法模块，形成自动调节机组频率，自动跟踪电网电压并能在甩负荷等异常情况下，将机组频率或电压控制在允许范围内，使机组恢复稳定状态。PLC 这一功能的发掘并实现，在很大程度上取代了原工控机的部分功能。电厂这方面的应用主要在调速器和励磁调节器，使得机电合二为一。

第五节 调 速 器

一、调速器的作用和组成

调速器是水轮发电机组重要的控制部件，它作用于水轮机的导水机构以调节进水量。频率是电能质量的重要指标，当电力系统机组的输入功率与负载功率失去平衡时，系统的频率就会偏移额定值。这时必须调节机组的出力，以维持系统频率在允许范围内（一般偏差不超过 $\pm 0.2Hz$）。水轮发电机调节快速方便，一般都由水电厂担任系统的调频调峰任务，依靠调速器进行调节。此外，机组的启动、停机、并网、加减负荷、成组调节、经济运行控制等也都是调速器的功能。图 10-10 为调速器的组成框图。

1. 测频元件

调速器是根据机组的频率进行调节的，它必须准确测量机组的频率或转速，频率或转速信号可以取自永磁测速发电机、机端电压互感器（当发电机未建压时利用残压测频）、磁性传感器、光电传

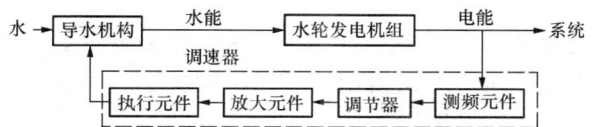

图 10-10 调速器的组成框图

感器等。测频元件将频率信号与额定值进行比较，得到偏差信号送入调节器。

2. 调节器

调节器是调速器实现各种调节规律（PI、PID、自适应等）的核心部件，直接影响调节系统的动态性能和静态性能。调节器将测频元件送来的频率偏差信号，采用一定的调节规律进行运算，然后输出调节信号。

3. 放大元件

水轮机调节的工质是大量的水流，需要很大的调节功率，必须采用外部能源进行放大。调速器的放大元件就是将调节信号进行液压放大。放大元件由主配压阀为核心组成。

4. 执行元件

执行元件直接推动水轮机的导水机构，采用液压放大作用的主接力器。

二、调速器的类型

各种类型调速器的机械液压部分是基本相同的，它们的主要区别在于采用不同的调节器。目前，调速器有以下几种类型。

1. 机械液压调速器

机械液压调速器的测速元件由机械式的菱形离心飞摆构成，当机组频率偏离给定值时，离心飞摆促使调速器进行调节。调节器则由一套机械杠杆传动系统构成。这种调速器在一些投产较早的中小电站仍在采用。

2. 电气液压调速器

电气液压调速器的特点是，测频元件和调节器都采用电子元件组成的模拟电路，如 LC 测频电路、综合放大电路、软硬反馈电路、给定电路、调差电路等。调节器输出的是电气信号，因比要通过电液转换器转换成相应的机械位移信号。

3. 微机调速器

微机调速器中的调节器以计算机为核心，它在基本硬件构成的基础上，调节器的功能是由软件来实现的。由于微机具有很高的运算和逻辑判断功能以及强大的记忆能力，使调速器不仅具有传统调速器的基本调节功能，还扩充了一些新的功能，如故障诊断和处理、事故追忆和记录、通信功能、试验功能等。因此，微机调速器已成为当今调速器发展的主流。微机调速器本身也随着计算机技术的发展而不断发展，最初是采用一些单片微机芯片，后来发展到采用工控机或可编程序控制器。由于微机工作可靠性的提高，电气部分的故障率已较低，但是调速器中的电液转换器仍然是故障率较高的部件。为了提高调速器整体的可靠性和抗油污能力，近年来又采用了由电机（步进电机、伺服电机）构成的电气/位移机构的新型微机调速器，取消了电液转换器。

第六节　水电厂计算机监控系统简介

水电厂计算机监控系统是一个多功能的复杂的控制系统，这里只作简要的介绍。

一、水电厂计算机监控系统的发展

早在 20 世纪 70 年代，计算机已开始应用于水电厂，最早用于各项离线计算和工况的监测，后来，逐渐进入到控制领域。它经历了一段从低级到高级，从顺序控制到闭环调节控制，从局部控制到全厂控制，从电能生产领域扩展到水情测报、水工建筑物的监控、航运管理控制等各个方面，从监控到实现经济运行，从个别电厂监控到整个梯级和流域监控的发展过程，出现了一批用微机构成的调速器、励磁调节器、同期并列装置、继电保护装置。多媒体技术应用使电厂中控室的设计发生了巨大的变化，巨大的模拟显示屏正在逐渐被计算机显示器所代替；常规操作盘基本上已被计算机监控系统的值班员控制台所取代；运行人员的操作已从过去的扭把手、按开关转为计算机键盘和鼠标操作。运行人员的工作性质也发生了质的变化，从过去的日常频繁操作转变为巡视，经常的监测和调节控制都由计算机系统去完成。运行人员的劳动强度大大减轻，人数也大大减少，甚至出现了无人值班或少人值守的电厂。国内新建的大中型水电厂已基本上采用计算机监控系统，一些小型水电厂也有应用，原来已有的采用常规控制的水电厂也在逐步进行改造。采用计算机监控已成为水电厂自动化的发展方向。

二、水电厂实现计算机监控的目的

1. 提高安全运行水平

安全运行是水电厂最重要的任务。为保证水电厂的安全运行，必须对水电厂的运行工况和设备进行经常的严密监测。水电厂需要经常监测的信息量与水电厂容量和机组台数有关，大型水电厂的信息量可以多达数千甚至数万。例如葛洲坝水电厂约有 2027 个模拟量、3132 个开关量和 134 个脉冲量。因人的反应能力有限，靠人工监视不能及时发视问题，结果可能导致事故的发生。计算机能迅速采集和处理大量信息，弥补了人的能力局限性，因而能迅速发现异常以便及时采取措施，防止事故的发生，大大提高了水电厂安全运行的水平。

2. 提高经济效益

水电厂实现自动发电控制以后，可以使水电厂经常处于优化工况下运行，达到多发电、少耗水的目的。梯级水电厂实现全梯级优化运行后，可以进一步节约宝贵的水电资源，提高经济效益。我国一些水电厂运行实践表明，平均效益约为 1%。具体效益的大小随水电厂的类型而异，具有调节性能强的水库和负荷曲线变化大的水电厂的经济效益尤为显著。梯级水电厂实现经济运行后的效益更大，可达百分之几。

3. 减少运行值班人员

水电厂采用计算机监控以后，监测和操作大多由计算机系统进行，运行值班人员只是在旁进行监视以及进行少量的键盘和鼠标操作，工作量大大减少，劳动强度大大减弱。因此，可以大大减少运行值班人员，有的水电厂甚至可以实现无人值班。主厂房一般可不设人值班，中控室只留 1～2 人值班。大型水电厂完全没有人值班在现阶段还是不合适的，但采用计算机监控后，每次值班只需 1 人。我国沙田水电厂，总容量 54MW，原来职工总数为 300人，实现计算机控制后，减为 40 人，其中运行人员不到 20 人。运行值班人员减少后，相应的生活建筑和社会文化设施也可减少，从而大大节约投资。

三、全开放分层分布式计算机监控系统

水电厂计算机监控系统经历了一个演变过程。从模式上看，由以常规控制装置为主，计算机为辅，到计算机监控为主，常规控制装置为辅，再到取消常规控制设备的全计算机监控系统。从结构类型看，由集中式计算机监控系统，到功能分散式系统，再到全开放的分层分布式系统。下面对目前水电厂最通用的全开放的分层分布式计算机监控系统作一介绍。

1. 开放系统的特点

全开放的计算机系统有几个特点如下：

（1）应用软件的可移植性。更换计算机平台时，应用软件可移植到新的计算机平台上。

（2）同系统之间的相互操作性。在多个厂家的计算机组成的网络中，用户可以共享硬件、软件、信息等各种网络资源。

（3）模块接口标准化。应用软件接口，用户操作接口，网络通信接口的标准化。

2. 分层控制

（1）驱动层：监视与控制机组的各种驱动，如油泵、水泵、阀、高低压开关电器等。

（2）功能组控制层：介于机组控制层和驱动层之间的自动控制子系统，实现某一特定的功能，如调速器、励磁装置、同期并列、制动停机等。

（3）机组控制层（现地控制单元 LCU）：按被控对象设置，如每台机组、公用设备、开关站、闸门等。机组的 LCU 具有数据采集和处理、开停机控制、同期控制、转速和有功功率的调节、电压及无功功率的调节等功能，并与上一个控制层进行信息交换。

（4）电厂控制层。是控制系统的最高层，用于控制全厂的运行。如对各 LCU 发出有关开停或运行方式转换命令；调节机组的有功功率和无功功率；采集和处理各 LCU 的实时数据；与调度进行通信，发送有关信息和接受上一级的指令等。

现地控制单元与电站控制级之间的信息交换采用星形网络或总线网络结构。

3. 主要功能

（1）数据采集：模拟量、数字量（开关量）、脉冲量、非电量等。

（2）数据处理和实时报警：模拟量数据处理、状态数据处理、事件顺序记录、参数趋势分析、事故追忆处理、历史数据处理等。

（3）生产过程的控制：机组的开停、线路的停送电、变压器的投切、辅助设备的投切等。操作方法可由电站级计算机远方发出命令或由 LCU 现地发令。

（4）负荷调节：按给定值进行机组有功功率和无功功率的调节。

（5）制表打印与记录：运行日志、操作记录、事故和故障记录、越限记录、报表打印等。

（6）人机联系：包括电站级工作站的 CRT、鼠标、键盘、打印机和 LCU 的 CRT、键盘。其可以下达操作控制命令；对各种画面、报表、曲线等的显示；参数设置和修改；报警显示处理等。

（7）自动发电控制（AGC）：在满足各项限制条件的前提下，以迅速、经济的方式控制整个电站的有功功率来满足系统的需要。

（8）自动电压控制（AVC）：控制发电机励磁和有载调压变压器分接头，使高压母线电压不超过容许值，并使机组间的无功合理分配。

（9）通信功能：与上级调度部门通信，与梯级调度中心通信，与综合自动化其他子系统通信。

（10）在线自诊断和自恢复。

（11）仿真与培训。

以上只是可能实现的功能，具体需要的功能要根据容量、台数、重要性而定。

四、水电厂计算机监控系统的实施

对于新建的水电厂，计算机监控系统的实施应该一步到位。而对于已投产采用常规控制的水电厂进行改造要注意以下几点。

（1）做好规划。实施水电厂自动化既要积极，又要慎重稳妥。要根据电厂的实际情况和条件做好深入的可行性分析和规划，认真选定系统的结构和功能，要注意监控系统的实用性、简单性、可扩性、阶段性。

（2）基础自动化设备的更新改造：基础自动化设备的可靠性和稳定性是实现计算机监控系统的基础和先决条件，主要有：

1）调速器更换为具有通信功能的微机型调速器；

2）励磁装置更换为具有通信功能的自并励微机励磁装置；

3）温度、压力、液位、流量、转速变送器或传感器的更换；

4）油、风、水系统的改造。

根据情况也可以先进行基础自动化设备的更新改造，再上计算机监控系统。

（3）原有常规控制系统的考虑。必要时近期可保留，以便在安装调试和计算机监控系统试运行期间保证电厂正常发电。

习 题 及 思 考 题

1. 开度限制和功率给定都是开大或关小水轮机导水叶的，两者的功能和作用有什么不同？

2. 开机时机组要通入冷却水，冷却水的作用是什么？

3. 水轮发电机组停机时为什么要制动？怎样实现制动？制动闸为什么有多块？

4. 图 10-2 中没有画出机组自同期操作回路，如果需要自同期，试在图上画出自同期操作回路接线。

5. 停机时机组为什么要先卸负荷至空载位置？

6. 导叶剪断销有什么作用？停机过程中剪断销剪断，为什么要关闭进水阀？

7. 水轮发电机组转速的测定有什么方法？

第十一章 电 气 测 量 接 线

在发电厂和变电站中，为了监视和掌握电气设备运行情况，需要有大量的测量表计，其中大多数是电工仪表。本章论述电气测量的有关问题。

第一节 电工仪表的分类、标志和型号

一、电工仪表的分类

电工仪表种类很多，按所用测量方法、用途及结构特性等，常可分为以下几类。

1. 指示仪表

这类仪表的特点是将被测的量转换为仪表可动部分的机械偏转角，然后通过指示器（指针）直接在标尺刻度上示出被测量的大小，为此又称为电气机械式或直读式仪表。

指示仪表应用广泛，规格品种繁多，通常分类的方法有：

（1）按仪表的工作原理分，有磁电系仪表、电磁系仪表、电动系和铁磁电动系仪表、感应系仪表、整流系仪表与静电系仪表等。

（2）按被测量名称分，有电流表、电压表、功率表、电能表、功率因数表、电阻表（欧姆表）、绝缘电阻表（兆欧表）以及多种测量用途的万用表等。

（3）按被测电流的种类分，有直流表、交流表及交直流两用表等。

（4）按使用方法分，有安装式仪表和可携式仪表两种。安装式仪表是固定安装在开关板或电气设备的面板上使用的仪表，广泛用于发电厂、变电站的运行监视和测量，但准确度较低。可携式仪表是可以携带和移动的仪表，广泛应用于电气试验、精密测量及仪表检定中，准确度较高，通常在 0.5 级以上。

（5）按使用条件分，有 A、B、C 三组。A 组仪表宜在较温暖的室内使用；B 组仪表可在不温暖的室内使用；C 组仪表可在不固定地区的室内和室外使用。具体工作条件可从有关标准或规程中查得。

（6）按准确度等级分，国产电工仪表可分为 0.1、0.2、0.5、1.0、1.5、2.5、5.0 七级。

2. 比较仪器

比较仪器用于比较法测量，即将被测件的量与标准量比较后确定被测件量的大小，包括直流比较仪器和交流比较仪器两种。

直流比较仪器有直流电桥、电位差计和标准电阻等；交流比较仪器有交流电桥、标准电感和标准电容等。

3. 数字仪表和巡回检测装置

数字仪表是一种以逻辑控制实现自动测量，并以数码形式直接显示测量结果的仪表，如数字频率表、数字电压表等。数字仪表加上遥测控制系统构成巡回检测装置，可以实现对多种对象的远距离测量。这类仪表在近年来得到了迅速的发展和应用。

4. 记录仪表

将被测量（电量或将非电量变换成电量）转换成位移量，经指示机构自动记录下信号随时间变化情况的仪表，称为记录仪表。记录方式有笔录式和打点式。发电厂中常用的自动记录电压表、频率表和自动记录功率表都属于这类仪表。

当被测量变化很快、来不及笔录时，常用示波器观测。

5. 扩大量程装置和变换器

用以实现同一电量的变换，并能扩大仪表量程的装置称为扩大量程装置，如分流器、附加电阻、电流互感器、电压互感器等。用以实现不同电量之间的变换，或将非电量转换为电量的装置称为变换器。在各种非电量的电测量和变换器式仪表中，变换器都是必不可少的。

6. 积算仪表

反映一段时间内电能量累积值的表计，如记录功率对时间的积算值的有功与无功电能表。积算值一般以数字显示。

二、电工仪表的标志

为便于选择和使用电工仪表，通常把技术特性用不同的符号标示在仪表的刻度盘和面板上，称作仪表的标志。根据国家标准，每个仪表应有测量对象的单位、准确度等级、电流种类和相数、工作原理系别、使用条件组别、工作位置、绝缘强度试验电压的大小、仪表型号以及各种额定值的标志。有关标志的各种符号见表 11-1。

表 11-1 电工测量仪表的标志

1. 测量单位符号					
名 称	符 号	名 称	符 号	名 称	符 号
千安	kA	瓦特	W	毫欧	$m\Omega$
安培	A	兆伏安	MVA	微欧	$\mu\Omega$
毫安	mA	千伏安	kVA	相位角	φ
微安	μA	伏安	VA	功率因数	$\cos\varphi$
千伏	kV	兆赫	MHz	无功功率因数	$\sin\varphi$
伏特	V	千赫	kHz	微法	μF
毫伏	mV	赫兹	Hz	微微法	pF
微伏	μV	兆欧	$M\Omega$	亨	H
兆伏	MW	千欧	$k\Omega$	毫亨	mH
千瓦	kW	欧姆	Ω	微亨	μH

2. 仪表工作原理图形符号					
名 称	符 号	名 称	符 号	名 称	符 号
磁电系仪表		电动系仪表		感应系仪表	
磁电系比率表		电动系比率表		静电系仪表	
电磁系仪表		铁磁电动系仪表		整流系仪表（带半导体整流器和磁电系测量机构）	
电磁系比率表		铁磁电动系比率表		整流系仪表（带半导体整流器和磁电系测量机构）	

续表

3. 电流种类符号

名　　称	符　号	名　　称	符　号	名　　称	符　号	名　　称	符　号
直流	──	交流（单相）	~	直流和交流	≃	具有单元件的三相平衡负载交流	3~

4. 准确度等级符号

名　　称	符　号	名　　称	符　号	名　　称	符　号
以标度尺量限百分数表示的准确度等级，例如1.5级	1.5	以标度尺长度百分数表示的准确度等级，例如1.5级	⫪1.5	以指示值百分数表示的准确度等级，例如1.5级	①1.5

三、电工仪表型号

电工仪表产品型号按规定的标准编制。对安装式和可携式指示仪表的型号各有不同的编制规则。安装式仪表型号的基本编制规则如图 11-1 所示。图中第一位代号按仪表面板形状最大尺寸编号；第二位代号按仪表外壳形状尺寸特征编号。系列代号表示仪表的不同系列，如磁电系用 C，电磁系用 T，电动系用 D，感应系用 G，整流系用 L，静电系用 Q 表示等。例如 44C2-A 型直流电流表，"44"为第一、二位代号，按此代号可从有关标准中查出仪表的外形和尺寸；"C"表示磁电系仪表；"2"为设计序号；"A"表示用以测量电流，即安培表。

可携式仪表的第一位代号为组别号，表示仪表的不同系列，以下部分序号的组成形式和安装式仪表相同。例如 T19-V 型交流电压表，"T"表示电磁系；"19"为设计序号；"V"表示用以测量电压，即伏特表。

除了指示类仪表外，其他各类仪表的型号，还应在组别号前面再加一个类别号，也以汉语拼音字母表示，如电能表用 D，电桥用 Q，数字电表用 P 等。这些仪表的组别号所代表的意义也和指示仪表不同。

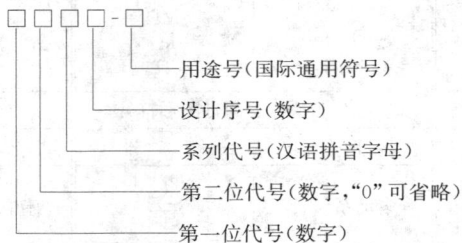

图 11-1　安装式仪表型号的基本编制规则

第二节　电 流 和 电 压 的 测 量

一、电流测量

测量电流用的仪表，称为电流表。为测量电路中的电流，电流表必须串联接入被测电路，如图 11-2（a）所示。图 11-2（a）电路只适用于低电压小电流电路的电流测量。为使电流表的接入不影响电路的原始状态，电流表本身的内阻抗要尽量小，或者说与负载阻抗相比要足够小。测量直流电流时必须注意极性，使仪表的极性与电路极性相一致，让电流从"＋"端流入，"－"端流出。如果极性接反，指针会反偏，严重时会将指针打弯。测量交流电流时，无极性要求，其读数为交流电流的有效值。

仪表的测量范围通常称为量程。仪表不能在超量程情况下工作，否则，会导致仪表的烧毁或损坏。为保证测量准确度，又不致超量程，一般用指针指示满量程的 2/3 为宜。欲测量更大的电流，必须扩大仪表量程。

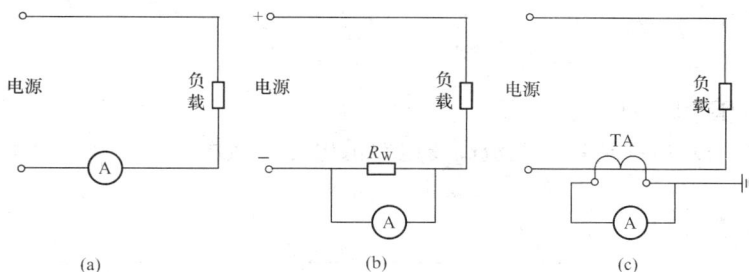

图 11-2　电流测量基本电路
(a) 直接串联接入；(b) 与分流器并联后串联接入；(c) 串联接入电流互感器二次侧

直流电流表通常采用分流器扩大量程。分流器实际上是一个和电流表并联的低值电阻器，用 R_W 表示，如图 11-2（b）所示。使电流表中只通过和被测量电流成一定比例的较小电流，让大部分电流从分流器通过，以达到扩大电流表量程的目的。发电机的励磁电流一般都是接入分流器进行测量，分流器二次端头的额定电压为 75mV。

交流电流表扩大量程的方法，通常采用电流互感器，如图 11-2（c）所示。将电流互感器 TA 一次侧绕组串联接入被测电路，将电流表串联接入 TA 二次侧。由于电流互感器二次侧额定电流一般都为 5A（也有为 1A），故与电流互感器配套的电流表，其量程也均为 5A，其表面的刻度均以电流互感器的一次侧电流标定，因此，可直接读出被测电流的大小。

使用钳形电流表，可在不断开电路的情况下，测量电路电流。

电流表按量程不同，分为安培表、毫安表、微安表等。

二、电压测量

用以测量电压的仪表称为电压表。电压表应跨接在被测电压的两端，即与被测电压的电路或负载并联，如图 11-3（a）所示。

为不影响电路的工作状态，电压表本身的内阻抗要很大，或者说与负载的阻抗相比要足够大，以免由于电压表的接入而使被测电路的电压发生变化，形成不能允许的误差。

串联一个高阻值的附加电阻器 R_a，以及在交流电路中采用电压互感器 TV，都可以使较高的被测电压，按一定比例变换成电压表所能承受的较低电压，从而扩大电压表的量程，如图 11-3（b）、(c) 所示。

图 11-3（a）中，电压表直接并联接入被测电路，适用于交直流低压电路的电压测量。电压表读数即为被测电路两点间的电压大小。测量直流电压时，同样必须注意极性，应使电压表"＋"端接被测电路的高电位端，"－"端接被测电路的低电位端。测量交流电压时，

无极性要求,其读数为交流电压的有效值。同时,还应注意仪表量程必须与被测量相适应,不能在超量程情况下工作。

图 11-3(b)所示电路用于直流电压的测量,电压表与分压器(即附加电阻 R_a)串联后,再并联接入被测电路。这时若电压表的读数为 C,且 $C=U/n$,则

$$U = nC$$

式中　U——被测电路两点间电压;

　　　　n——分压比。

分压器的阻值为

$$R_a = R_V(n-1)$$

式中　R_V——电压表的内阻。

图 11-3(c)所示电路适用于交流高压电路的电压测量。若电压表读数为 C,且 $C=U/K_{TV}$,则

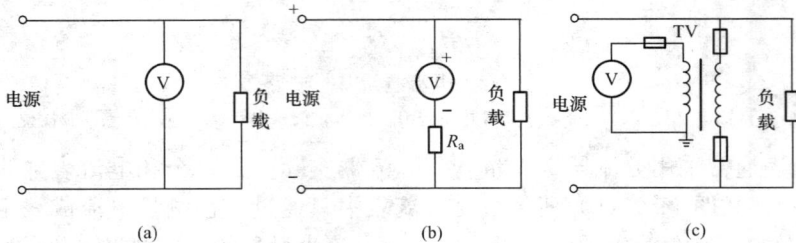

图 11-3　电压测量基本电路

(a)电压表直接并联接入;(b)直流电压表经附加
电阻接入;(c)交流电压表通过电压互感器接入

$$U = K_{TV}C$$

式中　U——被测电路两点间电压;

　　　　K_{TV}——电压互感器的变压比。

由于电压互感器二次侧额定电压都为 100V,故与电压互感器配套的电压表量程均为 100V,电压表的表面刻度以电压互感器的一次侧电压标定,测量时可以直接读出被测电压的大小。

按量程的不同,电压表可分为千伏表、伏特表、毫伏表等。

在电力系统中,三相电压的测量一般采用一只电压表,通过转换开关进行切换;但测量三相电流时一般采用三只电流表而不用转换开关,以防电流互感器开路。

三、仪表的选用

在直流电流和电压的测量中,由于磁电系机构具有准确、灵敏、功耗小和标尺均匀等显著的优点,所以都采用磁电系仪表。磁电系电流表和电压表在接入电路时,要注意端子的极性。

在交流电流和电压的测量中,安装式仪表通常采用电磁系测量机构。至于交流可携式电流表和电压表,目前主要采用电动系测量机构,以适应精密测量的要求。

第三节 功 率 测 量

用以测量电路功率的仪表称为功率表。功率表按所测电路功率性质不同，可分为有功功率表与无功功率表；按电流性质不同，可分为直流和交流两类；按交流电路相数不同，可分为单相和三相两种。

一、单相电路有功功率测量

测量单相电路有功功率的接线图如图 11-4 所示。图 11-4（a）为直接接入法，功率表 PW 圆圈内的水平粗实线表示电流线圈，垂直细实线表示电压线圈。功率表指针的偏转方向由两组线圈里电流的相位关系所决定。改变任一个线圈的电流流入方向，表针都将向相反的方向偏转。为防止接线错误，通常在仪表的引出端钮上，将电流线圈与电压线圈指定接电源同一极的一端标有" * "或"＋"等极性标志，称为发电机端。正确的接线是将电流线圈标有极性标志的一端接至电源侧，另一端接负载侧。电压线圈带有极性标志的一端与电流线圈带有极性标志的一端接于电源的同一极，另一端则跨接到负载的另一端。

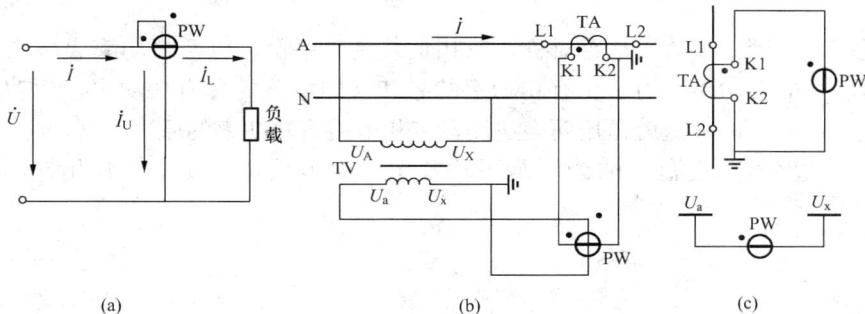

图 11-4 测量单相电路有功功率的接线图

(a) 直接接入法；(b) 经互感器接入的集中式表示原理图；

(c) 经互感器接入的展开式表示原理图

图 11-4（b）中，电压线圈和电流线圈分别经电压互感器 TV 和电流互感器 TA 接入被测电路的集中式表示原理图。图 11-4（c）则是展开式表示原理图。功率表经互感器接入时，必须正确地标出互感器的极性和功率表的极性。

二、三相电路有功功率测量

1. 三相四线制电路有功功率的测量

图 11-5 所示为采用三只单相功率表测量三相四线制电路中的有功功率接线。因为三相总功率为

$$P = P_A + P_B + P_C$$

所以总功率为三只功率表 1PW、2PW、3PW 读数之和。这种接线方式不管三相负载是否平

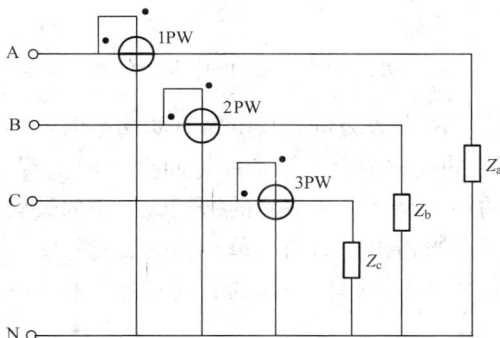

图 11-5 三只功率表测量三相四线制电路有功功率的接线图

衡，测量结果都是正确的。经互感器的接线可参考图 11-4（b）、（c）。

在电力系统中，多采用三元件的三相四线制的功率表测量有功功率。

2. 三相三线制电路有功功率的测量

三相三线制电路的有功功率可以用两只单相功率表进行测量。常见的接线如图11-6所示。由图可知，1PW 功率表上的电流线圈串联在 A 相；电压线圈带星号的端钮也接于 A 相，另一端接 B 相。这样，1PW 指示的有功功率为

$$P_1 = \dot{U}_{AB}\dot{I}_A = (\dot{U}_A - \dot{U}_B)\dot{I}_A$$

同理，2PW 指示的有功功率为

$$P_2 = \dot{U}_{CB}\dot{I}_C = (\dot{U}_C - \dot{U}_B)\dot{I}_C$$

而

$$P = P_1 + P_2 = \dot{U}_A\dot{I}_A + \dot{U}_C\dot{I}_C - \dot{U}_B(\dot{I}_A + \dot{I}_C)$$

由于 $\dot{I}_A + \dot{I}_B + \dot{I}_C = 0$，可得 $\dot{I}_A + \dot{I}_C = -\dot{I}_B$ 代入上式得

$$P = P_1 + P_2 = \dot{U}_A\dot{I}_A + \dot{U}_B\dot{I}_B + \dot{U}_C\dot{I}_C$$

以上说明，不管三相电压是否对称，三相负载是否平衡，以两只功率表按图 11-6 的方式接线，所测得的有功功率为三相有功功率的总和（即电路的总有功功率，为功率表 1PW 和 2PW 两表读数之和），这就是用两表法测量三相电路有功功率的原理。

实际上，功率表刻度盘上的读数是平均功率，而不是瞬时功率，其相量图如图 11-7 所示。

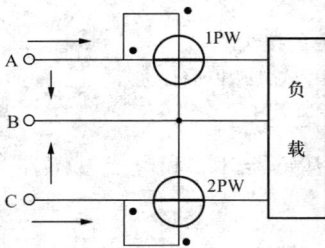

图 11-6　三相三线制电路有功功率测量接线图　　　　图 11-7　图 11-6 的相量图

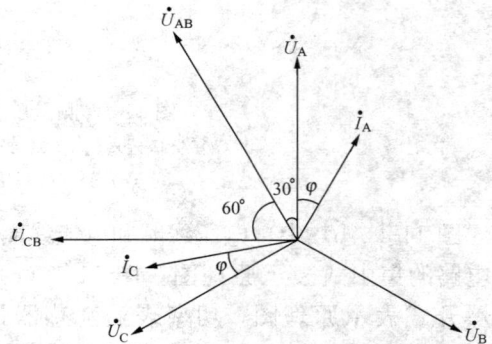

用两表法测量三相电路有功功率时，如果电路的功率因数角大于 60°，则第一只功率表 1PW 的读数为负值，指针将向反方向偏转。如遇此情况，可将表计的电压（或电流）线圈中的一个反接，功率表的指针就向正向偏转，再将其读数记作负值即可。

应当指出，用两只单相功率表测量三相电路有功功率时，每只功率表 1PW（或 2PW）的读数并不代表任一相的有功功率。但两只功率表读数的代数和却代表三相电路的总有功功率。

实际上，测量三相电路有功功率时常采用三相功率表，按上述原理，将两只功率表组合起来，使其动圈在机械上连接在一起，带动同一个指针，用以直接指示三相功率，这是常

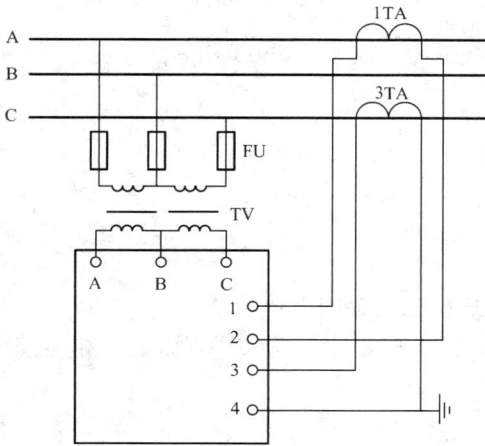

图 11-8 通过电流和电压互感器
测量三相功率的接线图

见的三相两元件功率表。图 11-8 所示为 42L2-W、380/100V、5A 型仪表通过电流和电压互感器测量三相功率的接线。

三角形连接负载的电路可采用图 11-9 所示的人工中性点办法进行三相电路有功功率的测量。也就是利用两只与功率表内阻等值的电阻及功率表本身内阻分别接入三相，形成人工中性点 N'。功率表 PW 读数的 3 倍即为三相电路总功率。

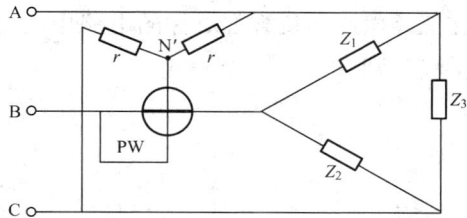

图 11-9 三角形负载接线时功率的测量

三、三相电路无功功率的测量

三相电路无功功率的测量是用有功功率表（或者说用测量有功功率的方法）来测量无功功率的。测量三相电路无功功率的方法很多，下面介绍两种常用的接线方式。

（1）跨相 90°的接线方式。如图 11-10（a）所示，将 1PW 的电流线圈串联在 A 相，电压线圈接于 U_{BC} 上；将 2PW 的电流线圈串联在 B 相，电压线圈接于 U_{CA} 上；将 3PW 的电流线圈串联在 C 相，电压接于 U_{AB} 上。三只单相功率表读数之和为 $\sqrt{3}$ 倍的三相无功功率。内部接线采用跨相 90°接线方式的三相无功功率表（如 16D3-VAR 型），表盘刻度时已考虑了必要的系数，可直接读出被测三相电路的无功功率。

如果三相电压是对称的（负载可以不对称），则三个线电压数值相等（标为 U_L），相位互差 120°。从图 11-10（b）的相量图可见，接入三只单相功率表的电流和电压的夹角为 90°减去 φ_A（φ_B、φ_C），由此可得功率表的测值为

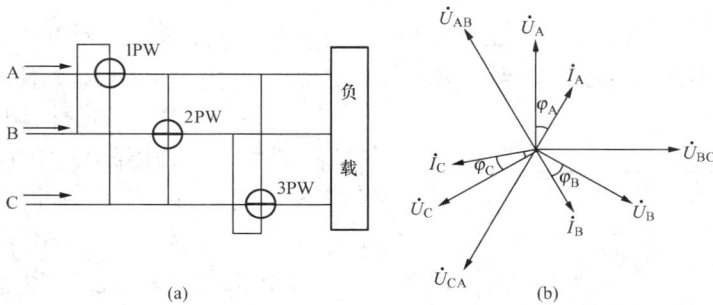

图 11-10 用跨接 90°接线测量三相无功功率
（a）接线图；（b）相量图

$$P = P_1 + P_2 + P_3 = U_{BC}I_A\cos(90° - \varphi_A) + U_{CA}I_B\cos(90° - \varphi_B) + U_{AB}I_C\cos(90° - \varphi_C)$$

$$= U_L I_A(\cos90°\cos\varphi_A + \sin90°\sin\varphi_A) + U_L I_B(\cos90°\cos\varphi_B + \sin90°\sin\varphi_B)$$

$$+ U_L I_C(\cos90°\cos\varphi_C + \sin90°\sin\varphi_C)$$

$$= U_L I_A\sin\varphi_A + U_L I_B\sin\varphi_B + U_L I_C\sin\varphi_C$$

$$= \sqrt{3}(Q_A + Q_B + Q_C) = \sqrt{3}Q$$

由此可见，三只功率表读数之和除以 $\sqrt{3}$，就是三相电路总的无功功率。

在三相电压和负载都对称的电路中，用两只单相功率表 1PW 和 2PW 测量三相电路无功功率时，则有

$$P_1 + P_2 = \frac{2}{3}\sqrt{3}Q$$

故

$$Q = \frac{\sqrt{3}}{2}(P_1 + P_2)$$

由以上公式可知，只要将两只单相功率表按 90°跨相接线原则，接入任意两相中，将 1PW 和 2PW 的读数之和再乘以 $\frac{\sqrt{3}}{2}$，就是三相电路的总无功功率。同理，也可以用一只单相功率表按 90°跨相接入，读数乘以 $\sqrt{3}$，即为三相电路的总无功功率。

所谓跨相 90°接线方式，是指利用有功功率表进行无功功率测量时，应将其电流线圈分别接入 $\dot{I}_A$、$\dot{I}_B$、$\dot{I}_C$ 三相电流回路中，而电压线圈的两端则应接在比 $\dot{U}_A$、$\dot{U}_B$、$\dot{U}_C$ 相电压滞后 90°的电压（即线电压 $\dot{U}_{BC}$、$\dot{U}_{CA}$、$\dot{U}_{AB}$）上。例如，将 1PW 的电流线圈串联在 I_A 电流回路中，而电压线圈的两端接在比 U_A 滞后 90°相位的 $\dot{U}_{BC}$ 上。

（2）利用人工中性点接线方式。从跨相 90°的接线方式测量三相无功功率的方法中可知，如果能找到一个滞后于原来电压 90°的相应电压，用这个电压代替原来测量有功功率时接入表计的电压，则所得的结果正比于三相电路的总无功功率。因此，三相三线两元件有功功率测量接线的相量图中（见图 11-7），如能找到符合上述要求的电压去代替原来的 $\dot{U}_{AB}$ 和 $\dot{U}_{CB}$，就可以测得其三相无功功率。从图 11-10（b）的相量图中可以看出，$\dot{U}_C$ 超前 $\dot{U}_{AB}$ 90°，则 $-U_C$ 正好滞后于 $\dot{U}_{AB}$ 90°，同理，$\dot{U}_A$ 正好滞后于 $\dot{U}_{CB}$ 90°。如果用 $-\dot{U}_C$ 代替 $\dot{U}_{AB}$，$\dot{U}_A$ 代替 $\dot{U}_{CB}$，那么将会怎样呢？这里 $\dot{U}_A$、$\dot{U}_C$ 是相电压，在三相三线制电路中，没有中性点，所以得不到相电压。若选取一个附加电阻 R_0，使其电阻值正好等于每个功率表电压线圈的内阻，并将 R_0 与两只功率表的电压线圈接成如图 11-11 所示的星形接线，则就制造了一个人工中性点 N。1PW 接入的电流为 I_A，电压为 $-U_C$；2PW 接入的电流为 I_C，电压为 U_A。国产 1D1-VAR 型三相无功功率表内部接线中就是带人工中性点的。

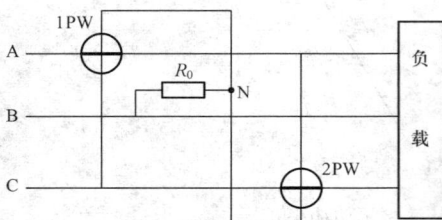

图 11-11　人工中性点测无功功率的接线图

第四节　电　能　测　量

电能的测量不仅要反映负载功率大小，还应反映功率的使用时间。因此，测量电能的仪表，除了必须具有测量功率的机构之外，还应能计算负载的用电时间，并通过积算机构把电能自动累计出来。本节将介绍有功电能的测量。

一、有功电能表的类型

目前现场使用的电能表有感应式、脉冲式、电子式三种。

1. 感应式电能表

电能表通以交流电压和交流电流便产生了交变磁场，两个磁场的相互作用产生的力矩使转盘转动，这就是感应式电能表的工作原理。电能表有单相电能表、三相三线电能表和三相四线电能表。

电能表的主要结构部件有驱动元件、转动元件、制动元件、调整装置、计度器等。

感应式三相三线有功电能表（又称二元件电能表）有两组电磁驱动元件和转动元件。转动元件可分为单转盘和双转盘两种。两组驱动元件的电磁转动力矩共同作用在同一个转动元件上，转轴通过蜗轮传动机构与计度器相连，测量三相电路中的电能。由此可见，三相三线有功电能表相当于两只单相电能表的组合，因此，其与单相有功电能表的基本性能及转动原理相同。

2. 脉冲电能表

脉冲电能表的基本结构与感应式电能表相同，不同之处就是多一套脉冲装置。所谓脉冲电能表就是以感应式电能表作为电能测量积算元件，由脉冲装置将电能参数（如电能表圆盘转数）转换成与电能成正比的脉冲信号并输出的电能表。它的测量原理是将感应式电能表计量的盘转数（即电能量）通过传感器及电子电路转换成正比于电能量的脉冲数，经光电耦合输出，从而达到遥测电能的目的。脉冲电能表分为有源脉冲电能表和无源脉冲电能表。

3. 电子式电能表

目前国内生产的电子式单相有功电能表均由单片专用大规模集成电路组成。常见单片单相电子式电能表专用集成电路有 BL0931 和 BL0932 两种。BL0932 专用芯片具有双向计量、线性好和防潜动的特点。在专用芯片的外围再接入输入信号电路、整流电路及显示电路等就构成了一块完整的单相电子式电能表。

电子式单相有功电能表的测量原理框图如图 11-12 所示。由图可清楚地看出，消耗的电能通过对分流器和分压器的信号采样，经输入缓冲放大器放大后，送到模拟乘法电路，进行模拟乘法运算输出的乘积电压信号，再送到 $U—f$ 转换器转换变成脉冲信号。信号送入计数器中计数分频（计数/分频电路），其中一路为输出脉冲信号（脉冲指示输出电路），另一路再次分频成极低频信号，经驱动电路驱动步进电机带动计度器，直接显示电能量。

三相三线电子式有功电能表相当于由两个单相电子式电能表组成，即通过两个模拟乘法器分别将每一相的有功功率运算成与这一个单相有功功率成正比的模拟电压信号 E_n，通过模拟加法器将两个电压信号召 E_1、E_2 相加后获得一个相加的电压信号和 E_o，模拟电压信号 E_o 通过 $U—f$ 转换成数字脉冲输出，经计数器累积计数去驱动数字显示器或步进电机带动

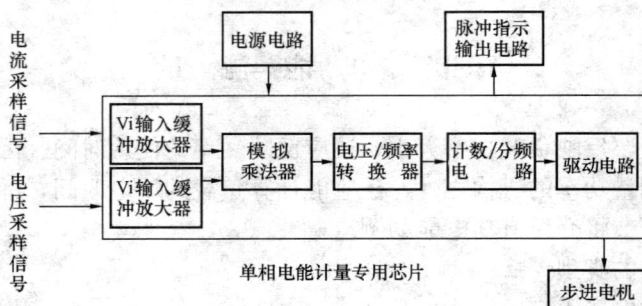

图 11-12　电子式单相有功电能表测量原理框图

计度器，直接显示三相三线电能量。

4. 多功能电能表

随着电子技术的迅速发展及大规模集成电路的应用，单片机逐步趋于小型化，其功能越来越强，由原来的单一测量功能的电能表已发展到多功能电能表。多功能电能表是由测量单元和数据处理单元组成的，除能双向计量有功电能量及四象限无功电能量外，还能测量电压、电流、有功功率、无功功率、最大需量等多种功能，能显示、储存和输出数据。

二、有功电能表的接线

无论是机械式、脉冲式、电子式电能表其外部接线是相同的，都是接入相应的电压和电流值，因此在电能表的接线中就用一个电压线圈和一个电流线圈来表示电能表。

1. 测量单相有功电能接线

测量单相有功电能的接线如图 11-13 所示。图 11-13（a）为直接接入法，电能表 PJ 内的水平实线表示电流线圈，垂直实线表示电压线圈。以机械式电能表为例，其转盘的方向由两组线圈里电流的相位关系所决定。改变任一个线圈的电流流入方向，转盘都将向相反的方向旋转。为防止接线错误，通常在仪表的引出端钮上将电流线圈与电压线圈指定接电源同一极的一端标有"•"或"＋"等极性标志，称为发电机端。正确的接线是将电流线圈标有极性标志的一端接至电源侧，另一端接负载侧。电压线圈带有极性标志的一端与电流线圈带有极性标志的一端接于电源的同一极，另一端则跨接到负载的另一端。

图 11-13（b）为电流线圈经电流互感器接入被测电路的接线图。电能表经互感器接入时，必须正确地标出互感器的极性和电能表的极性。

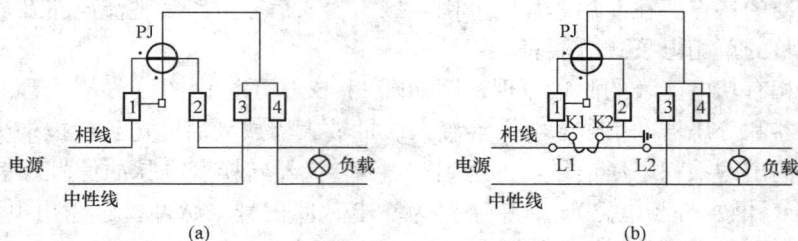

图 11-13　测量单相有功电能的接线图
（a）直接接入法；（b）电流线圈经电流互感器接入

2. 测量三相三线有功电能的接线

测量三相三线制电路的有功电能可以用两只单相电能表进行测量，常见的接线如图 11-

14（a）所示。这样，1PJ 测得的有功功率（有功功率乘以相应的时间 t 就是有功电能，为了简化公式，下面电能以有功功率表示）为

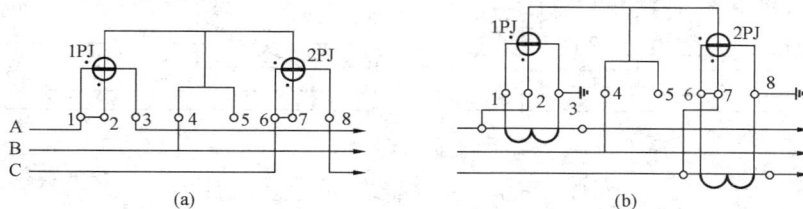

图 11-14　三相三线有功电能表的接线图
（a）直接接入；（b）电流线圈经电流互感器接入

$$P_1=\dot{U}_{AB}\dot{I}_A=(\dot{U}_A-\dot{U}_B)\dot{I}_A$$

同理，2PJ 测得的有功功率为

$$P_2=\dot{U}_{CB}\dot{I}_C=(\dot{U}_C-\dot{U}_B)\dot{I}_C$$

而

$$P=P_1+P_2=\dot{U}_A\dot{I}_A+\dot{U}_C\dot{I}_C-\dot{U}_B(\dot{I}_A+\dot{I}_C)$$

由于 $\dot{I}_A+\dot{I}_B+\dot{I}_C=0$，可得

$$\dot{I}_A+\dot{I}_C=-\dot{I}_B$$

代入上式得

$$P=P_1+P_2=\dot{U}_A\dot{I}_A+\dot{U}_B\dot{I}_B+\dot{U}_C\dot{I}_C$$

以上说明，不管三相电压是否对称，三相负载是否平衡，以两只单相电能表按图 11-4 的方式接线所测得的有功电能为三相有功电能的总和（即电路的总有功电能为电能表 1PJ 和 2PJ 两表读数之和），这就是用两表法测量三相电路有功电能的原理。

应当指出，用两只单相电能表测量三相电路有功电能时，每只电能表的读数并不代表任一相的有功电能，但两只电能表读数的代数和却代表三相电路的总有功电能。

实际上，测量三相电路有功电能时常采用三相电能表，按上述原理，将两只电能表组合起来，用以直接指示三相电能，这是常见的三相两元件电能表，图 11-14（b）表示三相三线有功电能表电流回路通过电流互感器接入。当然，在高压系统的电能计量中，电压回路也是通过电压互感器接入的，图上没有表示出来。

3. 测量三相四线有功电能的接线

采用三只单相电能表就可以测量三相四线制电路中的有功电能，因为三相总功率为

$$P=P_A+P_B+P_C$$

所以总电能为三只功率表 1PJ、2PJ、3PJ 读数之和。这种接线方式不管三相负载是否平衡，测量结果都是正确的。

在电力系统中，多采用三元件的三相四线制的电能表测量有功功率，其接线如图 11-15（a）、（b）所示。

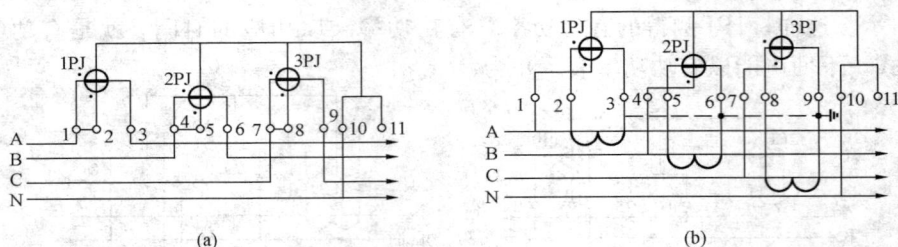

图 11-15　测量三相四线有功电能的接线

（a）直接接入；（b）电流线圈经电流互感器接入

第五节　功率和电能测量接线的故障分析

电能和功率测量接线在运行中的故障是各式各样的，这里只对三相两元件电度表或功率表的典型故障进行分析，只要掌握了故障分析的方法，就可以正确分析具体的故障。

一、正确接线的分析

为了进行故障分析，先看正确的接线时电压、电流关系的相量图。如图 11-16 所示，三相两元件有功功率表（电能表的测量原理和功率表完全相同，这里只分析功率表）中，一个元件接线电压 U_{ab} 和 a 相电流 I_a；另一个元件接线电压 U_{cb} 和 c 相电流 I_c。每一元件测得的功率等于加于该元件的电压、电流及其之间夹角余弦的乘积（$UI\cos\varphi$），由此测得的功率为

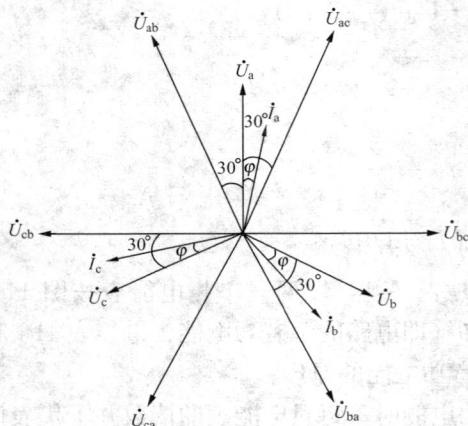

图 11-16　正确接线时的相量图

$$P = P_1 + P_2$$
$$= U_{ab}I_a\cos(30° + \varphi) + U_{cb}I_c\cos(30° - \varphi)$$
$$= U_L I_L(\cos\varphi\cos30° - \sin\varphi\sin30°$$
$$+ \cos\varphi\cos30° + \sin\varphi\sin30°)$$
$$= 2U_L I_L\cos\varphi\cos30°$$
$$= \sqrt{3}U_L I_L\cos\varphi$$
$$= 3U_{ph}I_{ph}\cos\varphi$$

式中　U_L，U_{ph}——线电压、相电压；

I_L，I_{ph}——线电流、相电流。

为了简便，以后用 U、I 表示线电压、线电流，不再使用下标。

由此可见，三相两元件功率表每一元件的测值是没有意义的，但两个元件测值之和即是三相有功功率。

二、电压回路断线

电压回路断线主要原因是电压互感器熔断器熔断；电压互感器端钮、端子箱、端子排及仪表的接线螺钉未加紧固或松动；电缆芯线断裂；仪表内部断线等。

现以测量电压互感器熔断器熔断为例加以分析。

1. 二次侧 b 相熔断器熔断

由图 11-17（a）可见，2FU 熔断后，线电压 U_{ca} 的数值和相位保持不变，而接于功率表

元件 1 的电压 $U_{ab} = 0.5 U_{ac}$，元件 2 的电压 $U_{cb} = 0.5 U_{ca}$，它们与电流的相位关系如图 11-17（b）所示。

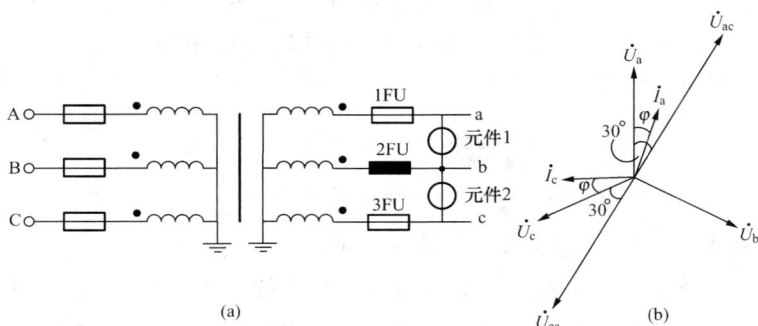

图 11-17 电压互感器二次侧 b 相熔断器熔断时的情况

(a) 接线图；(b) 相量图

功率表的测值为

$$P = P_1 + P_2$$

$$= \frac{1}{2} UI \cos(30° - \varphi) + \frac{1}{2} UI \cos(30° + \varphi)$$

$$= \frac{1}{2} UI (\cos30°\cos\varphi + \sin30°\sin\varphi + \cos30°\cos\varphi - \sin30°\sin\varphi)$$

$$= \frac{1}{2} UI (2\cos30°\cos\varphi)$$

$$= \frac{\sqrt{3}}{2} UI \cos\varphi$$

由此可见，二次侧 b 相熔断器熔断时功率表的测值是未熔断前的 1/2。如果能知到熔断器熔断后的运行时间，可以据此追回电能表少计的电量。

2. 二次侧 a 相熔断器 1FU 熔断

二次侧 a 相熔断器 1FU 熔断后，线电压 $U_{ab} = 0$ 而 U_{cb} 保持不变，故只有一个元件工作，由上面的分析可知，测值既包含有功成分，也包含无功成分，因此是无意义的。

3. 一次侧 B 相熔断器熔断

一次侧 B 相熔断器熔断，二次侧 b 相没有感应电动势，但它与完好相 A、C 互成回路，如果忽略二次侧内阻抗不计，U_{ab} 即为 a 相电压，U_{cb} 即为 c 相电压，这时有功表的测值为

$$P = P_1 + P_2 = U_{ab} I_a \cos\varphi + U_{cb} I_c \cos\varphi$$

$$= 2 \frac{1}{\sqrt{3}} UI \cos\varphi = \frac{2}{3} \sqrt{3} UI \cos\varphi$$

由此可见，一次侧 B 相熔断器熔断后有功表的测值是三相功率的 2/3。

4. 一次侧 A 相熔断器熔断

请读者自行分析有功表此时的测值。

三、相别和极性错误

1. 相别错误

(1) 电流错相。假定电压接线正确,而 a 相和 c 相电流对调,功率表的一个元件接 U_{ab} 和 I_c,另一元件接 U_{cb} 和 I_a,从图 11-16 的相量图可以看出,前者的夹角是 $90° - \varphi$,后者的夹角是 $90° + \varphi$。有功功率表的测值为

$$P = P_1 + P_2 = U_{ab}I_c\cos(90° - \varphi) + U_{cb}I_a\cos(90° + \varphi)$$

$$= UI(\cos90°\cos\varphi + \sin90°\sin\varphi + \cos90°\cos\varphi - \sin90°\sin\varphi) = 0$$

这时,有功功率表指示为零,如为电能表错相,则转盘停转。

(2) 电压错相。假定 a、b 相的电压调错,功率表的一个元件接 U_{ba} 和 I_a,另一元件接 U_{ca} 和 I_c,从图 11-16 的相量图可以看出,前者的夹角是 $150° - \varphi$,后者的夹角是 $30° + \varphi$。有功功率表的测值为

$$P = P_1 + P_2 = U_{ba}I_a\cos(150° - \varphi) + U_{ca}I_c\cos(30° + \varphi)$$

$$= UI(\cos90°\cos\varphi + \sin90°\sin\varphi + \cos90°\cos\varphi - \sin90°\sin\varphi) = 0$$

这时,有功功率表指示为零,如为电能表错相,则转盘停转。

(3) a、c 相的电压调错。请读者自行分析有功表此时的测值。

2. 极性错误

极性错误可能是电流互感器或电压互感器接错极性,也可能是在功率表的端钮处接错,这都会引起功率表的测值错误。

(1) 两相电流接反。如果通入功率表的 a 相和 c 相电流都反向,显然功率表指针反向,电度表反转,但数值上与电流正向是相同的。

(2) a 相电流反向,c 相电流正向。这时 $-I_a$ 与 U_{ab} 的夹角为 $180° - 30° - \varphi$,如图11-18的相量图所示。这时有功功率表的测值为

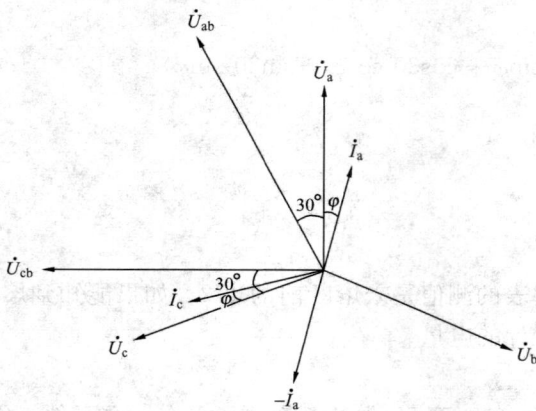

图 11-18　a 相电流反向时的相量图

$$P = P_1 + P_2$$

$$= U_{ab}I_a\cos(150° - \varphi) + U_{cb}I_c\cos(30° - \varphi)$$

$$= UI(\cos150°\cos\varphi + \sin150°\sin\varphi \quad + \cos30°\cos\varphi + \sin30°\sin\varphi)$$

$$= UI\sin\varphi = \frac{1}{\sqrt{3}}\sqrt{3}UI\sin\varphi$$

由此可见,在一相电流反向的情况下,有功功率表测得的是无功功率,其测值为实际三相无功功率的 $\frac{1}{\sqrt{3}}$ 倍。

功率和电能测量的错误接线很多种,如经电压和电流互感器接入的三相三线制有功功率表或电能表,总计就有 84 种可能的接线,其中只有两种是正确的。以上只是分析了

几个典型故障，目的是使读者掌握故障分析的方法，提高分析解决工程实际问题的能力，这样对具体的故障就能进行正确的分析。

第六节 远程集中抄表系统

一、远程集中自动抄表系统的现状与发展

电能计量远程集中自动抄表系统，是一种不需要人员到达现场就能完成抄读用户消耗电能的智能化管理系统。它采用通信和计算机网络技术自动读取和处理表计数据，将安装在用户处的电能表所记录的用电量、电流、电压等有关数据，通过遥测传输汇总到供电营业部门，代替人工抄表及后续相关工作。

1. 电能计量远程自动抄表技术的产生背景

近年来，随着我国"一户一表"、"两网改造"工程的推行以及经济建设的高速发展，对供电企业和用电客户来说，传统的抄表收费方式存在的弊病越来越突出，抄表收费难也成了电力企业经营管理上的一个问题，其原因主要有以下几点。

（1）问题多。个别用电客户单方或内外勾结窃电、作弊，有些用户拒交费用，造成用电费用不能及时准确的收缴，给电力企业造成经济损失。

（2）电力企业负担重。手工抄表收费结算方式给电力企业经营带来重重困难。抄收人员多，管理费用开支过高，特别是随着城乡经济的发展，抄表收费问题更为突出。

（3）入户难。入户抄表只能在早、晚居民休息时间，抄表人员实际可利用抄表时间较短，因而使抄表率、收费率较低，电费漏抄、欠收、漏收问题严重，实际收费远低于统计值，费用流失严重。

（4）抄表效率低。现行的人工抄表、人工收费、手工结算方法，效率很低，误差也大，不适应企业管理现代化和配网自动化的要求。

通信技术和网络技术的提高和普及，以及大批具备数据输出功能的电子式电能表的投入使用，为远程抄表技术的应用提供了良好的平台。在此种背景下，这一技术应运而生，而且发展迅速，日趋完善。远程集中抄表系统主要由主站计算机系统、集中器、采集终端和电能表组成，如图 11-19 所示。

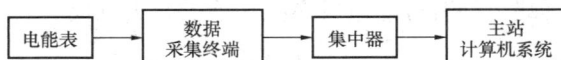

图 11-19　远程集中抄表系统组成框图

2. 远程集中抄表技术的应用现状

为了规范系统的制造、使用和检测部门的技术条件，原国家电力工业部颁布了 DL/T 698—1999《低压电力用户集中抄表系统技术条件》。该技术条件规定了低压电力用户集中抄表系统的术语、技术要求和试验方法，还规定了该技术条件适用于利用无线、有线、电力线载波等信道的低压电力用户的集中抄表系统。

由于远程集中自动抄表有突出的优越性和迫切性，电力企业对此项技术寄以很大的热情，全国各地进行了较大规模的试点和示范，积累了不少有价值的经验，也有不成功的教训，目前功能更完善的新产品也在不断研制开发。

（1）电能表的电子化。随着传感器、自动仪器和集成电路技术的发展，电能计量的终端已经实现了电子化，无论是机电脉冲还是电子式的电能表都可以满足自动抄表的实施，这就为远程抄表网络的建设提供了必要的终端基础。远程自动抄表的实现将会以电子式和机电脉冲电能表为终端来开展，以此实现电力系统的远程统计和控制。

（2）采集器和集中器。采集器和集中器是对抄表数据进行汇总和存储的装置，主要由单机芯片、存储器、接口电路等构成，这些电子元件随着技术的发展已经较为成熟，并且正向着小而精的方向发展，这给远程抄表网络的发展提供了又一个硬件支持。

（3）通信系统。通信系统是远程集中抄表技术中的关键，也占据了较大比例的投资。通信方式有电力线载波通信、电话线传输、RS485 总线、光纤通信、无线通信（包括 GPRS 通信、无线电台通信和红外线），数据通信方式的选取要综合考虑地理环境特点、用户用电行为、技术性能、管理体制和投资成本等因素。目前，从通信方式上看，我国与西方发达国家还存在着一定的差距，西方国家低压载波传输技术已经得到了广泛的应用，我国的低压载波传输技术与远程抄表的技术相比还有一定差距。

电能自动远程集中抄表系统与其他电力信息、自动化系统相比具有不同的特点。它一方面在可靠性、实时性、控制要求等技术方面具有实时系统的特点，另一方面在功能方面又具有管理信息系统的复杂性。因此业务关联度大和技术综合度大是其主要特点，而正是这些特点决定了该系统的技术难点。

（1）电能远程集中抄表系统边界复杂。从纵向看，该系统包含了表计与终端、终端与集中器、集中器与主站几级通信，以及一套完整的应用软件，涉及的具体技术领域比较广泛。从横向来看，该系统的接口较为复杂，因为本系统的核心是电力企业各方面都非常关心的电量数据，系统建设、运行和管理会涉及电力企业的计量、营销、调度、生技、信息等多个职能部门。

（2）对数据的要求很高。无论是各级电力企业之间，还是发电企业和电网企业之间，以及电力企业内部调度、营销、MIS 系统之间都需要与其实现互联互通、数据共享，系统对数据的要求很高。电能远程集中抄表系统是一个对实时性、历史性、准确性均要求很高的系统，电量是一个过程量、累计量，不同时刻的数据不具有可替代性，更重要的是系统的数据将直接用于计费和生产经营决策，不允许替代。在这种情况下，对于结算考核的特定时刻，若存在一个数据错误或者缺失都有可能造成系统功能的丧失。同时，这种要求随系统规模的增大，难度也会增大。

（3）系统的安全性问题突出。远程集中抄表系统由于涉及电力经济运营，它关联着电力用户与电力部门两者的经济利益，因此自动抄表全过程中的安全性也显得尤为重要。电能远程自动抄表系统的安全性主要包括抄表过程中的安全和计算机网络安全。电能自动抄表系统的抄表过程是分散的采集终端与中心处理机站间交换数据的过程。通信中既要保证所抄数据的安全、可靠传输，又必须确保中心处理系统不会受到来自传输网络的意外攻击。中心处理系统的安全性主要是指其包含的计算机网络安全性，主要的安全隐患来自以四个方面，即黑客、病毒、合法人员的失误和网络系统自身的脆弱性，这就必须采取的有效的防范措施。

3. 电能远程集中抄表技术的发展趋势

（1）采用电力线载波通信方式。电力线载波通信，是将信息调制为高频信号叠加在电力线路上进行通信的技术，具有成本低、方便准确、维护工作量少，可灵活实现"即插即用"的特点。但目前此种通信方式在实际应用中还存在一些问题，主要是低压电器电磁兼容性的控制尚不严格，造成低压电力线上干扰大，影响了载波通信的质量，电力线载波通信设备的抗干扰性能也有待进一步提高。因此，要想发展电力线载波通信在电能远程集中抄表技术中的应用程度，必须突破这一技术瓶颈，研究抗干扰能力强的载波方式，以增强通信设备的电磁兼容能力。电力线载波通信抄表技术的可靠性和性能价格比较高，其经济的长距离传送性能，是广大偏远地区用户应用的最佳选择。随着这种新技术的不断研发和完善，电力线载波通信远程集中抄表技术有着广阔的应用前景。

（2）采用复合通信方式。在应用于电能计量自动集中抄表系统中的各种通信模式都有优缺点，任何一种采用单一通信技术的方案均很难完全满足需要。为解决这类矛盾，复合通信方案孕育而生。复合通信方案是在自动抄表的不同通信阶段采用不同的通信方式，组成实现电能远程集中抄表系统的复合通信网络。在数据传输量不大、传输距离较近的数据采集阶段（电能表到采集器，采集器到集中器），可以采用如红外、低压电力线载波的通信方式；而在集中器到中央处理站段，则可采用光纤、电话线或无线通信等。选择什么样的复合方式，需根据实际情况统筹考虑。而且，混合使用的各种通信方式之间要有很好的相容性，不能相互干扰，这是采用复合通信方案时必须注意和克服技术难点和基本要求。在今后较长的一段时间内，这种通信方式将会是一种主流，经济性、合理性使其得到充分的应用。因此，大力发展和研究复合通信方式，克服其中的技术难点，将是目前急需着手进行的工作。

（3）实现与其他电力自动化系统的数据共享和系统整合。目前，在电力部门应用的各种自动化系统较多，如营销管理系统、调度自动化管理系统、负荷控制管理系统等。这些系统各自为政，互不兼容，各自均建立了独立的数据采集、通信、机站、控制中心、数据库等体系，造成了较大的重复建设和资源浪费，且使用也十分不便。有时，在一些重要的关口计量点上，为实现多个系统对其数据采集竟重复安装了多块电能表；还有一些管理部门出于管理需要，不得不安装了多套系统软件，使用起来十分繁琐。所以，未来实现电能远程集中抄表系统与电力部门其他自动化系统的数据共享和系统软件的整合是一条必然之路。

二、远程集中抄表系统的结构

国内目前针对低压远程集中抄表系统的设计方案大致有以下几种。

1. RS485 总线式抄表方案

RS485 总线式抄表系统结构如图 11-20 所示。图中只画出集中器至电能表的部分（下同），系统的主站与集中器之间可以通过 PSTN 公用电话网或无线 GPRS 网来进行远程通信。集中器与采集终端之间采用 RS485 总线通信方式组建抄表网络，数字采集终端也通过 RS485 总线和电表连接，采集终端每个端口只能接一块 RS485 电能表。此系统采用 RS485 专线通信，抄表速度快，通信可靠，可以保证每天 24 h 的实时通信，为目前最稳定可靠的系统，并且易于实现远程停送电。由于系统需要铺设通信线路，所以适用于电能表集中安装、工程施工方便、容易铺设通信线路的小区，如为新建小区可以在建设过程中先附设通信线缆。

2. 电力线载波抄表方案

电力线载波抄表系统结构如图 11-21 所示。集中器与电能表之间采用低压电力线载波通

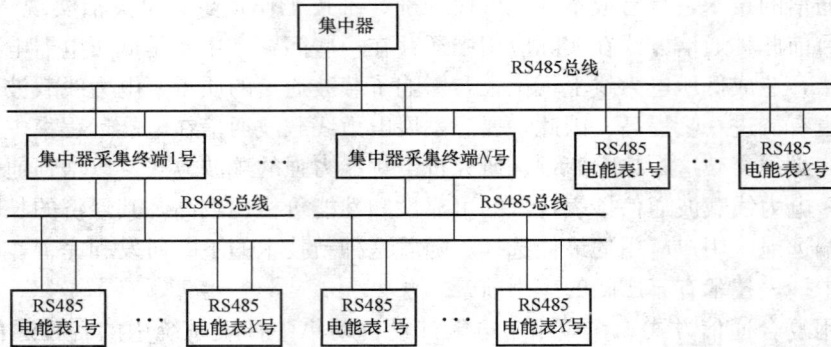

图 11-20　RS485 总线式抄表系统结构图

信方式组建抄表网络。其突出特点是无需架设额外的通信线路，载波表只需要接上电源即可，工程施工和日后的系统维护方便，是很有发展前途的通信方式。由于现场条件下电力线存在有断续的尖峰噪声干扰、负载阻抗随机变化和信号衰减强烈，因此电力线的通信条件比较恶劣，不同的时间、不同的地点、不同的调试方法，都有可能导致低压电力线载波通信实时性和可靠性有很大的差异。目前电力线通信技术依然在发展阶段，技术尚不十分成熟，所以系统适用不需要远程停送电功能、月用电量少、电能表特别分散、工程施工难度很大的乡镇、农村地区。

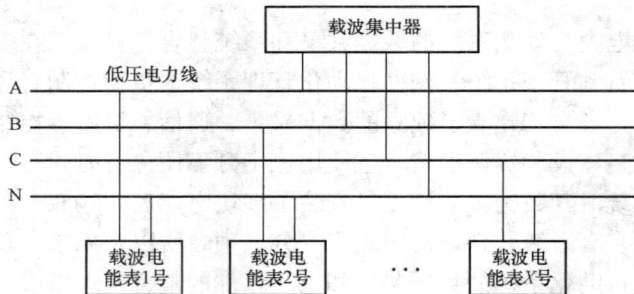

图 11-21　电力线载波抄表系统结构图

3. RS485 总线、无线混合抄表方案

RS485 总线、天线混合抄表系统结构如图 11-22 所示。集中器与采集终端间采用短距离无线通信，采集终端和表计之间通过 RS485 总线方式组建抄表网络。系统的集中器和采集终端间采用小区短距离无线通信，无需架设额外的通信线路，工程施工方便。小区短距离无线的实时性要比电力线载波通信的实时性高，所以本系统适用对远程停送电实时性要求高，工程施工难度大，电能表集中的居民小区。其缺点是通信距离比较短，一般为可视距离 100 m 之内，即集中器和采集终端之间最好不要有障碍物，如果有障碍物的话，可以通过设置中继来处理。

4. RS485 总线、低压电力线载波混合抄表方案

RS485 总线、低压电力线载波混合抄表系统结构如图 11-23 所示。集中器与采集终端之间采用电力线载波通信，采集终端和表计之间用 RS485 总线方式组建抄表网络。系统的集

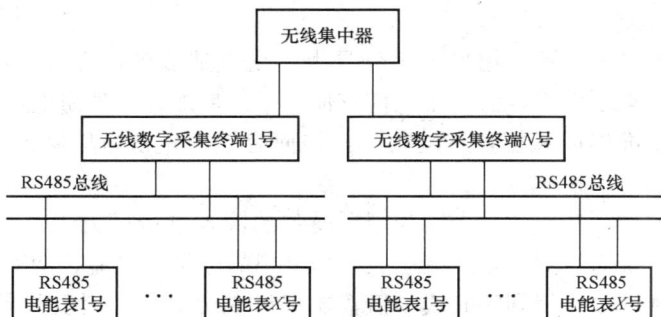

图 11-22　RS485 总线、无线混合抄表系统结构图

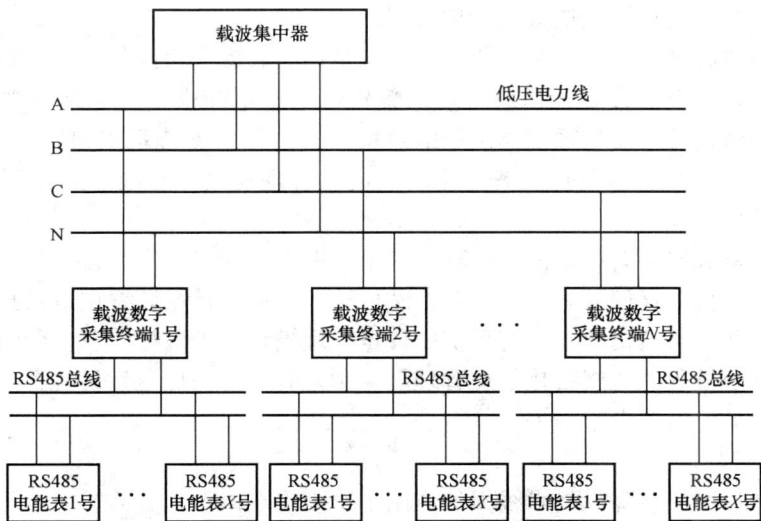

图 11-23　RS485 总线、低压电力线载波混合抄表系统结构图

中器和采集终端间采用电力线载波通信，无需额外架设额外的通信线路，工程施工方便。采集终端通过通信线和电能表连接。该系统适用对远程停送电实时性要求不高、工程施工难度大、电能表集中的居民小区。

三、远程集中抄表系统的效益

远程集中抄表系统中，抄表的概念已不仅仅是一个电费收取问题，而是有着多方面的综合效益，除了节约大量的人力财力以外，应用效益主要体现在以下几个方面。

1．降低管理线损

线损是供电企业一项重要的经济技术指标，它不仅表明供电系统技术水平，也反映了企业管理水平。按产生的原因线损主要分为技术线损和管理线损两类。一般低压配变台区是远程集中抄表系统的一个基本单位，其线损构成如图 11-24 所示。

远程集中抄表系统在降低管理线损的作用

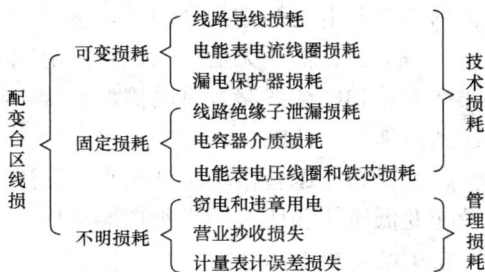

图 11-24　低压配变台区线损构成

主要表现在以下几方面。

（1）防窃电。当前电网线损相当一部分是由于窃电造成的，在管理线损中所占比例较大，配变台区用电户点多面广，低压用电稽查任务繁杂，加之发现窃电后调查取证和追补电量、处罚等缺少科学准确的依据，难度很大，如何有效防止窃电以降低线损是供电部门的难题。

无论何种窃电方式，其实质都表现为用电设备的输入电量远大于电能表计量的总电量。配变台区集中抄表系统通过对采集配变总表和用电户的电量、电流、功率等参数并进行计算对比分析，定时段统计计算得到实时线损值，能够形成历史统计图表和异常事件报警提示，很易及时判断发生窃电现象；同时按照抄表系统记录的历史数据能够准确地计算追补电量和罚款。这便于管理者及时发现线损异常等问题，迅速采取纠正措施，科学准确地处理，切实减少和杜绝因窃电和违章用电造成的管理线损。

（2）提高抄核收准确率，杜绝营业抄核收电量损失。配变台区集中抄表系统抄表的成功率和准确率很高，系统还设置卫星时钟，采集器可采集电能表整点冻结数据，确保抄表同步。抄表主站为营销技术支持系统提供用电数据，营销技术支持系统和银行储蓄系统交互，形成营业抄核收一体化、网络化、信息化的现代化管理模式，杜绝抄表核算与数据传递失真，以及营业抄核收损失。

（3）实现计量装置实时在线监控，减少计量误差电量损失。配变台区集中抄表系统通过自动抄表和数据上传及存储处理，在抄表主站可达到对低压计量装置用电信息的实时在线监控和异常报警，并可与营销技术支持系统中计量管理模块基础数据共享，同时联系微机校验装置，形成计量全过程微机网络化信息管理新体制，有效提高低压计量装置的安全可靠运行水平，极大减少计量误差电量损失。

2. 降低技术线损

远程集中抄表系统在降低技术线损的作用主要表现在以下几方面。

（1）为理论线损计算提供准确依据，降低可变损耗。理论线损计算法的计算公式为

$$\Delta P = I^2 R$$

式中：ΔP 为功率损耗；I 为通过电力元件电流；R 为电力元件的电阻。

线损计算公式虽然简单，但是由于实际提供基础数据较少，致使假设条件较多，准确性难以保证，与低压配变台区实际运行情况差别较大，难以指导低压配变台区线损指标考核和为低压电网优化改造提供科学合理的方案。

配变台区集中抄表系统能够对配变总表和所有低压用户表计实时抄录和上传并存储处理，利用潮流计算法实现理论计算。不仅能够快速准确、提高效率，而且可以根据计算结果分析判断现有电网结构的合理性，进一步提供备选优化方案，解决困扰低压线损管理的低压三相负荷平衡、低压无功补偿、低压电网布局优化、低压导线型号选择等主要问题，降低低压架空线路和电缆线路电量的损耗、接户线电阻中的损耗等可变损耗，使整个低压供用电网络达到最佳运行状态。

（2）提高电压合格率统计水平，促进电压质量的提高。配变台区集中抄表系统能够实时抄录配变低压侧和所有低压用户端电压、上传并存储，实现监测低压配变台区所有客户端电压，在主站生成电压合格率统计报表、曲线，以及实时电压异常报警等，及时发现电压不合格现象，通过合理调整配变分接头或增大配变容量，加粗导线等，保证电压合格，促进线损

降低。

（3）全方位监测配变三相负荷不平衡率。配变台区集中抄表系统能够实时抄录配变低压侧和所有低压用户负荷电流和有功功率，上传并存储，实现监测低压配变台区三相负荷不平衡率，在主站自动生成三相负荷不平衡率统计报表和三相负荷不平衡率超标实时报警，为准确及时调整配变台区三相负荷，提供科学依据，切实提高配变台区三相负荷平衡度，降低因低压配变台区三相负荷不平衡造成的电能损失。

（4）监测配变低压侧和动力用户功率因数。配变台区集中抄表系统能够实时抄录配变低压侧和低压动力用户功率因数，上传并存储，在主站自动生成功率因数报表和曲线，能够随时监测低压无功随机补偿和低压分散补偿应用情况，无功补偿设备完好及投入率高低情况，可以科学准确地进行低压无功优化配置，实施无功就地补偿，切实提高功率因数，减少无功功率损失，用户需要的无功由当地的无功电源提供，线路中的电流将大大减少，线损也随之减少。

3. 实现远程通断电

远程集中抄表系统可以发出指令远方控制某块电能表电路断电、送电。通过集中抄表系统的远程通断电功能，可以大大提高催费工作的效率，缓解电费回款工作的压力。对部分经常迟交，且需要多次停电催收的用电户，可以安装具有远程自动通断电功能的电能表。该电能表欠费停电后，只有缴清电费并经抄收人员操作才能恢复用电。远程通断电技术的应用，也可以形成预付费管理系统。

4. 提高用户的供电质量

在传统感应式电能表计量和手工抄表方式下，电能计量系统存在很大的漏洞，不仅存在电能计量不准、线损过大、抄表周期过长的问题，同时也存在个别人窃电的现象，使得从终端用户实际用电量与电费支出存在差距，增加了用户的负担，窃电和违章用电还可能使负荷过大，影响供电可靠性和电压质量，运行中出现缺相、中性线带电等故障也不能及时发现处理。远程集中抄表系统可以克服以上弊端，将最大限度的降低窃电和漏电对电能质量和供电可靠性的影响，使用户得到真正的实惠。

5. 促进配网自动化建设

集中抄表系统是配网自动化建设的主要内容之一，它与信息管理系统、调度自动化管理系统、负荷控制管理系统实现数据共享和系统软件的整合，大大提高了配网自动化的水平。

习 题 及 思 考 题

1. 一个低压三相四线系统，装有三只单相电能表，电焊机接在两条相线上，当焊机空载时往往有一只电能表反转，是否为正常现象？功率因数角大于多少度才反转？试用相量图进行计算分析。

2. 一条 10kV 线路产生单相接地而继续供电时，该线路的电能计量是否还正确？

3. 图 11-16 中，是按 $\varphi < 30°$ 进行分析的，若 $\varphi > 30°$，计算结果会如何？

4. 三相三线电能表接线中，如果电流错相而 A 相电流又反向（复合错误接线），测值如何？用相量图分析。

5. 三相三线电能表接线中，如果 U_b、U_c 错相而 C 相电流又反向（复合错误接线），测值如何？试用相量图分析。

6. 三相三线电能表能否用于测量三相四线电路的电能？为什么？

7. 图 11-15 中，如果 A 相电流反向，电能表的测值是多少？试用相量图分析。

8. 一条 10kV 线路正常运行时 φ 角为 30°，产生 B 相断线仍继续运行，这时电流减少为原来的 20%，且全部为有功电流。用图 11-16 所示相量图分析三相三线电能表的测量值是否正确，有功减少了多少？

9. 一条 10kV 线路产生两相断线，功率表和电能表的测值是多少？

10. 没有负载时电能表仍转动，分析可能的原因。

11. 一个低压三相四线系统，装有三只单相电能表，电压线圈接至中性线的连线断了，试分析对测量产生的影响。

12. 具体说明远程抄表技术对防窃电的作用。

13. 三相负载不平衡对线损有什么影响？

第十二章 实 验 部 分

电力类专业是工科专业，培养的是工程人才，必须以工程实践为基础。因此，加强工程实践训练，以提高学生的工程素质和能力，应该成为工科专业高年级学生实践教学的主要内容。为此，需要在校内建立电气工程实践训练平台（基地），使学生接受从方案设计、设备选型、安装接线、试验调整、运行操作、事故分析等全过程的工程实践训练，培养学生运用理论知识分析和解决工程实践问题的能力。

第一节 实践训练实验装置

一、实践训练实验方案

电力系统的监控保护有计算机监控保护方式和常规监控保护方式，显然前者技术先进，是发展方向。但是对于基础性的实践训练实验，基于以下的考虑，还是选择常规监控保护方式为宜。

（1）目前专业课一般都不涉及具体的电气设备和接线，电气设备只是学生头脑中的符号，而常规监控保护方式的功能是由硬件实现的，看得见摸得着，对于初次接触电气工程的学生来说，有利于增加对各种电气设备感性认识。

（2）常规监控保护方式单套实验装置的费用比计算机方式少得多。实践训练要求人人动手安装接线和进行实验，使学生有充分的实践机会，这样实验装置的台套数很多，采用计算机方式投资很大，而常规方式的投入要少得多，实践训练基地的建设比较容易实现。

（3）常规监控保护方式更易于学生从方案设计、图纸绘制、设备选型、安装接线、试验调整、运行操作、事故分析等各个环节进行全过程的工程实践训练。

（4）常规监控保护方式对于学生深刻掌握基本概念和基本原理更有利。例如常规的电流型保护的动作过程为：线路短路→电流互感器反应短路电流→电流继电器动作→动合触点闭合→信号继电器动作→出口中间继电器动作→断路器跳闸→发出声光信号。动作过程直观清晰易懂，对于初涉继电保护的学生来说，能从实验中深刻掌握保护的基本概念和基本原理，获得直接的体验，而这正是培养创新能力的基础。而微机保护是在硬件结构的基础上，其保护原理是用软件实现的其物理过程观察不到。因此通过对常规保护的电气接线、工作原理、动作过程的实验，才能很好地掌握继电保护的有关知识，为学习和掌握微机保护打下牢固的基础。而对于保护原理和外部接线来说，常规保护和微机保护并无区别。

（5）基础性实践训练的目的在于培养学生的创新能力、实践能力以及运用知识提出问题、发现问题、分析问题、解决问题的能力，因此要在硬件上设置各种各样事故、故障和问题（如短路、接地、断线、错误接线、错相、极性错误等），让学生反复实践探索，这正是实践训练最主要的特点和优点，而不在于掌握具体业务领域的先进技术。

（6）计算机监控保护方式和自动装置的实验可以放到课程实验中去做，还可以通过校外实习到大型发电厂变电站去了解。

二、一次回路接线

以一台降压变压器和模拟一条 10kV 供电线路为对象，对线路的测量、控制、保护、信号、同期回路从方案设计、设备选型、安装接线、试验调整、运行操作、事故分析等各个环节对学生进行全过程的工程实践训练，其一次接线图如图 12-1 所示。

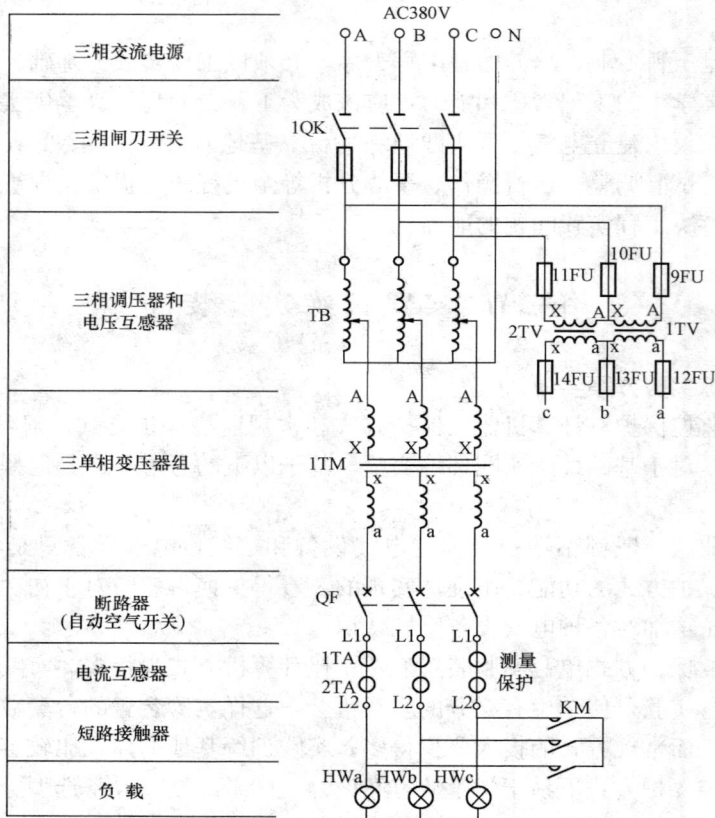

图 12-1　实验一次接线图

三相交流低压电源通过闸刀开关 1QK（相当于高压隔离开关）和熔断器接到三相调压器 TB，TB 的输出端接 Yy12 接法的降压变压器 1TM，1TM 由三个单相变压器组成，为了使小容量的变压器（150VA）产生足够大的短路电流，变压器低压侧的设计电压很低（约8V）。

变压器低压侧再接作为断路器的自动空气开关 QF，QF 有灭弧主触头和辅助触点，有合闸线圈和跳闸线圈，其功能和高压断路器完全一样，控制回路的接线也相同，可以实现远方操作和就地操作。断路器 QF 后装有两组电流互感器 1TA 和 2TA，1TA 作测量用，2TA 作保护用，电流比取 5/5A。线路末端装一组白炽灯 HW 作为负载。在电流互感器后、负载前接一台短路接触器 KM，作为实现线路短路之用，调节三相调压器 TB 的输出就可以调节短路电流的大小。TB 之前并接有电压互感器 1TV 作测量用，由两台单相互感器组成 Vv 接法。

按安全运行的规定，实验屏体应与实验室的地线相连，而电流互感器和电压互感器二次侧也必须有一点接地，由于实验屏体已接地，故接至屏体上即可。

线路的测量、控制、保护、信号、同期等二次系统将在后面介绍。

三、直流电源

发电厂变电站中的控制、信号、继电保护、计算机监控、自动装置和断路器操作等都需要可靠稳定的工作电源供电，一般都采用蓄电池组直流电源。在实验室进行工程实践训练可以采用整流直流电源。

整流直流电源屏的参考接线如图 12-2 所示。直流电源分为断路器的合闸电源和操作信号电源，两部分各有独立的整流电路，整流电源的电压是有一定脉动的，含有交流成分，对于断路器的合闸电源±Won，含有交流成分，并不影响断路器的合闸，故经整流变压器 1TM 降压隔离后，采用三相桥式不可控整流电路。对于操作信号电源（±WC，±WS）则要求直流电压比较平直，因为二次设备中（如冲击继电器和闪光继电器因有电解电容器），如果电压的交流成分较大，就会使工作不正常。所以采用六相整流电路并加装电容电感滤波，这时整流变压器 2TM 要有分别接成星形和三角形的两个二次绕组。

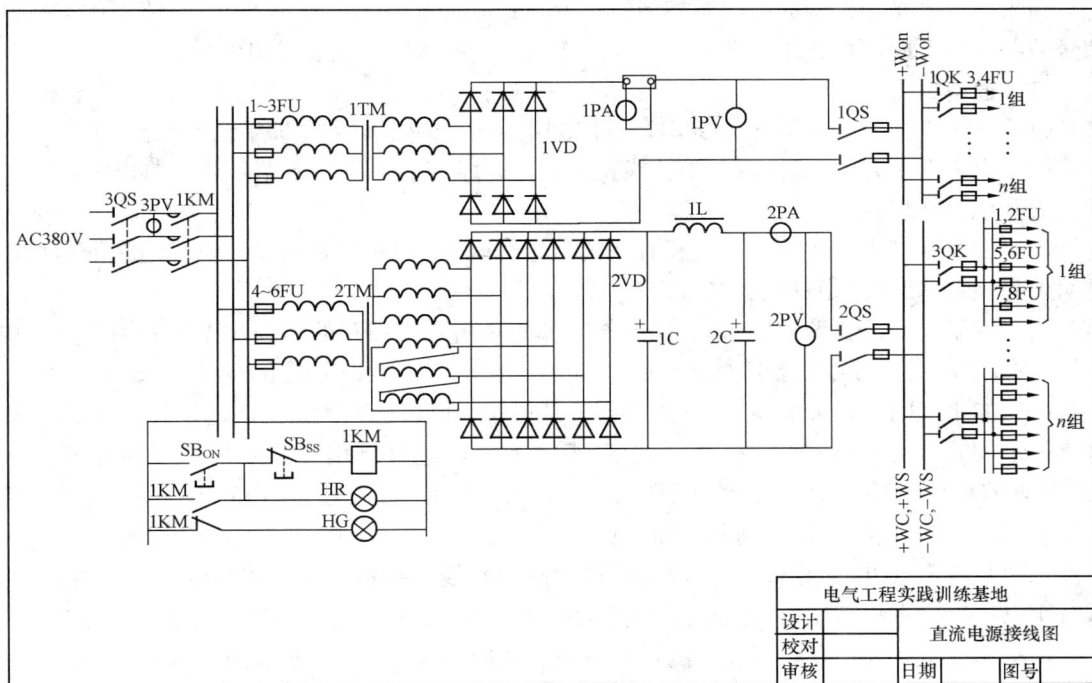

图 12-2　直流电源接线图

直流电源屏引出两路 220V 直流至各实验装置，一路为断路器合闸电源，通过 1QS 引出，另一路为控制信号电源，通过 2QS 引出，然后各实验屏再通过闸刀开关 2QK、3QK 引入。所以每一实验组有三个电源开关，如图 12-1 所示：

1QK——三相交流电源开关；

2QK——断路器合闸电源开关（直流）；

3QK——控制信号电源开关（直流）。

四、实验装置

实践训练实验装置可以采用标准尺寸的低压屏体（如 GGD 型），上门为仪表和控制门，自上而下装仪表、信号灯、光字牌、操作开关、按钮；下门为继电器门，装电流、时间、中间、信号、冲击、闪光等各类继电器和连接片。门上根据设备的尺寸开孔，学生可根据自己设计的屏面布置图自行装上设备。屏体内安装一次回路设备，还有一些二次设备。屏内装有若干开有长孔的竖条和横条，可以方便安装或拆卸各种设备，便于扩充新的实验。屏内的一侧竖向装有一排端子排，屏面设备和屏内设备的连接要通过端子排接线。

学生是否自行设计原理图并进行设备选型，可视具体情况和要求而定。但至少应让学生设计屏后接线图和端子接线图，然后根据自己设计的安装图进行接线，以培养学生的动手实践能力。

第二节　断路器控制回路实验

一、断路器控制回路展开图

为采用电磁操作机构的断路器控制回路展开式原理图见第六章图 6-2。断路器的操作和信号回路分开不同的熔断器引出，以便在操作回路出现故障时能够发出信号。

二、通电检查

（1）合上操作信号电源开关 3QK，这时如电铃或蜂鸣器响，立即手动复归。

（2）合上电源开关 3QK 后，如接线正确无误，绿灯 HG 应亮平光，电压表 2PV 指示正常，无其他异常现象。

（3）如果绿灯 HG 不亮，首先检查跳闸位置继电器 KTP 是否动作，可以通过继电器的透明外壳观看 KTP 的衔铁是否被吸下。

（4）如果跳闸位置继电器 KTP 已动作，那就是信号灯回路的问题，先用万用表直流电压挡（250V）检测信号灯上是否有电压，如电压正常，则继续用电压法查找故障。

（5）如果跳闸位置继电器 KTP 不动作，那就是合闸接触器回路的问题，如图 6-2 所示。将负表笔固定在 2FU 下方，正表笔点到 1FU 下方，这时万用表指示应有电源电压（约220V），然后依次将正表笔点到 KTP-7、KTP-8、KMC-7、KMC-8、QF-6、QF-4、KMC-A2 端，根据万用表指示即可判断故障所在。

二次系统为低电压回路，二次回路故障一般为断线、接触不良、接线错误和元件损坏，这时用电压法检查故障比电阻法（万用表电阻挡）要方便、有效。因为二次系统有许多并联支路，采用电阻法往往要断开连线测量，否则可能造成误判故障，操作麻烦还容易出错；同时电阻法要断开电源，而现场运行中的二次系统往往是不容许停电的，所以电压法是现场检查故障最常用的方法。但学生对这一方法比较生疏，要在实践训练中不断实践以达到熟练掌握。这一方法要求学生十分熟悉展开图各回路的接线和动作过程，才能正确分析判断故障所在，同时电压法测量的是带电回路，要特别小心，避免造成短路故障。实践证明，掌握了这一方法的学生检查故障就会得心应手。

以下各项实验的表格由学生自行制作。

三、断路器合闸和跳闸试验

1. 闪光回路试验

（1）将 SA 扳向"预备合闸"位置，如接线无误，绿灯 HG 应闪光，并可以透过外壳看到闪光继电器的衔铁不断吸合和释放。

（2）如绿灯 HGn 不闪光，先要检查闪光继电器电源的极性是否正确，即 KVL 的⑦、③端（KVL 接线见图 5-7）是否接正电源。

（3）再测量 KVL 的⑦、⑧端是否有电压，若无电压，说明引线有问题，若有电压，可能是闪光继电器内动断触点接触不良，要检查处理使其正常后再往下做。

（4）如接线正确但闪光继电器吸力不够，可将继电器内的串联可调电阻调到最小。

2. 手动合闸试验

（1）合上合闸直流电源开关 2QK，用万用表测量合闸接触器接熔断器的两端主触头确有电源电压。

（2）将 SA 扳向"合闸"位置，断路器应能合闸，红灯 HR 亮平光。

（3）若断路器不动作，首先检查合闸接触器 KMC 是否动作（动作时有响声，并可见接触器端的方形按钮吸进去），如 KMC 不动作，要用电压法检查 KMC 及其接线是否正确，特别要注意短接 KMC 部分线圈的动断触点是否接好。

（4）如 KMC 动作，就要检查断路器的合闸回路。如断路器已动作但立即跳开，往往是机械问题。

（5）如断路器合上但红灯不亮，首先要观察 KCP 是否已动作，再检查跳闸回路。

3. 手动跳闸试验

（1）SA 扳向"预备跳闸"位置，闪光继电器应动作，红灯应闪光。

（2）将 SA 再扳向"跳闸"位置，断路器应能跳闸，绿灯亮平光，如有异常要检查处理。

4. 保护跳闸的模拟试验

（1）断路器合闸后，用一条短导线将电流继电器 1KA 的动合触点（1-3）点一下使其短时接通 3s 左右，模拟瞬时电流速断保护动作，观察断路器是否能跳闸，跳闸后观察并记录信号继电器、音响、光字牌、指示灯的情况。一次回路短路使保护动作跳闸的试验放在继电保护实验中。

（2）解除闪光。

（3）解除光字牌。

5. 自动合闸模拟试验

（1）断路器跳闸后，用一条短导线将 SA 触点（5-8）点一下使其短时接通，模拟自动合闸装置（自动准同期装置、重合闸装置、备用电源自动投入装置）输出触点闭合，使断路器跳闸。

（2）观察信号灯的情况并解除闪光。

6. 各种运行方式下信号灯的情况

根据以上实验，在表 12-1 中填入各种运行方式下信号灯的情况：灯灭、亮平光、闪光。并总结信号灯闪光的规律（非对应启动原则）。

表 12-1　　　　　　各种运行方式下信号灯的情况

SA 位置	合闸	预跳	跳闸后	预合	合闸后	跳闸	跳闸后	合闸后
QF 状态	跳闸	合闸	跳闸	跳闸	合闸	跳闸	合闸	跳闸
HR								
HG								

第三节 中央信号回路实验

一、中央信号回路展开图

图 12-3 为采用 CJ2 型冲击继电器的中央信号回路展开式原理图，瞬时预告信号和发遥

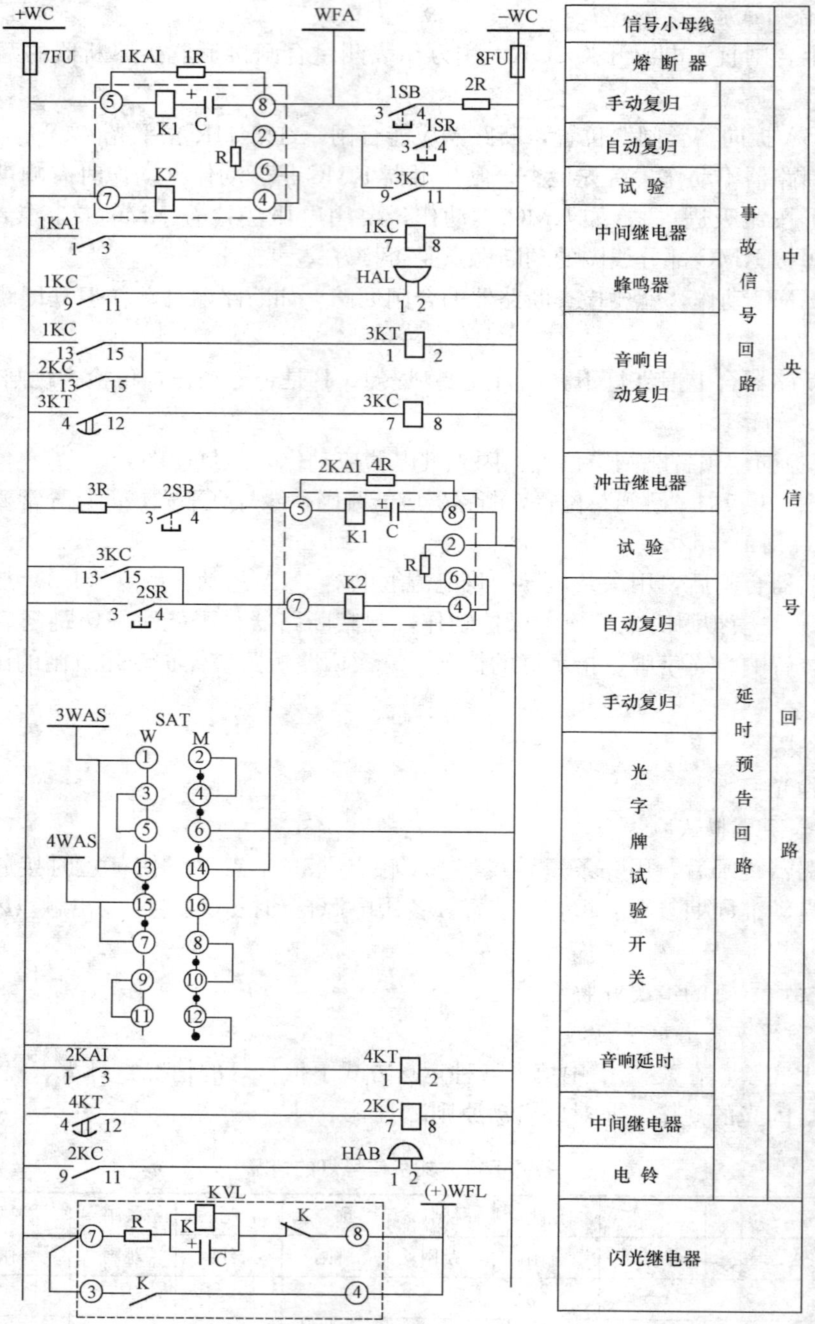

图 12-3 采用 CJ2 型冲击继电器的中央信号回路展开式原理图

信的部分没有画出。图中,事故信号回路的冲击继电器采用正冲击接线,预告信号回路的冲击继电器采用负冲击接线,以使学生对两种冲击接线都熟悉,当然只采用正冲击或负冲击也是可以的。第五章已论述过,中央信号采用设计手册的典型接线,存在冲击继电器有时不能复归的问题,故这里采用了冲击继电器内部改接后的接线。

试验前先整定中央信号回路音响复归时间继电器 3KT 和预告信号音响延时时间继电器 4KT 的时限,可分别整定为 6s 和 3s,时间继电器可用电磁式或电子式。

二、中央事故信号试验

1. 音响试验

(1) 按下音响试验按钮 1SB,喇叭 HAL 应响,松手后音响应停止。

(2) 如没有音响,可用一根短导线短接触点 1KAI1-3,如果有音响,说明回路没有问题,原因出在冲击继电器上。

(3) 先要检查冲击继电器电源的极性是否正确,即 1KAI 的⑤端是否接正电源,如果电源反了,1KAI 内部的极化继电器电流方向相反,冲击继电器不能动作,且电解电容器也不能正常充电。

(4) 如果电源没有接反,那就是冲击继电器的问题,拔下此继电器换上一个好的冲击继电器再试。

2. 音响复归

(1) 以上正常之后按下按钮 1SB 至音响复归前不松手,使冲击继电器内电解电容器 C 保持充电状态,然后按下按钮 1SR 进行手动复归音响试验,如果不按住 1SB,电容器就会放电使音响复归。

(2) 按下按钮 1SB 至音响复归前不松手,使音响自动复归回路启动,经一定延时后自动复归音响。如果不能自动复归,而时间继电器 3KT 动作且回路接线正确,往往是时间继电器触点接触不良,可拔下继电器手按衔铁使其动作,测量触点接触情况,如接触不良,可用夹子轻轻调整一下弹片。

(3) 如音响不能复归,把 3QK 拉开断电,先检查冲击继电器的复归回路,可用万用表测 1KAI 的②、⑦的电阻(串联电阻 R 为 5100Ω,极化继电器 K1、K2 线圈电阻为 2Ω),如果不通要查明原因。

(4) 如以上未发现问题,在停电后可测量 2KAI 的 1-3 触点间的电阻,如 1-3 触点已通,说明冲击继电器不能复归,可拔下此继电器换上一个好的冲击继电器再试。

三、中央预告信号试验

1. 音响试验

(1) 按下音响试验按钮 2SB,电铃 HAB 应响,松手后音响应停止。

(2) 如没有音响,可用一根短导线短接触点 2KAI1-3,但短接时间要超过时间继电器 4KT 的整定时间,如果有音响,说明回路没有问题,原因出在冲击继电器上。

(3) 检查方法同上述事故音响回路。

2. 音响复归

(1) 以上正常之后按下按钮 2SB 至音响复归前不松手,使冲击继电器内电解电容器 C 保持充电状态,然后按下按钮 2SR 进行手动复归音响试验。

(2) 按下按钮 1SB 至音响复归前不松手,使音响自动复归回路启动,经一定延时后自动复归音响。

（3）如音响不能复归，检查方法同上述事故音响回路。

3. 冲击自动返回试验

（1）短时按下按钮 2SB，时间小于 4KT 的整定时间，模拟短时冲击，观察有无音响，分析动作过程。

（2）按下按钮 2SB，时间大于 4KT 的整定时间，模拟长期冲击，观察有无音响，分析动作过程。

4. 光字牌试验

SAT 开关原放在"断开"位置，合上电源后将 SAT 扳向"试验"位置，进行光字牌试验。观察光字牌的亮度与真正有故障时光字牌的亮度是否相同并进行分析。

5. 通电试验

拉开电源开关 3QK，将 SAT 扳向"工作"位置后，再将 3QK 合上，观察有什么现象。

第四节　二次回路故障实验

生产现场二次系统接线复杂、设备很多，常易产生各种故障。实践训练中，可人为设置各种故障，让学生观察故障的现象、分析故障的原因，这对培养学生分析解决工程实践问题的能力，将知识用好用活十分有帮助，而在现场是不可能模拟各种故障的。教师还可以设置一些故障让学生根据故障现象查找故障根源，也可以实验小组之间相互设置故障和查找故障。

一、断路器合闸线圈回路故障

（1）断路器在跳闸状态，拉开电源开关 2QK、3QK，将断路器合闸熔断路器 3FU 或 4FU 拆下（模拟熔断器熔断），合上 2QK、3QK，操作转换开关 SA 使断路器合闸，观察有何现象。

（2）断路器在跳闸状态，合闸回路断线（拆开 KMC 主触头一端），操作 SA 使其合闸，观察有何现象。

（3）断路器在合闸运行中，手动按下跳闸线圈 Yoff 上的衔铁使其跳闸（模拟断路器在运行中因机械原因自行跳开），观察有何现象。

（4）断路器在跳闸状态，拉开电源开关 2QK 使 Won 失电而合上 3QK，操作转换开关 SA 使断路器合闸，观察有何现象。

二、断路器控制回路故障

1. 熔断器熔断

（1）拉开电源开关 3QK，把 SAT 开关放在"断开"位置，断路器可在跳闸或合闸状态，但 SA 要与断路器的状态对应。将操作回路熔断器 1FU 或 2FU 熔断（拔下），合上电源开关 3QK 后再把 SAT 扳向"工作"位置，观察有何现象。比较光字牌的亮度与试验时是否相同。合电源前先把 SAT 放在断开位置，是为避免合电源时发音响，与真正的故障混淆。

（2）断路器在跳闸或合闸状态，信号回路熔断器 5FU 熔断，观察有何现象。插回 5FU 后再将 6FU 拔下，观察有何现象。

（3）断路器在跳闸或合闸状态，操作回路熔断器 1FU 和信号回路熔断器 5FU 同时熔断，观察有何现象。

（4）断路器在跳闸或合闸状态，操作回路熔断器 1FU 和信号回路熔断器 6FU 同时熔断，观察有何现象。

2. 合闸接触器回路故障

（1）拉开电源开关 3QK，把 SAT 开关放在"断开"位置，断路器在跳闸状态，合闸接触器回路断线（拆开 KCM 线圈 A1 端），合上电源开关 3QK 后再把 SAT 扳向"工作"位置，观察有何现象。

（2）断路器在跳闸状态，KTP 线圈断线（拆开 KTP-8 的连线），合上电源开关 3QK 后再把 SAT 扳向"工作"位置，观察有何现象。

（3）断路器在跳闸状态，KJL4-12 接触不良（拆开 KJL-4 端的连线），合上电源开关 3QK 后再把 SAT 扳向"工作"位置，观察有何现象。

（4）在拆开 KJL-4 端的连线后，操作转换开关 SA 使断路器合闸，观察有何现象。

3. 跳闸回路故障

（1）断路器在合闸状态，跳闸回路断线（可拆开 KJL-20），观察有何现象。

（2）断路器在跳闸状态，跳闸回路断线（可拆开 KJL-20），观察有何现象。

（3）断路器在合闸状态，合闸位置继电器 KCP 线圈断线（可拆开 KCP-7），观察有何现象。

（4）继电保护装置动作使断路器自动跳闸后，保护出口中间继电器 KOU 触点粘住不返回（实验时可操作 SA 使断路器跳闸后，用夹子将 KOU2-10 短接），下次合闸有何现象。

（5）断路器手动合闸后，SA5-8 粘住不返回（QF 合闸后将 SA5-8 用夹子短接），下次跳闸有何现象，再次合闸有何现象。试验后拆除短路线。

第五节 继 电 保 护 实 验

一、三段式过电流保护回路展开图

图 12-4 为三段式过电流保护回路展开式原理图。图中将图 12-1 中的短路接触器 KM 的控制回路也画在这里，由学生自己设计画上。

二、三段式过电流保护实验

1. 一次回路通电前后的检查

（1）认真检查电流互感器和电压互感器的极性和接法。三段式电流保护采用 A、C 两相电流互感器，B 相电流互感器二次侧须短接起来。

（2）整定继电保护 Ⅰ、Ⅱ、Ⅲ 段的动作值和时限。注意根据整定值确定电流继电器线圈应串联还是并联，继电器 4、6 端必须接线，不容许电流回路开路。连接片 1XB、2XB、3XB 先断开。

（3）合上直流电源开关 2QK、3QK，进行断路器的手动合闸、手动跳闸、自动跳闸（手动按下 KOU 衔铁）试验，检查动作是否正确，信号灯指示是否正常，然后将断路器跳闸。

（4）将短路接触器 KM 合闸，使变压器 TM 二次侧三相短路，断路器合闸后，将调压器输出电压调节到一定数值，观察三只电流表的指示是否基本相等，有功和无功功率表是否

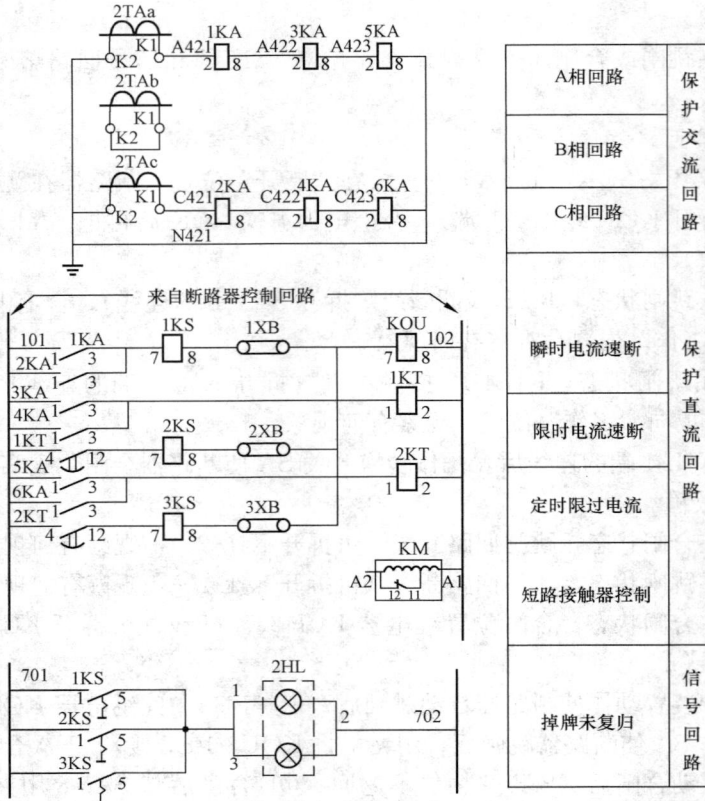

图 12-4　三段式过电流保护回路展开式原理图

有正向指示。

2. 过电流保护实验

（1）将断路器合闸后，合上短路开关 KM，调节调压器使三相电流逐渐增大，直至电流继电器 5KA 和 6KA，3KA 和 4KA，1KA 和 2KA 触点动作闭合为止，分别记住各段保护动作时调压器指针的位置。

（2）接上连接片 1XB 、2XB、3XB，在 KM 断开的情况下，将调压器调至Ⅲ段动作位置过一点，合上断路器后再合上短路接触器 KM，观察保护的动作情况。

（3）在 KM 断开的情况下，将调压器调至Ⅱ段动作位置过一点，合上断路器后再合上 KM，观察保护的动作情况。

（4）将 2XB 断开（模拟Ⅱ段拒动），重复步骤（3），然后接上 2XB。

（5）在 KM 断开的情况下，将调压器调至Ⅰ段动作位置过一点，合上断路器后再合上 KM，观察保护的动作情况。

（6）将 1XB 断开（模拟Ⅰ段拒动），重复步骤（5）。

（7）将 1XB、2XB 断开（模拟Ⅰ、Ⅱ段拒动），重复步骤（5）。

根据实验情况分析线路Ⅲ段式过电流保护的功能、特点和保护范围。

3. 防跳回路的实验

（1）断开断路器 QF，合上短路接触器 KM，模拟线路发生永久性短路故障。

（2）合上三相交流电源后，调节调压器在Ⅲ段动作位置过一点。

（3）操作转换开关 SA 使 QF 合闸，并使 SA 在"合闸"位置不松手，保护动作跳开 QF 后应不会再合闸，如果有 QF 多次跳合的情况，要立即松手检查原因。

三、纵联差动保护实验

1. 纵联差动保护接线

（1）纵联差动保护接线如图 12-5 所示。保护由电流互感器 1TA 和 2TA 构成，将原作为测量用的 1TA 装于 KM 的另一侧。

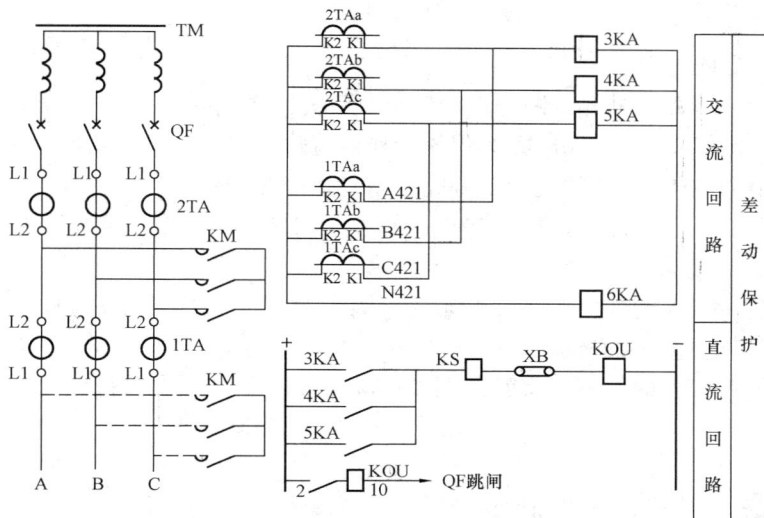

图 12-5　纵联差动保护实验接线

（2）此实验的目的是使学生深刻掌握差动保护的基本原理，因此不采用价高而复杂的差动继电器，而采用上面过电流保护用的电流继电器 3KA、4KA、5KA，将 6KA 装于中性线上作差动断线保护。

（3）接线时要特别注意电流互感器一、二次侧的极性，必须使同一相的两只互感器二次侧形成环流。

2. 差动保护正确接线实验

（1）整定继电器的动作值后，将断路器合闸并合上短路开关 KM（内部三相短路），调节调压器使三相电流逐渐增大，直至保护动作跳闸并产生相应的信号，然后断开连接片 1XB（以下实验均断开）再合上断路器，用钳形电流表测量各电流互感器、各继电器和中性线电流，记录有关的读数和调压器指针的位置，然后将调压器返零。断开 XB 是为了在保护动作时不使断路器跳闸，以便观测各个电流，保护动作与否看继电器触点的通断情况即可。

（2）将 KM 的短路线改为两相短路，重复上面实验。

（3）将 KM 的短路线拆开，将其一极与变压器 TM 二次侧中性点相连，形成单相短路，重复上面实验。

（4）恢复 KM 的三相短路线，将 6 只互感器二次侧的 K1 和 K2 端接线分别都对调，断路器合闸后，合上短路开关 KM，旋动调压器至上述内部三相短路保护动作的位置（或过一点），观察保护是否动作，分析这种接线是否可行。实验完后恢复原接线。

(5) 将 KM 的接线移接至 1TA 的外侧，模拟外部短路，将调压器调至内部三相短路时差动保护动作位置以上，合上断路器后再合上 KM，观察保护是否动作。

3. 差动断线实验

(1) KM 仍在 1TA 的外侧，断开电源后将 2TAa 二次侧的 K1 和 K2 端短接并拆开 K1（或 K2）端外部接线（差动断线），合上电源调节调压器使电流逐渐增大，直至差动断线继电器动作，测量有关数据，实验完后恢复原接线。

(2) KM 仍在 1TA 的外侧，断开电源后将 3KA 的②端连线拆除（模拟继电器线圈断线），重复上面实验。

4. 错误接线实验

(1) KM 仍在 1TA 的外侧，断开电源后将 2TAa 二次侧的 K1 和 K2 端接线对调，合上电源将调压器调至内部三相短路时差动保护动作位置过一点，合上断路器后再合上 KM，观察差动保护和断线保护的动作情况。试验完后恢复正确接线。

(2) KM 仍在 1TA 的外侧，将 2TAa 一次侧的 L1 和 L2 端接线对调（错误接线），重复上面实验。

(3) KM 仍在 1TA 的外侧，将 2TAa 一次侧的 L1 和 L2 端接线对调，二次侧的 K1 和 K2 端接线也对调，重复上面实验。

(4) KM 仍在 1TA 的外侧，将互感器 2TAa 与 2TAb 的二次侧接线相互对调（错相），重复上面实验。

5. 实验分析

(1) 差动保护的构成、特点和保护范围。

(2) 电流互感器极性接错对保护的影响。

(3) 电流互感器相别接错对保护的影响。

(4) 差动回路断线对保护的影响。

顺便指出，实验装置有电流互感器和电压互感器，可以提供可调的三相交流电流，如果电压互感器经三相调压器接入，也可提供可调的三相交流电压。实验装置还有 220V 的直流操作电源。因此，只要将微机保护测控装置的引出端子用导线接至培训装置相应的接线柱，就可以进行微机保护的实验。如果再装设后台机与保护测控装置进行通信，就可以做遥测、遥控、遥信方面的实验。

第六节　互感器实验

一、电压互感器不完全三角形接线实验

不完全三角形（Vv）接线由两只单相电压互感器组成，节省一只互感器，可用于中性点不接地系统测量三个线电压，不能测相电压。

1. 正确接线实验

(1) 将两只 380V/100V 单相电压互感器按图 12-6 接线，互感器一、二次侧装上熔断器 1～6FU，接至 AC380V 的系统中，在二次侧接入负载（一只三相功率表或电能表）。

(2) 用万用表分别测量并记录互感器一、二次侧的三个线电压值。

(3) 画出互感器二次侧电压相量图。

2. 错误接线实验

将互感器极性接反，测量并记录互感器二次侧三个线电压值并和正确接线比较，然后恢复到正确接线。画出互感器二次侧电压相量图进行分析。

（1）互感器 1TV 一次侧的 A、X 端接线对调。

（2）互感器 1TV 二次侧的 a、x 端接线对调。

（3）互感器 1TV 一次侧的 A、X 端和二次侧的 a、x 端接线都对调。

3. 互感器断路实验

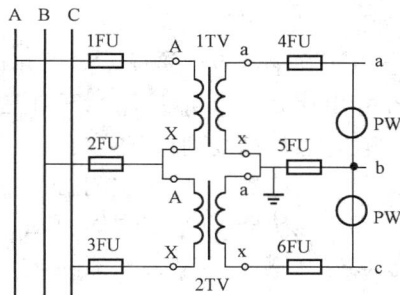

图 12-6 电压互感器不完全三角形接线

互感器熔断器熔断（拔下），分别测量并记录互感器二次侧三个线电压值并和正确接线比较，然后恢复到正确接线。

（1）互感器一次侧 1FU 熔断。

（2）互感器一次侧 2FU 熔断。

（3）互感器二次侧 4FU 熔断。

（4）互感器二次侧 5FU 熔断。

（5）互感器二次侧 6FU 熔断。

二、电压互感器星形—星形—开口三角接线实验

星形—星形—开口三角接线的电压互感器，一般由三个单相电压互感器构成，按相电压设计。它的三个基本二次绕组接成星形，可以测量三个线电压和三个相电压；它的三个辅助二次绕组接成开口三角形，可以测量零序电压，广泛用于大接地电流系统和小接地电流系统。对于实验用的额定电压为 380V 的系统，三个电压互感器的电压比为 $\dfrac{380}{\sqrt{3}} \Big/ \dfrac{100}{\sqrt{3}} \Big/ \dfrac{100}{3}$V。

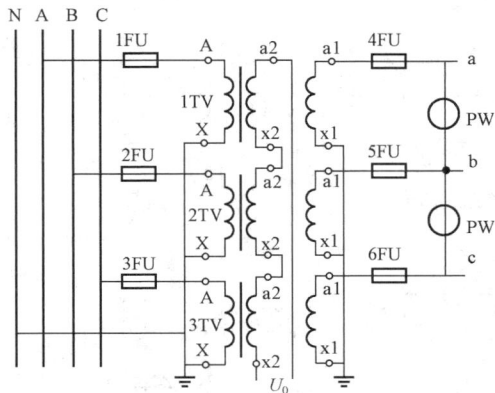

图 12-7 电压互感器星形—星形—开口三角接线

1. 正确接线实验

（1）将三只电压互感器按图 12-7 正确接线，电压互感器一、二次侧装上熔断器 1～6FU，在二次侧接入负载（一只三相功率表或电能表）。电压互感器一次侧中性点和中性线 N 要连起来，使互感器一次中性点不产生位移，因为实际系统中，由于对地电容的容抗比互感器的感抗小得多，互感器一次中性点位移是很小的。

（2）分别测量并记录电压互感器一次侧的三个线电压 U_{AB}、U_{BC}、U_{CA}，三个相电压 U_{AN}、U_{BN}、U_{CN}，三个二次侧相电压 U_{1a}、U_{1b}、U_{1c}，开口三角电压 U_0 和各绕组电压 U_{2ab}、U_{2bc}、U_{2ca}。

（3）画出互感器二次侧电压相量图。

（4）拆除电压互感器一次侧中性点的接地线和中性线，除测量上述各量外，还测量互感器一次侧中性点对地电压，分析中性点接地和不接地各量的变化，特别注意分析零序电压变化。实验完毕后恢复接地。

2. 错误接线实验

电压互感器极性接反，测量并记录互感器二次侧星形绕组三个线电压 U_{ab}、U_{bc}、U_{bc}、三个相电压 U_{1a}、U_{1b}、U_{1c}，开口三角电压 U_0 和各绕组电压 U_{2ab}、U_{2bc}、U_{2ca}，并和正确接线比较，然后恢复到正确接线。画出互感器二次侧电压相量图进行分析。

（1）互感器 1TV 一次侧的 A、X 端接线对调。

（2）互感器 1TV 二次侧的 a1、x1 端接线对调。

（3）互感器 1TV 二次侧的 a2、x2 端接线对调。

3. 互感器断线实验

互感器熔断器熔断（拔下），测量并记录互感器二次侧星形绕组三个线电压 U_{ab}、U_{bc}、U_{bc}，三个相电压 U_{1a}、U_{1b}、U_{1c}，开口三角电压 U_0 和各绕组电压 U_{2ab}、U_{2bc}、U_{2ca}，并和正确接线比较，然后恢复到正确接线。

（1）互感器一次侧 1FU 熔断。

（2）互感器一次侧 2FU 熔断。

（3）互感器二次侧 4FU 熔断。

（4）互感器二次侧 5FU 熔断。

三、电流互感器实验

1. 星形接线实验

（1）三个电流互感器 2TAa、2TAb、2TAc 星形连接，二次侧三相和公共线分别串接电流表，通过接触器 KM 将一次回路三相短路，如图 12-8（a）所示。接通电源后合上 KM，调节调压器使电流到一定数值，测量并记录电流 I_a、I_b、I_c、I_n。试验完后断开三相电源，但调压器的位置不变。画出电流互感器二次侧电流相量图进行分析。

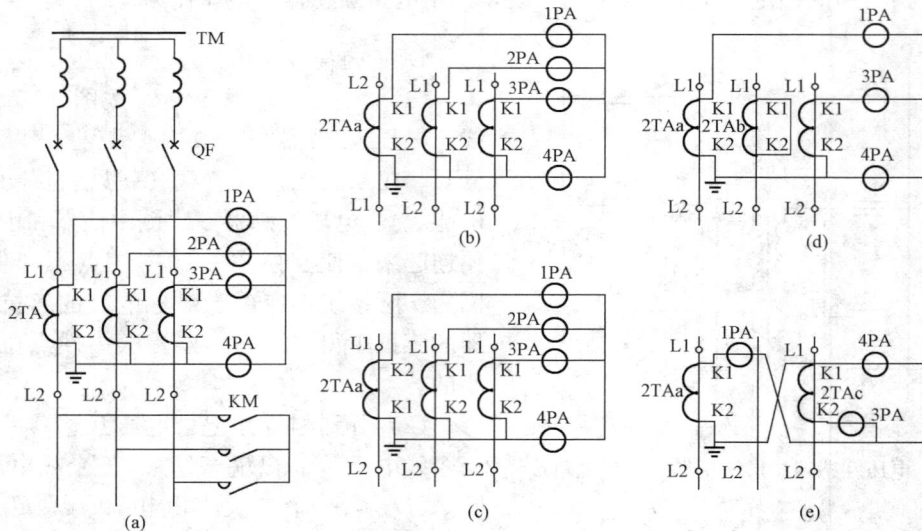

图 12-8　电流互感器的接线

（2）将 A 相电流互感器 2TAa 一次侧 L1、L2 的连线对调，如图 12-8（b）所示，调压器仍保持上面试验位置，重复上述实验。

（3）将 A 相电流互感器 2TAa 二次侧 K1、K2 的连线对调，如图 12-8（c）所示，调压器仍保持上次试验位置，重复上述实验。

（4）将 A、B、C 三相互感器二次侧 K1、K2 的连线都对调，调压器仍保持上次试验位置，重复上述实验。

注意：由于回路的电流不大，导线端头的连接要非常紧密，必须用螺丝紧固，如果发现三相电流相差较大，往往是电流小的一相接触不良，要认真检查，使三相电流基本平衡。

说明：一只电流互感器一次侧或二次侧极性接反时，错极性相的电流与另两相可能相差较大，中性线电流与理论值也不一定符合，要认真分析原因。

2. 不完全星形接线和两相电流差接线实验

（1）将星形接法的互感器 2TAb 的 K1、K2 外连线拆开，并将 K1、K2 短接，变成由两个电流互感器组成的不完全星形接线（也可认为是星形接线 b 相互感器二次断线），如图 12-8（d）所示。调压器仍保持上次试验位置，接通电源后合上 KM，测量并记录电流 I_a、I_c、I_n。试验完后断开三相电源，但调压器的位置不变。画出电流互感器二次侧电流相量图进行分析。

（2）将 2TAa、2TAc 两只互感器二次侧接成两相电流差接线，如图 12-8（e）所示。调压器仍保持上次试验位置，重复上述实验。

第七节　电气测量实验

一、电气测量回路展开图

图 12-9 为实验用电气测量回路展开式原理图。工程设计中，三相三线制的功率表和电能表采用"二表法"接线，为了方便安装接线，其电流回路一般都接入 A、C 相的电流，电

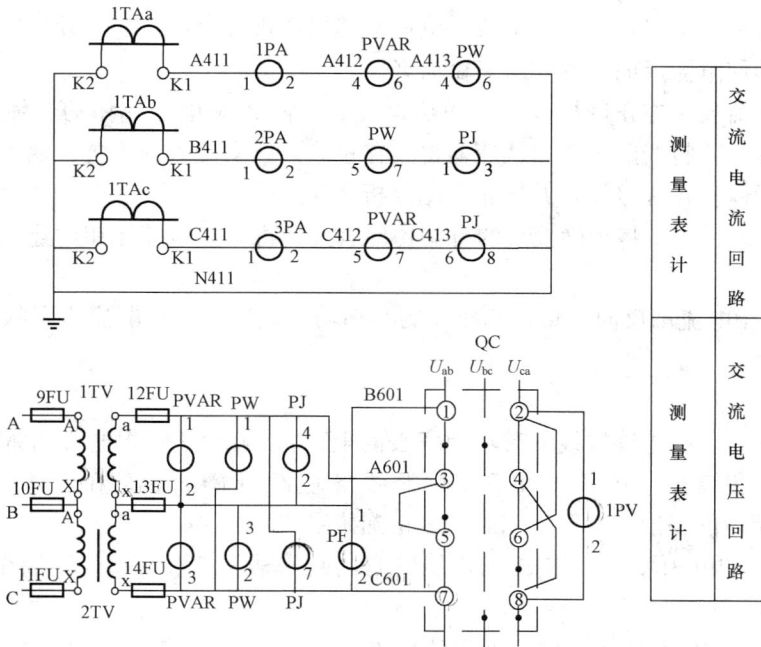

图 12-9　电气测量回路展开式原理图

压回路相应接入线电压U_{ab}、U_{cb}，故三个电流互感器二次负载是不相同的，b 相的负载阻抗最小。在实验装置中，由于降压变压器 1TM 的容量很小，电流互感器的阻抗对三相电流的影响较大。为了使三相电流比较平衡，将有功功率表、无功功率表、电能表的电流回路接线改为如图 12-9 所示。

二、测量回路通电实验

(1) 合上三相电源开关 1QK，交流电压表 1PV 应指示在额定电压附近，旋动电压转换开关观察三个线电压应基本平衡。如果三个电压相差较大，一般为电压回路断线，根据电压表的指示可以判断出来是那一相断线。

(2) 用万用表测量电压互感器二次侧的三个线电压，说明实测值和仪表指示值为什么不同。

(3) 合上断路器 QF 和接触器 KM 将线路短路，调节调压器的输出电压，使电流表指示在满刻度的 80％左右，三相电流应基本平衡，有功和无功功率表应正向指示，有功电能表应正转，将调压器的指针打上记号。如果指示不正常，应查明原因并改正。

(4) 反相序实验。在交流电源开关 1QK 处将两根电源线对调成为反相序，调压器仍放在上面实验的位置，观测各仪表指示值，如果指示反向而功率表是单向指示时，停电后分别将功率表的两个电流线圈接线头尾对调。根据 P、Q 的指示用相量图进行分析（无功功率表认为是跨相 90°接线）。

三、测量回路错误接线实验

有功功率表、无功功率表、有功电能表、无功电能表都可能产生错误接线，这里只介绍有功功率表的错误接线实验。

1. 极性接反

极性接反有两种情况：一种是电流、电压互感器的极性接反；另一种是接到仪表的电流线圈的接线错误使电流反向。本实验只做后者。

(1) A 相电流反。在正确接线的有功功率表上，将 A 相电流端钮的连线对调，相继合上 1QK、QF 和 KM 将线路短路，调压器仍放在正确接线实验时的位置，观测并记录各仪表指示，实验完后恢复正确接线，并用相量图分析。

(2) C 相电流反向。将正确接线的有功功率表上，将 C 相电流端钮的连线对调，重复上面实验。

(3) A、C 相电流都反向。将正确接线的有功功率表 A、C 相电流线圈的连线对调，重复上面实验。

2. 相别错误

(1) 电流错相。在正确接线的有功功率表的上，将 A 相和 C 相电流端钮的连线对调但电流方向不变，相继合上 1QK、QF 和 KM 将线路短路，调压器仍放在正确接线实验时的位置，观测并记录各仪表指示，实验完后恢复正确接线。

(2) U_a、U_b 两电压错相。在正确接线的有功功率表上，将 U_a、U_b 端钮的连线对调，重复上面实验。

(3) U_b、U_c 两电压错相。在正确接线的有功功率表上，将 U_b、U_c 端钮的连线对调，重复上面实验。

（4）U_a、U_c 两电压错相。在正确接线的有功功率表上，将 U_a、U_c 端钮的连线对调，重复上面实验。

（5）三相电压顺向错相。在正确接线的有功功率表上，将 U_a、U_b、U_c 端钮的连线正顺序改接（即 $U_c \rightarrow U_a \rightarrow U_b$），重复上面实验。

（6）三相电压反向错相。在正确接线的有功功率表上，将 U_a、U_b、U_c 端钮的连线反顺序改接（即 $U_b \rightarrow U_c \rightarrow U_a$），重复上面实验。

四、电压测量回路断线实验

电压测量回路断线的原因有多种，现以电压回路熔断器熔断为例进行实验。电压互感器采用 Vv 接法，观察断线对功率测量值的影响。熔断器熔断时，电压互感器加于功率表上的二次侧电压，与互感器的负载及其接线有关，故在实验时电压互感器二次侧只接有功功率表，原接的其他仪表接线拆除，如图 12-10 所示。

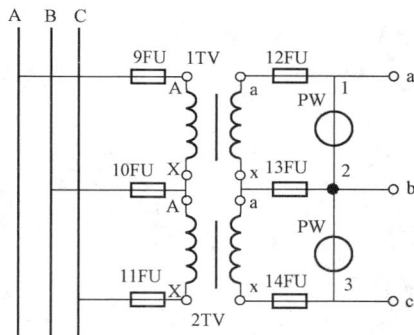

图 12-10　电压测量回路接线图

1. 一次侧熔断器熔断

（1）A 相 9FU 熔断。将有功功率表正确接线后将 9FU 拔下，相继合上 1QK、QF 和 KM 将线路短路，调压器仍放在上面实验时的位置，记录功率表的指示并测量二次侧电压，与实验值进行比较，实验完后将熔断器插上。

（2）B 相 10FU 熔断。将 10FU 拔下，重复上面实验。

（3）C 相 11FU 熔断。将 11FU 拔下，重复上面实验。

2. 二次侧熔断器熔断

（1）a 相 12FU 熔断。将 12FU 拔下，相继合上 1QK、QF 和 KM 将线路短路，调压器仍放在上面实验时的位置，测量二次侧电压及功率表的指示，实验完后将熔断器插上。

（2）b 相 13FU 熔断。将 13FU 拔下，重复上面实验。

（3）c 相 14FU 熔断。将 14FU 拔下，重复上面实验。

说明：电压测量回路断线时，用万用表测量电压互感器二次侧三个线电压，由于万用表内阻的并接，测值可能会有所降低，但其中一个正常值（约 100V）不受影响。

第八节　小接地电流系统实验

电力系统中性点接地方式分为中性点不接地、中性点经消弧线圈接地和中性点直接接地三种。其中，中性点不接地和经消弧线圈接地的电力系统称为小接地电流系统。

一、实验接线图

小接地电流系统实验接线如图 12-11 所示。外电源通过三单相变压器组隔离后自成 380V 的小接地电流系统，变压器不能采用上面实验的 1TM，因为 1TM 二次测电压很低。变压器一次侧可接成星形或三角形，二次侧必须接成星形。用电容器 1～3C 模拟系统的对地电容（每相用两只）。A 相通过接地开关 Qd 接地，可以实现单相接地或不接地，电压互感器 2TV 接成星形—星形—开口三角接线，由三个单相电压互感器构成，各互感器一、二次星形中性点接地。注意，各接地点应先连在一起再一点接地。

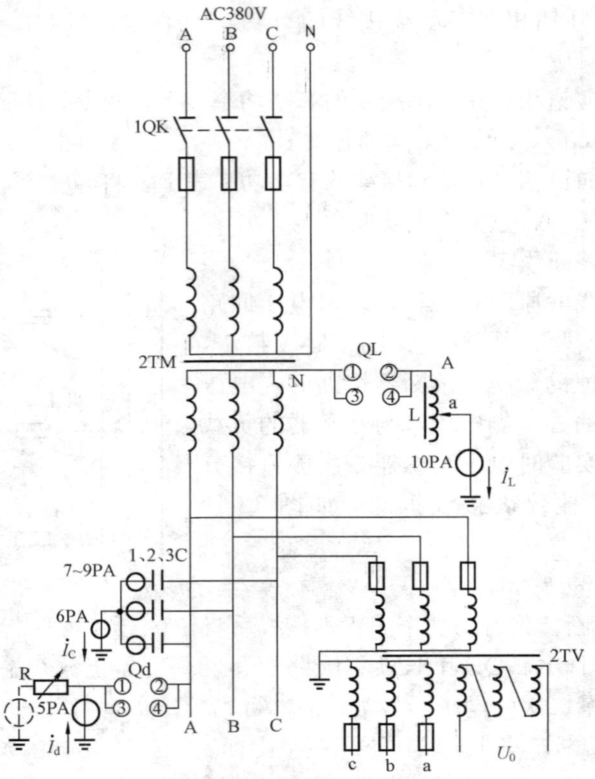

图 12-11　小接地电流系统实验接线图

变压器中性点通过开关 QL 接消弧线圈 L。在实验中 L 用一个单相调压器来代替，调压器只接 A、a 两端，可以调节电抗的大小。电流表 5～10PA 用来测量相关回路的电流。实验设备的型号规格见表 12-2。

表 12-2 实验设备型号规格

符　号	名　　称	型　号　规　格	单位	数量	备　注
1QK	三相刀开关	HK2-15/3，15A，3 极	台	1	
2TM	单相变压器组	BK-100，380、220/220V	台	3	一次抽头
2TV	电压互感器	JDG -0.5 改，$\frac{380}{\sqrt{3}} / \frac{100}{\sqrt{3}} / \frac{100}{3}$ V	台	3	厂家改装
1～3C	电容器	$1\mu F$，交流 630V	只	6	每相 2 只
Qd，QL	转换开关	LW5-15.D0084/1	只	2	
L	单相调压器	500VA	台	1	
5～10PA	交流电流表	500mA	只	6	

二、正常无故障实验

（1）合上三相交流电源，用相序表检查实验系统是否确为正相序，然后用万用表测量并记录系统一次侧三个线电压（U_{AB}、U_{BC}、U_{CA}）、三个相电压（U_{AN}、U_{BN}、U_{CN}），三个相对地电压（U_{Ad}、U_{Bd}、U_{Cd}），分析各组电压之间的数量关系。

（2）测量变压器中性点对地电压 U_{Nd}，与理论分析值比较。

（3）分别测量三只电容器的电流 I_{Ca}、I_{Cb}、I_{Cc}，与计算值进行比较（$I_C=U_c\omega C$）。

（4）测量三只电容器公共接地处的电流 I_C（6PA），对测值进行分析。

（5）测量电压互感器二次侧三个线电压（U_{ab}、U_{bc}、U_{ca}），三个相对地电压（U_{ad}、U_{bd}、U_{cd}）。

（6）测量电压互感器二次侧开口三角各绕组电压（U_{a2}、U_{b2}、U_{c2}）和开口电压 U_0，对测值进行分析。

三、单相接地实验

（1）合上接地开关 Qd 将 A 相直接接地。

（2）用万用表测量并记录系统一次侧三个线电压（U_{AB}、U_{BC}、U_{CA}）、三个相电压（U_{AN}、U_{BN}、U_{CN}），与正常运行值比较是否有变化，分析单相接地时系统是否能继续运行。

（3）测量并记录系统三个相对地电压（U_{Ad}、U_{Bd}、U_{Cd}）和中性点对地电压 U_{Nd}，与正常运行值比较是否有变化，画出相量图分析各对地电压之间的数量和相位关系。

（4）分别测量并记录三只电容器的电流 I_{ca}、I_{cb}、I_{cc}，以及三只电容器公共接地处的电流 I_c 和接地处电流 I_d，与正常运行值比较，画出相量图分析各电流之间的数量和相位关系。

（5）测量并记录电压互感器二次侧三个线电压（U_{ab}、U_{bc}、U_{ca}）、三个相对地电压（U_{ad}、U_{bd}、U_{cd}），与正常运行值比较，分析如何判明接地故障和接地相。

（6）测量电压互感器二次侧开口三角各绕组电压（U_{a2}、U_{b2}、U_{c2}）和开口电压 U_0，与正常运行值比较，画出相量图分析开口三角各绕组对地电压之间的数量和相位关系。

如果通过图 12-11 中的可调电阻 R 接地，就可以做不同过渡电阻值的单相接地实验。

四、单相接地与其他故障的鉴别

1. 电压互感器一次侧熔断器熔断

（1）A 相熔断器熔断。将电压互感器一次侧 A 相熔断器拔下，测量一次侧三个相对地电压（U_{Ad}、U_{Bd}、U_{Cd}）、变压器中性点对地电压 U_{Nd} 和互感器二次侧三个线电压（U_{ab}、U_{bc}、U_{ca}）、三个相对地电压（U_{ad}、U_{bd}、U_{cd}）、开口三角电压（U_{a2}、U_{b2}、U_{c2}）和 U_0，与 A 相接地的测值比较，分析与单相接地故障的区别。

（2）A、B 相熔断器熔断。将电压互感器一次侧 A、B 相熔断器拔下，重复上面实验。

2. 线路断线

实际电力系统电压互感器的励磁电抗比系统对地电容的容抗大得多$\left(\omega L\gg\dfrac{1}{\omega C}\right)$，可以认为电压互感器激励电抗为无限大的，即实验时将电压互感器拆除，但这时不能通过电压互感器测到二次侧电压，只能测一次侧的参数，电压互感器开口三角电压可由中性点对地电压换算而得。

（1）拔出互感器一次侧熔断器，将 A 相两只电容器都拆下，模拟线路 A 相在电源端断线，测量一次侧三个相对地电压（U_{Ad}、U_{Bd}、U_{Cd}）、变压器中性点对地电压 U_{Nd}。

（2）画出 A 相完全断线时的电压相量图，对实验结果进行分析，并与理论值比较。

（3）将 A 相两只电容器拆下一只，模拟线路 A 相部分断线，测量一次侧三个相对地电压（U_{Ad}、U_{Bd}、U_{Cd}）、变压器中性点对地电压 U_{Nd}。

(4) 画出 A 相不完全断线时的电压相量图，对实验结果进行分析。

(5) 根据实验结果分析，说明断线相和非断线相对地电压的范围以及判别断线相的原则。

(6) 分析单相断线与单相接地故障的区别。

采用同样方法可进行线路两相断线实验。

3. 电压互感器铁磁谐振实验

电压互感器铁磁谐振是运行中常见的故障，常易引起电压互感器损坏、电压互感器高压熔断器熔断和避雷器爆炸事故。

在式 (7-2) 中，如果使 $Y_A + Y_B + Y_C$ 数值很小，就能使中性点位移电压 U_{Nd} 很大，产生铁磁谐振。正常情况下，由于电压互感器励磁电感较大，Y_A、Y_B、Y_C 表现为容性，即 $\omega C > 1/\omega L$，如果在实验中将一相电容拆除，该相的导纳即变成纯感性，$Y_A + Y_B + Y_C$ 就变得较小，中性点位移电压 U_{Nd} 就较高，产生铁磁谐振现象。下面介绍实验步骤。

(1) 图 12-11 的 2TM 二次侧中性点不接地系统中，每相接一只电容器（上面实验是两只电容器，这里要断开一只），接入星形—星形—开口三角电压互感器 2TV，加上电源，测量正常运行时各相对地电压及开口三角电压。

(2) 断开电源后将 A 相原接的一只电容断开，模拟线路在电源端完全断线，使系统各相对地参数不平衡。合上电源后测量各相对地电压及开口三角电压，与正常运行时的电压值对比，观察电压互感器铁磁谐振时各量的变化。由于某些相的对地电压升高，电压互感器会饱和发出异声并发热，因此不要长时间通电，实验完毕后要断开电源。

(3) 对比铁磁谐振时与单相直接接地时各测值，分析铁磁谐振与单相接地故障的区别。

说明：每相接两只电容器后将一相电容器全拆除，也可以产生铁磁谐振现象，但这时 $Y_A + Y_B + Y_C$ 很小，某些相的对地电压很高，电压互感器可能被击穿或高度饱和过热烧坏。

(4) 在 A 相无电容而 B、C 相接一只电容的情况下，将电压互感器 2TV 开口三角绕组上并接 200W 的白炽灯泡，合上电源后测量各有关电压，说明这一措施对抑制铁磁谐振的作用。

(5) 将 2TV 的开口三角绕组短接，在高压侧中性点串接一台零序电压互感器的一次绕组（可采用 ITV 的一台单相 380/100V 互感器），除测量上述有关电压外，测量零序电压互感器二次侧电压 U_{20}，说明零序电压互感器对抑制铁磁谐振的作用。

在小接地电流系统实验接线的基础上，还可以扩展其他实验。例如，在线路末端接上三相变压器和一组电容，就可以做各种断线情况的实验。又如，设置几条线路分别接上电容，在线路首端装上零序电流互感器（穿心式），各线路零序电流接到接地选线装置，就可以做选线实验。

五、消弧线圈接地系统实验

1. 消弧线圈的补偿作用实验

(1) 如图 12-11 所示，变压器组中性点通过开关 QL 接入单相调压器的输入端 A（模拟可调的消弧线圈），滑动头 a 通过电流表接地。注意，调压器指针要先放到最小电压的位置（反时针到头，即电抗值最大）。

(2) 将电压互感器一次侧熔断器拔下，以消除互感器电抗对电容电流的补偿作用。

(3) 合上 QL 接入消弧线圈，再合上 Qd 使系统 A 相直接接地，合上三相电源后将调压器反时针方向调至某个位置以减小电抗值，使接地电流 I_d 有明显减少，注意接地电流 I_d、I_L 的变化，说明消弧线圈的补偿作用。

2. 消弧线圈的补偿方式实验

（1）全补偿方式。合上三相电源后调节调压器，使 $I_L = I_C$。从理论上说，可以补偿到接地电流 $I_d = 0$，这是认为消弧线圈是纯电抗，现场的消弧线圈由于容量大、导线粗，电阻是很小的。但实验用的调压器容量小，电阻不能忽略，不能补偿到接地电流为零。可根据实测时 I_C、I_L 值计算出 $\dot{I}_C$ 和 $\dot{I}_L$ 的相位差。

由于消弧线圈电阻的影响，并不一定是 $I_L = I_C$ 时的接地电流最小，调节调压器使接地电流最小，记下测值 I_L、I_{dmin}、I_C 和调压器位置，与理论计算值比较。

（2）欠补偿方式。调节调压器，使 $I_L < I_C$，记下测值 I_L、I_d、I_C 和调压器位置。

（3）过补偿方式。调节调压器，使 $I_L > I_C$，记下测值 I_L、I_d、I_C 和调压器位置。

记录数据后，说明几种补偿方式的特点，实际运行中应该采用哪一种补偿方式。

参 考 文 献

[1]　全国电气信息结构文件编制和图形符号标准化技术委员会，中国标准出版社第四编辑室.电气文件编制和电气图形符号国家标准系列汇编.北京：中国标准出版社，2009.

[2]　郭汀.电气技术文件国家标准应用丛书　电气制图文字符号应用指南.北京：中国标准出版社，2009.

[3]　卓乐友.微机型自动准同步装置的设计和应用.北京：中国电力出版社，2002.

[4]　阎晓霞，苏小林.变配电所二次系统.北京：中国电力出版社，2004.

[5]　庞清乐.小电流接地故障选线与定位技术.北京：电子工业出版社，2010.

[6]　杨新民，杨隽琳.电力系统微机保护培训教材.2版.北京：中国电力出版社，2008.

[7]　王辑祥.电气工程实践训练.北京：中国电力出版社，2007.

[8]　王辑祥，王庆华，陈新苗.县级电网电气运行技术.北京：中国电力出版社，2012.